L'ÉGLISE COLLÉGIALE

DE

SAINT-JEAN-BAPTISTE

A Saint-Chamond

SON CHAPITRE, SES RELIQUES

NOTICE HISTORIQUE

ACCOMPAGNÉE DE PIÈCES JUSTIFICATIVES

PAR

Maurice de BOISSIEU

Memento dierum antiquorum : cogita generationes singulas : interroga..... majores tuos, et dicent tibi.

Deuter. xxxii, 7.

LYON

LIBRAIRIE ANCIENNE D'AUGUSTE BRUN

13, Rue du Plat, 13

1880

ÉGLISE COLLÉGIALE

DE

SAINT-JEAN-BAPTISTE

A SAINT-CHAMOND

LYON. — IMPRIMERIE MOUGIN-RUSAND

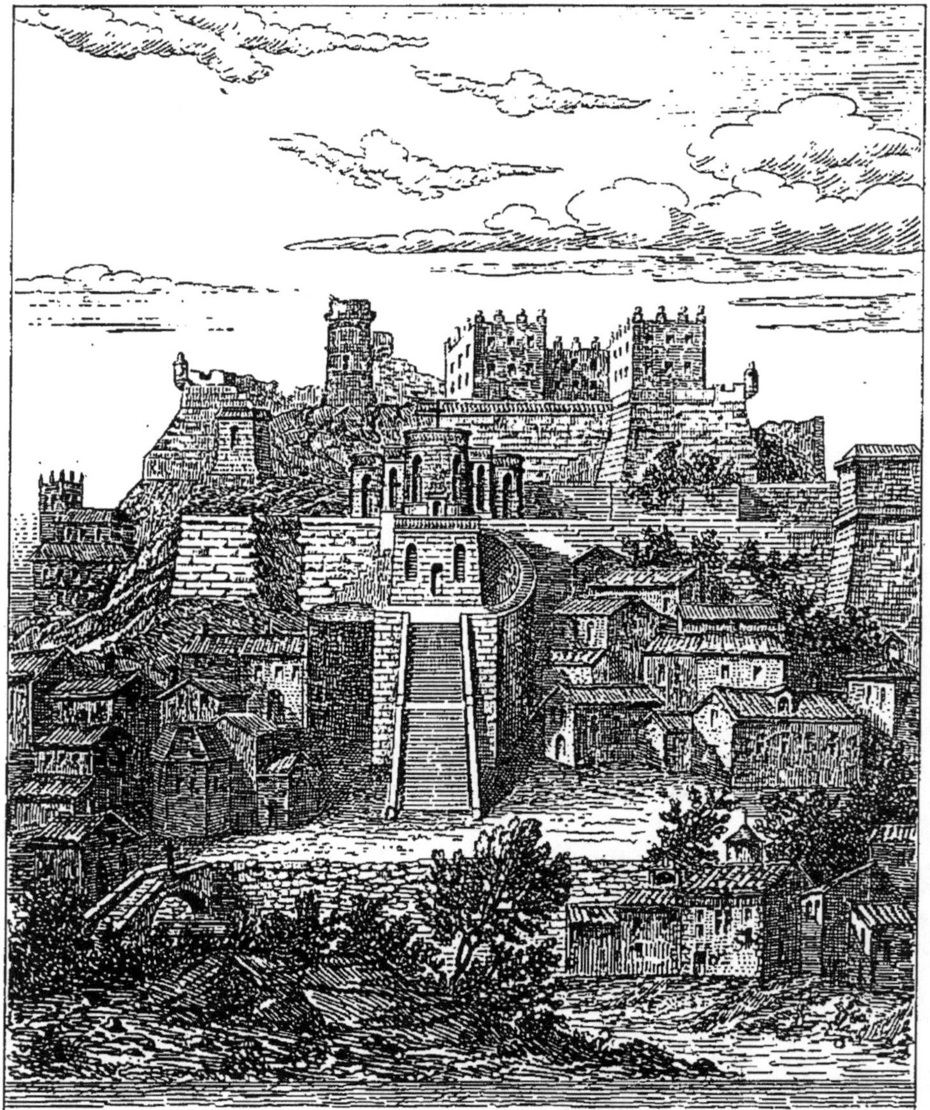

Château et Collégiale

de St Chamond en Lyonnois

Gravé par J. Séon d'après un dessin de 1644

Imp. Eugène Lyon

AVANT-PROPOS

L'église collégiale de Saint-Jean-Baptiste, qui s'élevait jadis sur la colline de Saint-Chamond, fut fondée, en 1634, par Melchior Mitte de Chevrières, en l'honneur des saintes Reliques qu'il possédait.

Pendant un siècle et demi, elle fut témoin de la vie pieuse et régulière que menèrent, sous les yeux de Dieu et dans l'oubli des hommes, les membres du Chapitre qui la desservait. En 1790, un décret de l'Assemblée nationale la ferma et dispersa le Chapitre. L'église abandonnée fut bientôt renversée : aujourd'hui, quelques pans de murs attestent seuls qu'elle a existé. Entièrement dévoués à leurs modestes et paisibles fonctions de gardiens des saintes Reliques, les chanoines de Saint-Jean avaient travaillé pour le Ciel et non pour l'histoire ; leurs noms, leur charité, les services rendus, tout fut promptement oublié : les tristes événements qui suivirent creusèrent un abîme profond entre les siècles passés et le nôtre, et l'on pouvait hésiter, après tant d'années écoulées à chercher dans les ruines et les souvenirs de cette église les éléments d'une notice particulière.

Il y avait là cependant une épave du passé à recueillir : si humble dans son existence, si inconnu de nos jours, le Chapitre de Saint-Jean a néanmoins vécu bien des années de la vie même de notre cité, mêlé à ses habitants et recruté presque toujours *parmi eux. Rappeler son origine, redire la générosité et le dévouement de son fondateur, révéler les noms et les fonctions des chanoines, leurs rapports avec les seigneurs qui les protégeaient et la ville qui les avait accueillis, décrire enfin cette belle église malheureusement ruinée, c'était, nous a-t-il semblé, restituer une page intéressante à nos annales religieuses. Nous l'avons essayé et ce sera l'objet de la première partie de notre travail.*

De longues recherches dans les archives de la Loire, du Rhône, de la ville et des églises de Saint-Chamond et dans les papiers de quelques anciennes familles, nous ont fourni des notes précieuses. A l'aide de ces documents originaux, nous établirons en quelques mots la part que Melchior de Chevrières prit à la fondation de la plupart des églises et des couvents de Saint-Chamond, puis nous étudierons successivement et en détail la fondation, la construction et l'achèvement de la Collégiale de Saint-Jean, l'installation, la dotation, les statuts et l'administration de son Chapitre.

Les actes capitulaires, dont nous donnerons l'analyse, proviennent, en grand nombre, d'un cahier manuscrit arraché aux flammes en 1793. Sur la place des Minimes, alors que, ridiculement affublés des grands plans territoriaux du château, les incendiaires dansaient autour du foyer qui consumait les archives seigneuriales, un enfant de quatorze ans, Jean Brun, commis du greffier de la ville, s'approcha de l'un d'eux et lui demanda « des papiers pour apprendre à lire les vieilles écritures » : cet homme retira du feu et lui donna ce cahier qui a été précieusement conservé: M. Brun, décédé en 1873, à Lyon, chapelain de la Primatiale, nous a souvent raconté ce fait.

Enfin, nous publierons en entier les pièces dont M. Ennemond Richard, dans une brochure intéressante et devenue rare, a donné d'assez longs extraits.

La seconde partie se rapporte aux saintes Reliques : après avoir parlé de la Collégiale, on ne pouvait les oublier. C'est pour les recevoir que cette église avait été élevée, c'est à l'une des plus insignes qu'elle devait son nom, c'est pour les sauvegarder et les faire vénérer qu'un collège de chanoines y avait été établi. A travers une série de troubles et de dévastations sacriléges, ces reliques sont parvenues jusqu'à nous. Sauvées, durant la Terreur, par des mains sûres et dévouées, quand nos temples profanés se rouvrirent, elles furent placées dans une des chapelles de l'église paroissiale de Saint-Pierre.

Bien peu connaissent leur prix : qui donc sait leur histoire?

Cette histoire, un des chanoines de la Collégiale, M. Corréard, l'écrivit au siècle dernier, vers 1760 : son manuscrit, aujourd'hui encore inédit, se trouve dans les archives de l'église de Saint-Pierre. Grâce à une bienveillante communication, nous pourrons le reproduire intégralement. Nous y ajouterons quelques notes qui nous ont paru nécessaires, la description des reliquaires enlevés en 1793 et l'inventaire des titres relatifs aux reliques. Ces titres que M. Corréard avait compulsés, ainsi qu'il l'indique dans sa narration, furent presque tous brûlés avec les archives du château. Nous avons retrouvé cependant les pièces du procès en revendication des saintes Epines de la couronne du Sauveur, intenté par le marquis de Saint-Chamond aux Religieux Augustins de Saint-Pierre-d'Albigny en Savoie, et nous les avons insérées aux Pièces Justificatives.

Telle est notre étude : le sujet, on le voit, en est modeste et le cadre restreint. Nous osons toutefois l'offrir avec confiance aux amis et aux investigateurs des vieux souvenirs locaux, à ces esprits indulgents et curieux qui, dans une simple monographie, savent découvrir les rapports de l'histoire particulière d'une ville, d'une fondation, d'un monastère avec l'histoire générale de l'Eglise ou du pays. Le nombre de ces amis des choses d'autrefois, si limité il y a quelques années, semble s'accroître de nos jours, soit que le désir de savoir devienne plus vif et plus général, soit que les sources mieux connues et les textes primitifs mieux classés et plus étudiés, facilitent aux uns les recherches et apportent aux autres la lumière et la vérité que les plus habiles conjectures ne remplacent jamais. Quant aux lecteurs qui, moins familiarisés avec ce genre de travaux, jetteraient les yeux sur le nôtre, cet avant-propos leur apprendra que si la légende, la biographie et l'histoire ont quelque part dans ce récit, elles empruntent toute leur autorité de dates et de pièces souvent arides ou de documents dont la discussion n'offre rien de l'attrait du roman, même du roman soi-disant historique.

Ces documents se retrouveront nombreux dans ce volume : chacun pourra en apprécier la valeur : ainsi seront conservés les vieux parchemins que nous ont livrés des recherches patientes, des hasards heureux et la bienveillance de quelques amis. Ils doivent compter parmi les titres d'honneur de l'histoire de notre pays, car les traditions pieuses dont ils resserrent la chaîne ont toujours été, à Saint-Chamond, considérées comme un patrimoine sacré. Sous l'égide de ces sentiments qu'on ne saurait méconnaître, et grâce à ces textes authentiques, ce livre a été écrit pour être un témoin véridique du passé : avant que la dernière muraille qui fixe encore la place de l'église de Saint-Jean se soit écroulée, peut-être aura-t-il réussi à raviver un de nos meilleurs souvenirs religieux, et à faire connaître le trésor trop ignoré des saintes Reliques.

PREMIÈRE PARTIE
———

LA COLLÉGIALE

COLLÉGIALE
DE SAINT-JEAN-BAPTISTE

A SAINT-CHAMOND

CHAPITRE PREMIER

I. Melchior Mitte de Chevrières. Ses fondations pieuses. Eglises de Saint-Pierre; de Notre-Dame de Pontcharrat. Couvents des Capucins; des Ursulines; des Minimes. — II. Contrat de fondation de la Collégiale en 1634. Dotation du Chapitre. Autorisation de l'archevêque de Lyon.

I

Melchior Mitte de Chevrières, marquis de Saint-Chamond et de Montpezat, comte de Miolans et d'Anjou, premier baron de Lyonnais et de Savoie, chevalier des deux ordres du Roi, conseiller en ses conseils et ministre de son Etat, lieutenant-général en ses armées, gouverneur de la ville et citadelle de Sisteron et lieutenant-général pour Sa Majesté en Provence, etc., fut l'un des hommes les plus remarquables de la famille des Mitte de Chevrières, devenue par alliance héritière des biens de la maison de Saint-Chamond. Fils de Jacques Mitte de Chevrières et de Gabrielle de Saint-Chamond, Melchior naquit à Chevrières en Forez, le 13 septembre 1586, « l'année de la grande peste », et fut, suivant le vœu de son père et de sa mère, « tenu sur les fonts baptismaux par des pauvres. »

Une éducation virile et une solide instruction le préparèrent de bonne heure aux charges éminentes qu'il devait plus tard occuper. En 1596, à la mort de sa mère, il alla suivre les cours littéraires du collége des Pères de la Compagnie de Jésus, à Avignon ; en 1603, il se rendit à Rome, où il s'adonna avec ardeur à l'étude des lettres et des auteurs sacrés.

De retour en France, il fut envoyé, bien jeune encore, à la cour de Henri IV ; on le vit alors se mêler, et non sans succès, aux grandes disputes religieuses, qui, après l'abjuration du roi, étaient vives encore. Dans une discussion célèbre, sur un des sujets les plus ardus de la théologie, avec des protestants instruits et le sieur Gigord, un de leurs plus fameux ministres, Melchior, au témoignage de tous les seigneurs qui y assistaient et du roi lui-même qui était présent, se fit particulièrement remarquer par la force, la rigueur de ses arguments et la justesse de ses réponses (1). Il avait alors vingt-deux ans.

Rien dans sa vie ne démentit ses premiers débuts, et tout ce qui nous est parvenu de ses discours et de ses écrits, nous le montre, orateur disert et quelque peu prolixe, fidèle toujours aux mêmes convictions religieuses et passionné pour les mêmes études. La droiture de son esprit dans les conseils du Roi, son habileté dans des négociations difficiles, sa valeur et sa prudence à la tête des armées, le distinguèrent à une époque où tant de grands noms ont figuré dans l'histoire.

La vie de Melchior de Chevrières se passa tout entière au service du Roi; mais, à l'exemple de ses ancêtres, il aima à consacrer à l'embellissement de son château de Saint-Chamond et de la ville, dont il était seigneur, et sa

---

(1) Voir « Les discours politiques et militaires du sieur Millet. »

fortune et les rares loisirs que lui laissaient les affaires de l'Etat.

C'est à lui en effet ou à sa famille que la ville de Saint-Chamond doit presque tous ses monuments religieux (1). Son grand-père Christophe de Saint-Chamond, ce vaillant capitaine qui joua un rôle si important dans les guerres de religion en nos pays, avait en mourant, en 1581, légué 333 livres « aux recteurs de l'Hostel-Dieu de Saint-Chamond pour la retraite des pauvres infirmes et malades », et une somme semblable pour « donner moyen à l'avenir à ses subjets d'entretenir un séminaire de la jeunesse et d'y faire instruire ladite jeunesse par précepteurs catholiques. » Son père Jacques de Chevrières avait, en 1601, fondé le couvent des Capucins : peu d'années après, en 1608 (2), Melchior le termina et fit plus encore.

---

(1) Dans une étude intéressante publiée récemment sur Saint Ennemond, M. l'abbé Condamin a rappelé ces diverses fondations : je n'ai pas cru devoir néanmoins supprimer les notes suivantes, écrites depuis déjà longtemps, qui me semblent compléter celles de M. l'abbé Condamin.

(2) Les humbles religieux qui vinrent alors occuper ce couvent devaient, quelques années plus tard, payer largement de leur zèle et de leur dévouement, l'hospitalité qui leur avait été donnée. Lors de la peste de 1628 et de 1629, quatre d'entre eux succombèrent, les P. P. Edouard de Vienne, André de Saint-Ours, Protais de Langres, Ennemond Palluat de Saint-Chamond, qui furent frappés par le fléau en portant aux malheureux « atteints de contagion » dans les cabanes où ils étaient séquestrés au Fay, les secours religieux ou les aumônes qu'ils avaient sollicitées pour eux. Emue de tant de sacrifices et touchée des services immenses que les PP. Capucins avaient rendus en ces circonstances, la ville de Saint-Chamond, suivant le témoignage d'un de ces Pères, se montra, à leur égard, reconnaissante et généreuse. Après avoir rappelé les funérailles solennelles qui furent faites aux quatre victimes dans l'église de Notre-Dame, ce Père ajoute : « Et à vray dire, je dois icy une louange au peuple de Saint-Chaumond entre les autres

Jadis, existait sur la colline, à l'angle nord-est du château, « proche et dans les murs dudit château », une église paroissiale sous le vocable de Saint-Pierre, « *ecclesia parrochialis sancti Petri et cappella domini Sancti Chamondi in eadem erecta et illi adjacencia.* » (1)

Lors des guerres de religion, en 1562 (2), Christophe de

---

villes de ceste province où nous avons servy, et où nous avons couvents ; car d'abord qu'ils furent dans l'appréhension des maladies contagieuses, l'une des premières choses à quoy ils pensèrent, ce fust de pourvoir leurs pauvres Capucins des provisions nécessaires en une si dangereuse extrémité, ce qu'ils continuèrent près d'un an et demy aux deniers du public, crainte qu'une recheutte ne nous mit dans le danger; et quoyque les Religieux sceussent faire pour reprendre notre voye ordinaire de mendication, jamais la ville ne le voulut permettre, crainte que nous ne prissions mal, disant que c'estoit bien assés et trop pour eux que nous eussions perdu quatre si braves Religieux à leur service. La peste leur fist un si grand dégast que, de compte fait, ils perdirent la moitié du peuple de leur ville, l'ouvrage de la soye qui est leur principal travail estant fort susceptible de ceste maladie : Dieu bénisse et conserve le reste, en attendant que, mourants en sa grâce, il les récompense dans l'éternité. »

La chapelle du Fay fut alors construite : « et affin que plus facilement les malades peussent entendre la sainte messe de leurs cabanes, il (le P. Edouard) fist tant envers Messieurs de Saint-Chaumond qu'il leur persuada de bastir une chapelle audit lieu appelé le Fay, ce que l'on fist au plus gros de la peste..... »

Le couvent des PP. Capucins disparut à la Révolution.

(1) Transaction du 24 octobre 1521. Au XIIIe siècle, cette église, placée sous le patronage de l'église d'Ainay, était appelée : *ecclesia majoris castri, majoris pede* (place) ; celle de Saint-Ennemond, dont le Chapitre de Saint-Just était patron, *minoris pede*.

(2) En 1563, l'église de Saint-Pierre, déjà démolie, ne pouvait plus servir au culte : « le chantal coustumé de Monsieur du Monestier, qui ne fut célébré l'an dernier passé à cause de l'empesche des huguenaulx qui passèrent par Saint-Chamond, sera fait dans l'église de Saint-Annemond, au lieu de l'église parrochialle de Saint-Pierre à présent démolie. » (Acte du 22 juillet 1563, reçu Targe).

Saint-Chamond, réduit à la nécessité de compléter les défenses du château, « arrivant et continuant la misère des troubles », dut abattre cette église, devenue du reste d'un accès difficile pour une partie des habitants de la nouvelle ville qui chaque jour se déployait dans la vallée.

Il s'était alors engagé à la reconstruire dans un lieu plus ouvert. Il ne put, avant sa mort, réaliser cette promesse ; mais il la rappela dans son testament. Ce fut Melchior qui, en 1609, l'exécuta, en élevant l'église de Saint-Pierre actuelle (1), sur l'emplacement de la chapelle de Sainte-Barbe, dans laquelle, depuis la destruction de l'ancienne église de Saint-Pierre, les offices paroissiaux avaient été célébrés (2). Il demanda l'autorisation des PP. Jésuites, Antoine Suffren, recteur, et Pierre Arnaud, procureur du collége de la Trinité à Lyon, la chapelle de Sainte-Barbe étant située sur le territoire du prieuré de Saint-Julien qui dépendait de ce collége ; ceux-ci l'accordèrent volontiers ; et, le 23 juillet 1609, consentirent également à l'union des deux églises de Saint-Pierre, Sainte-Barbe et Saint-Julien ;

---

(1) « Voire icelle fait construire et bastir fort spacieusement, attendu la grande nécessité que la ville en avoit, mesme d'un grand lieu cappable pour recepvoir le peuple aux assemblées et dévotions publicques et lesquelz en estant depourveuz estoient contrainctz se rendre soubz et dedans les halles de ladicte ville, pour ouir les prédicateurs qui estoient contrainctz d'y prescher pour ne pouvoir les habitans entrer dans les autres esglizes, dont il en auroit de grands scandalles, tant par l'injure du temps auquel ils estoient exposés qu'autrement... etc. » (Enquête de 1609).

(2) Cette chapelle de Sainte-Barbe avait été fondée sur le territoire du prieuré de Saint-Julien, vers 1480, par Matthieu Palerne, marchand de Saint-Julien, avec l'autorisation de Jean d'Amanzé, chamarier du couvent de l'Ile-Barbe, commandataire du prieuré de Saint-Julien et de Guillaume de Loncin, sacristain de ce prieuré.

mais cette union, autorisée le 6 avril 1610, par M. de Meschatin La Faye, grand-vicaire délégué de Mgr l'archevêque de Lyon, ne put, alors s'accomplir : ce fut seulement en 1699 que, après de nouvelles enquêtes, les deux églises furent réunies (1).

---

(1) Le décret d'union de 1610 était resté sans effet à cause de l'inexécution de certaines clauses de la transaction du 23 juillet 1609, notamment la clause relative à la fondation par le seigneur de Saint-Chamond d'un Chapitre en l'église de Saint-Pierre ; cette fondation fut faite, mais ne fut pas longtemps maintenue. Les curés de Saint-Pierre et de Saint-Julien continuèrent tous deux à remplir les fonctions curiales dans la même église de Saint-Pierre ou chapelle de Sainte-Barbe. Les occasions de conflit étaient fréquentes ; les difficultés furent nombreuses. Bien des années après, en 1696 seulement, Mgr de Saint-Georges vint, pour y remédier, étudier la question, et, par une ordonnance provisionnelle « ordonna le démembrement des paroissiens de Saint-Julien taillables dans Saint-Chamond, de la cure de Saint-Julien, pour être incorporés à la cure de Saint-Pierre », et décida, en outre, que la chapelle de Sainte-Barbe servirait au seul curé de Saint-Pierre pour l'exercice des fonctions curiales. Mais, en 1698, M. Delafont, depuis le 29 juin 1695 curé de Saint-Pierre et Sainte-Barbe, fut nommé à la cure de Saint-Julien, vacante par le décès de M. Georges Cornu, dernier titulaire, et demanda à l'archevêque de Lyon l'union des deux cures, qui seraient desservies par un seul et même curé. Mgr de Saint-Georges commit, le 16 décembre 1698, son vicaire-général, M. Manis, pour prononcer cette union, s'il y avait lieu : celui-ci ordonna l'enquête, le 2 janvier 1699, et avec l'acquiescement des prêtres sociétaires de ces églises, des habitants, du seigneur Charles de la Vieuville, marquis de Saint-Chamond, et de sa femme, Anne de Chevrières, du P. Jacoz, recteur du collège des Jésuites de Lyon, prieur de Saint-Julien, l'union fut prononcée, le 13 mai 1699. Les lettres patentes du Roi, qui, en février 1701, autorisèrent cette union, furent enregistrées le 8 août 1704.

Le 5 juin 1700, la ville de Saint-Chamond s'imposa de 1,800 livres pour l'acquisition d'un presbytère pour le curé des deux églises qui résidait à Saint-Pierre, et en 1702, deux maisons furent acquises à cet effet, l'une de demoiselle Rousset, veuve d'Antoine Palerne, marchand

Peu d'années après, en 1618, sous l'impulsion de Melchior de Chevrières, l'église de Notre-Dame de Pontcharrat fut remplacée par l'église de Notre-Dame, élevée dans le pré Saint-Antoine (1). Lorsqu'elle fut terminée, en 1622, « on posa la pierre qui est escripte sur le pourtal de l'église (2). »

Le clocher (les maçons furent Mes François Guillot et

---

moulinier de soie de la Rive, l'autre de messire Claude de la Frasse, chevalier, conseiller du Roi, trésorier de France en la généralité de Lyon et de dame Marie Ravachol, son épouse, fille de Me Christophe Ravachol, avocat en Parlement. (*Archives de la Loire*. Registres de Saint-Chamond).

(1) Cette église, appelée à cause de sa position sur le pont Saint-Antoine N.-D. de Poncharrat, datait de 1450 environ. Sa construction est mentionnée dans un titre de 1458 : « *Donaverint constructioni, edificationi et servicio capelle beate Marie Virginis hospitalis sancti Annemundi supra pontem Gerii fondate.* » (Guigue *Voies antiques*..... p. 108). En 1480, Matthieu Clapier fit une donation pour agrandir cette église. (*Arch. du Rhône*. Titres non classés). Devenue, au XVIIe siècle, trop étroite pour contenir tous les paroissiens, l'église de N.-D. de Pontcharrat fut, le 15 juillet 1617, (acte reçu Vachon), cédée aux religieux de Saint-Antoine de Viennois établis à Saint-Chamond : une crue subite du Gier, l'emporta, le 29 juillet 1634. (*Archives de la Loire*. Fonds Notre-Dame).

(2) Voici cette inscription qui n'existe plus aujourd'hui et qui n'a pas été reproduite : elle porte la date de 1621, mais ne fut placée que le 27 mai 1622 :

D. O. M.

VIRGINI DEIPARÆ REGINÆ HUJUS URBIS ET ORBIS PATRIÆ PUBLICÆQUE PIETATI, TEMPLUM HOC CUM PLATEA MAGNIFICEQUE STRUXIT ET DEDICAVIT MELCHIOR MITTE DE CHEVRIÈRES, MARCHIO DE SAINT-CHAMOND, COMES DE MIOLANS ET D'ANJOU, PROVINCIÆ LUGDUNENSIS ET SABAUDIÆ BARO PRIMUS, UTRIUSQUE REGII ORDINIS EQUES TORQUATUS, AB UTROQUE CONSILIO, CENTUM CATAPHRACTORUM EQUITUM DUX, IN URBE PROVINCIAQUE LUGDUNENSI NECNON FORIENSI ET BELLOJOCENSI PROREX DIGNISSIMUS, REGIORUM EXERCITUUM CAMPORUMQUE MARESCALLUS MERITISSIMUS, ANNO 1621, ÆTATIS SUÆ 35.

Piran de Saint-Chamond) ne fut terminé qu'en 1634 : à cette date, on y transporta les cloches qui étaient dans l'ancienne église que l'inondation venait d'emporter.

En 1618 encore, Melchior fit construire le couvent des Ursulines, et le dota. Ce monastère prospéra rapidement, et c'est de là que, le 8 juin 1628 et le 7 octobre 1635, partirent les religieuses qui allaient fonder à Montbrison et à Saint-Etienne de nouveaux couvents (1).

Le couvent des PP. Minimes fut construit par Gabrielle de Gadagne, belle-mère de Melchior : son fils, Jean-François, venait de mourir au siége de Montauban ; dans sa douleur et sous l'inspiration de sa vive piété, elle fonda ce couvent, le 27 janvier 1622, et lui donna une rente de 4000 livres : « Meue d'une particulière dévotion « à la plus grand gloire de Dieu et pour le salut de son « âme et dudit deffunt seigneur, son très-cher et honnoré « mary, et encores de feu Messire Jean François de Mio- « lans, comte dudit Miolans, leur bien aymé fils, ladite « dame a pris vollonté de fonder une esglize et couvent de « l'ordre de Saint-François de Paule (2)..... » Le 19 avril 1622, Mgr de Marquemont, archevêque de Lyon, bénit la

---

(1) Le couvent actuel des Ursulines, à Saint-Chamond, n'occupe plus les bâtiments de 1618 : à la Révolution, les religieuses furent dispersées et leurs biens confisqués : un arrêté du Conseil général du département de la Loire (29 brumaire an II), décida que la maison des « cy-devant Ursulines » servirait de local pour les séances du tribunal criminel du département de la Loire que l'on devait établir à Saint-Chamond, et qu'on emploierait pour les réparations nécessaires les matériaux provenant de la démolition du château. (*Arch. de la Loire.* Biens nationaux). Mais je ne crois pas que le tribunal criminel ait jamais siégé à Saint-Chamond. En 1822 et 1824, les Ursulines acquirent, presque en face de leur ancienne demeure, la maison où elles sont aujourd'hui.

(2) Contrat de fondation. — *Archives de la Loire.*

croix et posa « la pierre fondamentale de ce couvent et de
« son église. » Melchior aida sa belle-mère à poursuivre et
à achever son œuvre et, le 31 mai 1624, les PP. Minimes
firent leur entrée solennelle en leur couvent. « On alla les
« quérir au château en procession où tous les prestres de
« la ville estoient et aussi Monsieur de Saint-Chamond et
« pourtait l'ordre au cou (1) et le lendemain on dit la pre-
« mière messe en leur église. » La façade de cette église
ne fut construite qu'en 1633 (2).

---

(1) Melchior avait été nommé, en 1619, chevalier de l'ordre du Saint-
Esprit ; il fut reçu, le 31 décembre, dans l'église des Augustins, à
Paris.

(2) L'église du couvent des PP. Minimes était destinée par Gabrielle
de Gadagne à recevoir les tombeaux de son mari et de ses enfants. Jacques de Chevrières avait désiré être inhumé dans la chapelle du couvent
des PP. Capucins ; mais on ne pouvait, sans enfreindre la règle de l'ordre de Saint-François d'Assise, et sans violer un des vœux principaux
de cet ordre, la pauvreté, lui élever là un mausolée : ce fut donc dans
l'église des PP. Minimes que fut placé son corps. Gabrielle de Gadagne
y fit aussi transporter celui de son fils Jean-François et ceux de ses
autres enfants Jacques, Marie et Gabrielle, morts jeunes. Elle fit placer
sur leurs tombes leurs statues qui furent brisées en 1793. Gabrielle de
Gadagne avait commandé ces statues, « à Tornus, à maistres Anthoine et André Mayo. » Le 15 février 1624, elle avait chargé,
Barthélemy Farjat, sculpteur lyonnais, de lui faire un rapport sur ces
statues. Le rapport critique vivement ces sculptures : « faites par un
« jeune flammant, elles sont en pierre blanche avec les figures et
« mains en albastre : il treuve ladicte œuvre fort vayne, sans aulcung
« art ni beaulté, vuide de sciance, labeur et estude, qui la rend dif-
« forme, etc... Il n'y a pas de ressemblance, ce qui pour Madame
« encore vivante (Gabrielle de Gadagne) étoit facile, ni de proportions :
« les mains de l'effigie de Madame sont grossières, courtes, ses yeulx
« mal faicts, les profils des enfants fort durs ou rudes, les testes diffor-
« mes, etc. » Sans doute sur ce rapport défavorable ces statues furent refusées et l'exécution en fut confiée à un autre artiste, car, suivant
un manuscrit du XVIIIe siècle, « elles sont en marbre blanc et sont un

II

Enfin en 1634, Melchior de Chevrières, parvenu au faîte des honneurs et de la fortune, consacra une partie considérable de ses biens à élever et à doter l'église collégiale de Saint-Jean-Baptiste, son œuvre principale et la plus importante de ses fondations.

Animé d'une foi vive et éclairée, Melchior, dans les emplois nombreux dont il avait été chargé par le roi Louis XIII, soit en France, soit en Italie et en Allemagne, avait mis tous ses soins à accroître le trésor des saintes reliques qu'il tenait de ses ancêtres. Aux reliques insignes de saint Jean-Baptiste, de la sainte Croix de Notre Seigneur, déjà depuis longtemps vénérées au château de Saint-Chamond, il avait ajouté une des Saintes Épines de la couronne du Sauveur, obtenue, non sans peine, des PP. Augustins de Saint-Pierre-d'Albigny en Savoie ; des reliques de saint Just que lui donna, en 1618, son beau-père Just Henry de Tournon ; des reliques de saint Philippe qu'il reçut en 1624, des PP. Jésuites établis au prieuré du nom de ce saint Apôtre dans la baronie de Miolans en Savoie ; des reliques de saint Arnoul et de saint Patient, de sainte Hélène, de saint Blaise, de saint Théodore, etc., qu'il reçut des grands couvents

---

« excellent ouvrage : les épitaphes qui les accompagnent sont fort am-
« ples et très-historiques. »

Gabrielle de Gadagne mourut le 7 novembre 1635. Son oraison funèbre fut prononcée par le P. Balthazar Flotte, de la Compagnie de Jésus, dans la chapelle du Petit-Collége, le 10 novembre 1636.

d'Allemagne, alors que, vers les années 1633 et 1636, il commandait en chef les armées du Roi, ou qu'il était chargé des négociations de la France avec les Etats allemands.

C'est en l'honneur de ces saintes reliques, c'est pour leur rendre un culte particulier et permettre aux habitants de Saint-Chamond de les vénérer, qu'en témoignage de sa reconnaissance envers Dieu, il résolut d'élever cette église collégiale ; l'acte même de fondation, où ces pieuses considérations sont longuement énumérées, nous l'apprend :

« Considérant les grandes et singulières grâces et assis-
« tances particulières qu'il a reçues de Dieu en plusieurs
« signalées occasions, rencontres et hasards qu'il a courus
« pendant les grands et honorables emplois, ambassades
« extraordinaires et commandements, dont il a été honoré
« pour le service du Roi et de la Religion catholique, tant
« dedans que dehors le royaume, même trois fois en qua-
« lité de général d'armée contre les ennemis du Roi et de
« l'Etat, et auxquelles occasions il auroit courageusement
« exposé sa personne et répandu son sang sans aucune
« crainte des dangers, desquels, par une protection spéciale
« de Dieu, il a été garanti jusqu'à présent, et dont il se re-
« connaît particulièrement obligé de rendre de continuelles
« actions de grâces à la divine Majesté ; et d'ailleurs voyant
« sa maison et château de Saint-Chamond honorés du sacré
« dépôt de plusieurs saintes et pieuses reliques, et que le
« peuple qui y a une très-grande dévotion, ne peut les visi-
« ter si souvent qu'il désire, à cause qu'elles sont gardées
« dans la chapelle du château dont l'accès ne peut et ne
« doit être commun à toute sorte de personnes, ni en tout
« temps ; et en continuant le zèle et la dévotion que ses
« défunts prédécesseurs, seigneurs dudit Saint-Chamond,

« ont toujours eu et fait paraître en plusieurs grandes et
« belles fondations par le moyen desquelles Dieu a étendu
« ses bénédictions sur lui, ce qu'il espère devoir continuer
« en la personne de ses enfants et de leur postérité. A ces
« causes et pour autres saintes et pieuses considérations à
« ce le mouvant, ledit seigneur marquis a promis à Dieu
« et s'est résolu, avec le consentement, bonne grâce et per-
« mission de Monseigneur l'Eminentissime Alphonse-
« Louis du Plessis de Richelieu, cardinal, archevêque et
« comte de Lyon, primat des Gaules et grand aumônier de
« France, de faire bâtir, doter et meubler de tous ses orne-
« ments, vases, linges et autres ustensiles nécessaires pour
« la célébration du divin service, une église collégiale en
« l'honneur de Dieu, sous le vocable de saint Jean-Bap-
« tiste..... (1) »

Soutenu par de tels sentiments, Melchior de Chevrières ne se laissera point arrêter dans son œuvre. Sans nul souci, ni des dépenses, ni des difficultés de tout genre qu'il faudra vaincre, il élèvera cette église dans la seconde enceinte de son château, au devant de la chapelle de ce château, où

---

(1) Voici encore ce que dit, au sujet de cette fondation, Melchior de Chevrières, dans ses Mémoires : « On s'efforça bien de m'en détourner, mais la Providence de Dieu éclata bien en la fondation de mon Chapitre : car, sans vendre mon logis de Paris, j'augmentai encore mes rentes, ce qui vous fait voir, mon fils, qu'il faut entreprendre courageusement les choses qui regardent le ciel, mais particulièrement afin que vous ayez une ferme dévotion aux saintes reliques, à l'honneur desquelles j'ai fondé le Chapitre, vous assurant que je n'y ai jamais eu recours, soit dans mes maladies ou mauvaises affaires, que je n'en aie reçu un secours miraculeux ; c'est pourquoi, je vous recommande de les honorer et d'être plus jaloux de leur conservation que de tout le reste de votre bien, pour attirer sur vous les bénédictions du ciel par l'intercession de ces grands saints. » (E. Richard, *Recherches historiques*... p. 103.)

les reliques resteront déposées : une grille de fer, qui sera placée dans l'église de Saint-Jean et ouverte à certains jours, permettra aux habitants de voir et de vénérer les reliques. L'emplacement nécessaire pour établir l'église sera conquis à grand peine sur le rocher abrupt qui domine Saint-Chamond, et comme l'accès du nouvel édifice semblait devoir être impossible, Melchior le reliera à la ville par un escalier monumental. Il triomphera de tous les obstacles.

Ce fut à Paris, en son hôtel, rue Saint-Denis, que, le 9 octobre 1634, le marquis de Saint-Chamond passa devant les notaires Jacques Roussel et Denis Camuset « gardesnottes du roi en son châtelet de Paris » l'acte de fondation et de dotation de la nouvelle église collégiale (1).

D'après cet acte, le Chapitre devait être composé d'un doyen, d'un maître de chœur ou précenteur, d'un sacristain, de cinq chanoines et de cinq chapelains, tous prêtres ou déjà engagés dans les ordres sacrés : il devait y avoir en outre quatre enfants de chœur, un bâtonnier et un secrétaire.

Nous verrons plus loin les modifications apportées à ce premier contrat de fondation, et nous ferons connaître, en étudiant les statuts, les devoirs des dignitaires et les obligations de chacun des membres du Chapitre.

---

(1) Avant cette époque, le 28 mai 1610, Melchior Mitte de Chevrières avait fondé et doté dans l'église paroissiale de Saint-Pierre un Chapitre composé d'un doyen, cinq chanoines et quatre novices ; fondation dont il avait formé le projet et annoncé la réalisation, lors de la réunion de cette église de Saint-Pierre à la chapelle de Sainte-Barbe, en 1609 : le 14 septembre 1619, il avait porté le nombre des chanoines de Saint-Pierre à dix, avec quatre enfants de chœur et un bâtonnier : l'érection de la nouvelle église collégiale de Saint-Jean, en 1634, amena la suppression du Chapitre de Saint-Pierre : les statuts de 1619 étaient presque les mêmes que ceux de 1634.

Dans ce même acte de 1634, le marquis de Saint-Chamond dote généreusement le nouveau Chapitre, et lui constitue, en premier lieu, une rente de 2,400 livres tournois, dont voici le détail :

Il lui donne d'abord les fonds et domaines qu'il possède dans la paroisse de Saint-Paul-en-Jarez, biens qu'il avait acquis du Chapitre de Montbrison, dont la rente annuelle se monte à 500 livres environ (1).

Il applique ensuite et attribue à la nouvelle église les revenus de prébendes lointaines dont il a le patronage et la disposition, et ce avec l'autorisation de l'archevêque de Vienne et de l'évêque de Grenoble, dans les diocèses desquels ces prébendes avaient été fondées.

Il cède ainsi au Chapitre, la prébende fondée en la chapelle du château de Septème, au diocèse de Vienne, sous le vocable de la Sainte-Croix, d'un revenu annuel de 300 livres environ ;

La prébende fondée en la chapelle de Dième, au diocèse de Vienne, sous le vocable de la Sainte-Trinité, d'un revenu de 212 livres environ ;

La prébende fondée en la chapelle de la Magdeleine de Miolans (2) au diocèse de Grenoble, d'un revenu annuel de 100 livres.

---

(1) Ce sont les fonds de la Merlanchonery ou Merlanchonnière, acquis par Melchior, le 11 septembre 1624, au prix de 2400 livres, du Chapitre de Montbrison, représenté par Matthieu Girard, doyen, Philibert de Colombier, maître de chœur, et Guy de la Mure, sacristain. Ce domaine dépendait de la prébende de Sainte-Croix, fondée en l'église de Saint-Paul-en-Jarez et annexée au Chapitre de Montbrison : il était situé à Saint-Paul-en-Jarez « tant en deçà que delà la rivière de Dorlay. »

(2) C'était une chapelle sous le vocable de Sainte-Marie-Magdeleine annexée au prieuré de Fréterive : Fréterive, situé dans la plaine au-des-

Il donne ensuite une prébende fondée en la chapelle du vieux château de Saint-Chamond pour la célébration d'une messe, du revenu de 80 livres (1) ;

Une rente de 30 livres, affectée et destinée au luminaire de Saint-Pierre ;

Une autre rente de 100 livres, dont voici l'origine : demoiselle Jeanne de Chassaigne, veuve de feu noble Jean de Sacqueney, sieur de Filain, avait légué, par testament du 11 mars 1616, à l'église de Saint-Pierre, de Saint-Chamond, 80 livres de pension, à prendre sur le martinet de Saint-Julien qui lui appartenait (2). Les biens de demoiselle de Chassaigne furent dévolus par droit d'aubaine et de déshérence au roi qui les donna au marquis de Saint-Chamond. Celui-ci, « sans entendre par là exécuter le testament ni préjudicier au don du Roi, mais pour décharger sa conscience au bénéfice de sa nouvelle fondation, » acquitta en faveur de la collégiale ce legs fait à l'église de Saint-Pierre et porta cette rente à 100 livres, « à prendre sur la rente noble de Saint-Chamond et sur une pension due par la cure de Saint-Clair-en-Vivarais. »

Il donne, en outre, tout ce qui est dû ou peut être dû à la chapelle du Bessat (3) : mais, encore, retiendra-t-on 30 li-

---

sous du château de Miolans, près de Saint-Pierre-d'Albigny, était sur l'Isère et avait un port à bateaux, sur lequel le seigneur de Miolans prélevait les droits de pontenage, passage, etc.

(1) Les seigneurs de Saint-Chamond avaient dans l'ancienne église de Saint-Pierre, attenante au château, une chapelle sous le vocable de Sainte-Anne et de Saint-Georges, en laquelle ils étaient inhumés. (*Testament de Léonard de Saint-Priest*).

(2) Un procès fut soulevé au sujet de cette succession entre Gabrielle de Gadagne et les échevins de la ville de Lyon.

(3) Cette petite rente, affectée au service de la chapelle du Bessat, avait

vres, nécessaires pour célébrer des messes dans cette chapelle, pour la commodité des habitants du lieu : on sait, en effet, à quelle distance le Bessat, situé en un des points les plus élevés de la chaîne de Pilat, se trouve des autres villages, et combien sont difficiles, encore de nos jours, les communications dans ces montagnes pendant l'hiver ;

Une prébende en l'église de Serrières, au diocèse de Vienne, d'un revenu de 105 livres ;

Deux autres prébendes, fondées en l'église de Chevrières, d'un revenu de 100 livres ;

Une prébende, appelée des Ravachols, fondée sous le vocable de saint Claude, en l'église de Saint-Martin Acoaillieu, d'un revenu de 100 livres ;

Une prébende en l'église du Sauzy (1), au diocèse de Lyon, d'un revenu de 100 livres ;

Enfin la prébende des Parests, fondée sous le vocable de saint Claude, en l'église de Saint-Pierre et Sainte-Barbe (2), d'un revenu de 120 livres.

Mais le marquis de Saint-Chamond, voyant la difficulté qu'auraient les chanoines à aller au loin percevoir les revenus de leurs prébendes, les voyages et les dépenses pour cela nécessaires, craignit que la régularité dans les offices en fut moins assurée ; il prit donc à sa charge la perception des fruits des prébendes de Septème, de Dième, de Miolans, de la chapelle du vieux château de Saint-Chamond, et de

---

été vendue avec la terre de la Valla et le château du Toil, par messire Just-Louis de Tournon à Jacques Mitte de Chevrières, le 8 mai 1595.

(1) Le Sauzy, annexe de la commanderie de Chazelles, ordre de Malte. (*Archives du Rhône*, fonds de Malte).

(2) Cette prébende avait été cédée, par contrat reçu Ravachol, le 20 décembre 1611, au marquis de Saint-Chamond par Jean de la Guyolle, qui en était patron.

la rente du luminaire de Saint-Pierre, le tout montant à 724 livres tournois de rente annuelle, ou environ ; somme dont il se reconnut débiteur envers le Chapitre, sous la garantie et hypothèque de tous ses biens, mais avec faculté pour lui de racheter cette rente au prix de 13,032 livres tournois.

Au domaine de Saint-Paul-en-Jarez, aux prébendes qu'il avait cédées, et aux 724 livres tournois dont il se reconnaissait débiteur chaque année, Melchior ajouta une somme de 30,168 livres tournois, hypothéquée sur tous ses biens et spécialement sur sa terre et seigneurie de Saint-Chamond.

Cette somme, réunie aux 13,032 livres, capital de la rente de 724 livres, formera une somme totale de 43,200 livres tournois, dont il s'engage à payer aux chanoines l'intérêt « au denier dix-huit, suivant l'ordonnance, » ce qui fera 2,400 livres de rente annuelle ; le chapitre devra, dans les dix ans, convertir et employer cette somme de 43,200 livres tournois « en achapt de fonds et héritages qui seront le vray fonds dotal et patrimoine de l'église de Saint-Jean. »

Le total des revenus des biens, prébendes et rentes, ainsi attribués au Chapitre, se montait donc à la somme de 3,425 livres de rente annuelle.

L'acte de fondation fait la répartition de ces revenus à chacun des dignitaires, chanoines et chapelains, ainsi qu'il suit :

Au doyen, la prébende des Parests, celle des Ravachols, et 200 livres en distribution quotidienne, à prendre sur la rente payée par le seigneur, à la charge « d'ung cierge de cire blanche poysant deux livres, sur lequel sera empreint, d'un costé, un sainct Jehan Baptiste et, de l'aultre, les armes dudict seigneur. » Ce cierge devait être présenté au seigneur par le doyen, accompagné des chanoines et chapelains, des enfants de chœur et du bâtonnier, le jour de la Fête-Dieu, au moment où il se présentait à l'église pour assister à la procession ;

Au maître de chœur, les fonds situés à Saint-Paul-en-Jarez, et 350 livres en distribution, à prendre sur la rente payée par le seigneur, à la charge de « bien faire célébrer les cérémonies de l'Eglise, de nourrir, habiller, entretenir, loger et instruire quatre enfans de chœur, qui seront vestus chacun d'une robbe de drap et bonnet rouge et le surplis ou aube au-dessus : il sera maistre de la musique et prendra le soing de la faire chanter ; »

Au sacristain, outre toutes les oblations de cire et bougies, les prébendes de Chevrières, du Sauzy et de Serrières, et la somme de 100 livres en distribution, sur la pension payée par le seigneur, « à la charge de fournir tout le pain, vin, luminaire, cierges et lampes perpétuellement ardentes, et de parer les autels suivant les festes, de les bien proprement entretenir ainsi que le chœur et la sacristie, les meubles et l'argenterie dont il sera chargé par inventaire faict par le secrétaire du Chapitre ; »

Au quatrième chanoine, une partie des fonds de Saint-Paul-en-Jarez, dont jouit encore messire Louis Rivoire, et 100 livres en distribution ;

Aux cinquième, sixième, septième et huitième chanoines, 200 livres à chacun, savoir : 100 livres de rente et 100 livres en distribution ;

A chacun des cinq chapelains, la somme de 90 livres, soit, 45 livres de rente et 45 en distribution ;

Au secrétaire, « oultre les émolumens des actes et contracts qu'il recepvra, la somme de cinquante livres de pention annuelle à prendre sur la fondation dudict seigneur; lequel luy donnera encore ung office de notaire public en sa terre et marquizat de Sainct Chamond : à la charge de conserver et garder soigneusement les tiltres et papiers concernans ledict Chapitre et recepvoir tous les tiltres, actes, contracts et documens, les délibérations et résolutions du Chapitre, etc., etc. » ;

Au bâtonnier, 50 livres en distribution, et les émoluments qu'il pourra tirer des cloches « à condition de bien et deuement faire servir desdictes cloches ledict Chapitre et habitans de Sainct-Chamond, » de faire balayer la nef et le perron de l'église, et d'en ouvrir et fermer les portes aux heures qui seront fixées par le Chapitre.

Le seigneur donne la somme de 300 livres, « à prendre sur ladicte fondation », pour les réparations et l'entretien de l'église et des ornements et pour les autres frais principaux.

Après avoir ainsi établi la dotation du Chapitre, Melchior indique, dans l'acte de fondation, les devoirs des dignitaires et des chanoines, l'ordre à suivre dans les offices, les heures auxquelles ils devront être célébrés, les peines dont seraient punies les infractions, etc., et il déclare que le Chapitre de Saint-Jean « relèvera en fief du chasteau et maison seigneurialle de Sainct-Chamond, pour recognoissance duquel fief, lesdicts sieurs doyen, chanoynes, chappelains, enfans de chœur, bastonnier et secrétaire seront tenus, à chaque mutation du seigneur, de le venir trouver en corps en sondict chasteau, et pour hommage luy toucher à la main droicte, le recognoissant pour seul et unicque fondateur, etc. » Quant aux dispositions intérieures de l'église, il veut que le grand autel soit placé au milieu du chœur, pour que, de tous les côtés, les fidèles puissent le voir; et que le devant de cet autel soit tourné vers le chœur, le prêtre qui célébrait la messe, ayant le visage tourné du costé du peuple. »

Les bancs des chanoines et des chapelains devaient être placés de chaque côté du chœur : le fondateur se réservait pour lui et sa famille le banc placé au fond de l'abside.

Tous ces détails, du reste, nous les trouverons mentionnés plus au long, dans les nouveaux statuts que le marquis de Saint-Chamond donna au Chapitre, en 1642, lors de l'inauguration de la collégiale.

Melchior de Chevrières avait demandé à Mgr le cardinal Alphonse du Plessis de Richelieu, archevêque de Lyon, de vouloir bien approuver sa fondation : cette autorisation était nécessaire.

Mgr l'Archevêque, prenant en considération la piété et les sentiments de dévotion du marquis de Saint-Chamond, sa générosité qui permettait au nouveau Chapitre de tenir un rang convenable, accéda à son désir, et autorisa l'établissement de cette église collégiale, sous la seule condition que le Chapitre resterait sous la juridiction entière des archevêques de Lyon, et qu'il se conformerait aux règles générales pour les habits de chœur.

Il fixa également l'emploi des dons et offrandes qui seraient faits à l'église de Saint-Jean : une part serait réservée pour subvenir aux dépenses de l'église, l'autre part serait versée entre les mains du receveur pour être distribuée aux chanoines, le sacristain ayant droit à deux parts.

Cette autorisation donnée à Paris, où se trouvait alors Mgr l'Archevêque de Lyon, porte la date du 10 octobre 1634 (1).

---

(1) Voir cet acte aux Pièces justificatives, II.

CHAPITRE DEUXIÈME.

I. Pose de la première pierre. Activité imprimée aux travaux. Difficultés de l'entreprise. Ambassade du marquis de Saint-Chamond en Allemagne. Retards dans les travaux. Retour de Melchior de Chevrières. Achèvement de la Collégiale. — II. Opposition de Mgr l'Archevêque de Lyon. Luttes.

I

Les grands travaux préliminaires qu'exigeait la position, élevée et difficile, assignée à la nouvelle église, commencèrent de suite et, un an après l'acte de fondation, approuvé par Mgr l'Archevêque de Lyon, fut posée la première pierre.

« L'an 1635 et le 28 du moys d'octobre, jour de diman-
« che et la feste de saincte Ursule, on a planté la croix et
« posé la pierre fondamentale en la place au dessous du
« chasteau pour faire une églize sous le vocable de Sainct-
« Jehan-Baptiste, que Monsieur de Sainct-Chamond faict
« bastir et baillié pour la fasson et main de l'ouvrier trente
« ung mille cinq cent livres (1). »

Melchior n'assista pas à cette cérémonie : mandé par le

---

(1) *Livre de famille*, bibl. Coste, Lyon.

roi, il avait quitté Saint-Chamond, au mois d'août 1635, ayant, avant son départ, tout disposé pour que l'église pût, suivant la promesse qu'il en avait faite, être terminée en 1638.

Mais les obstacles étaient sérieux : il fallut tailler le rocher sur une large étendue, et le roc était dur, les abords difficiles : ce premier travail dura trois ans entiers, malgré le nombre considérable d'ouvriers que l'on avait réunis, et, bien que les ordres de Melchior fussent précis pour continuer les travaux, la rapidité dans leur exécution dut se ressentir de son éloignement.

Le roi l'envoya en ambassade en Allemagne, en Suède et en Danemark pour suivre d'importantes négociations : « il fut deux ans et demy en ce voyage et y réussit merveilleusement à l'avantage de la France ; il n'en eut pour « cela aucune récompense à son retour, pas même aucune « parole de gratitude du roi, qui en fut empêché par le cardinal, duc de Richelieu, son favory, et chef de son Conseil, lequel avoit toujours envié ledit seigneur de Saint-Chamond et lui avoit porté grande hayne depuis le duel « que fit devant Nancy, feu Messire Louis Mitte, son fils « ayné, contre Monsieur de la Meilleraye, grand maître de « l'artillerie de France et cousin germain dudit cardinal, et « ne leur a jamais pardonné, quoyque le père et le fils « n'eussent eu aucun tort (1). »

Triste et découragé, sa mission terminée, Melchior de Chevrières quitta la cour dont il redoutait les intrigues, et revint à Saint-Chamond, le 21 novembre 1637. Il trouva l'œuvre de son église peu avancée ; on employait deux cents

---

(1) Manuscrit de M. C. Gillier.

ouvriers par jour; aussitôt, pour hâter les travaux, il doubla leur nombre; ces quatre cents travailleurs minaient sans relâche le rocher, taillaient la pierre, apportaient à grand peine sur la colline les matériaux nécessaires, la chaux, le sable, coupaient et disposaient les « bois pour dresser les échafauds et les moules des voûtes » et pour faire les siéges et les bancs des chanoines, du seigneur et de sa famille. Tous les ouvriers, chargés de la construction et de l'aménagement intérieur de l'édifice, travaillaient à la fois ; tandis que s'élevaient les murs, les serruriers, les peintres, les doreurs, les vitriers, les orfèvres, s'occupaient des décorations intérieures ; les ornements mêmes du culte étaient préparés par des tailleurs, des lingers, etc. Melchior avait hâte de terminer son œuvre.

L'église, grâce à cette dernière et vigoureuse impulsion, fut achevée en 1640 : « Le 18 de mai 1640, on faisoit la voûte de l'églize de M. Sainct-Jean ; Monsieur de Sainct-Chamond étoit à Toulouze pour un procès (1). »

Ce procès, né à l'occasion de la succession de son bisaïeul, le maréchal de Montpezat, qui lui arrivait par droit de substitution, obligea en effet Melchior à quitter de nouveau ses travaux et à partir pour Toulouse, alors que cruellement frappé par la perte de son fils aîné Louis, qui venait de mourir à Grenoble à l'âge de vingt-sept ans le 16 juillet 1639, il aurait voulu, renonçant aux affaires et désirant le repos, ne point quitter son château de Saint-Chamond.

Il séjourna deux ans à Toulouse, gagna son procès et revint à Saint-Chamond, au printemps de l'année 1642.

---

(1) *Livre de famille.*

L'église de Saint-Jean était terminée ; il n'eut plus à s'occuper que des ornements intérieurs qu'il fit rapidement achever.

II

Melchior voulut aussitôt voir consacrer son église et y faire célébrer le service divin, mais il rencontra des résistances qu'il n'avait pas prévues, et auxquelles il ne devait évidemment pas s'attendre.

Ces résistances vinrent, d'une part, des curés des églises de Saint-Chamond, qui ne pouvaient voir, sans une certaine peine, des chanoines s'installer dans leurs paroisses, en dehors d'eux, et, aux termes du contrat de fondation, prendre le pas sur eux qui avaient toujours tenu le premier rang dans la ville. Peut-être aussi, en dehors de ces questions délicates de préséance, quelques-uns d'entre eux étaient-ils froissés de la dépossession dont les frappait le marquis de Saint-Chamond, en transportant à l'église de Saint-Jean, au bénéfice des nouveaux chanoines, toutes les fondations qu'il avait faites déjà dans l'église de Saint-Pierre.

D'autre part, à cette opposition locale, s'ajouta celle de l'Archevêque de Lyon « lequel, dit un chroniqueur (1), ayant ordre du Cardinal, duc de Richelieu, son frère, de faire toutes les niches qu'il pourroit audit seigneur de Saint-Chamond, le troubloit au spirituel, pendant que l'autre minoit sa fortune à la Cour et le traversoit en toutes ses affaires temporelles. »

---

(1) Manuscrit de M. Gillier.

Quoi qu'il en soit des motifs de cette opposition, l'autorisation d'installer le Chapitre et de faire consacrer son église, fut refusée au marquis de Saint-Chamond. Celui-ci, sans se laisser arrêter par des refus réitérés, insista auprès de l'archevêque ; il lui demanda, s'il ne consentait pas à faire lui-même la consécration de l'église, de vouloir permettre qu'un autre évêque vînt la faire, et présidât à sa place à l'installation du Chapitre, dont il avait lui-même, en 1634, autorisé l'établissement. Mais l'archevêque de Lyon persista dans son refus, « sans l'appuyer d'aucune raison, sinon qu'il ne le vouloit pas, et rompit ouvertement avec le marquis de Saint-Chamond. » Partant pour son abbaye de Saint-Victor, à Marseille, il défendit à son grand vicaire « d'accorder quoi que ce fût au seigneur de Saint-Chamond. »

Ne pouvant vaincre la volonté nettement exprimée de l'archevêque, Melchior, non moins résolu, consulta divers casuistes qui, tous, conclurent que « le sacre n'était pas nécessaire », et que l'autorisation d'élever cette église ayant été concédée, et la première pierre en ayant été solennellement bénite, on pouvait, l'église étant terminée, y célébrer la sainte messe et y chanter les heures canoniales. Ils invoquaient, à l'appui de leur opinion, l'autorité d'un grand nombre de docteurs et d'auteurs ecclésiastiques, aussi bien que la pratique constante et générale de l'Église ; ils rappelaient, notamment, l'exemple des églises de Notre-Dame et des PP. Minimes de Saint-Chamond, « auxquelles, bien qu'elles n'eussent point été sacrées, on célébrait tous les offices, sans autre permission que la première qui avait été obtenue pour les bâtir (1). »

---

(1) L'église de Notre-Dame bâtie et ouverte au culte, en 1622, ne

Fort de ces raisons et de telles autorités, Melchior, qui venait d'apprendre la mort du cardinal de Richelieu, décédé le 4 décembre 1642, et croyait voir alors cesser toute hostilité de la part de l'archevêque de Lyon, son frère, résolut de faire solennellement l'inauguration de son église ; il en fixa la date au 23 décembre 1642. Ce jour-là, huit ans après l'acte de fondation, eut lieu cette inauguration si attendue et la première messe fut célébrée à la collégiale (2).

---

fut, en effet, consacrée que le 16 mars 1658, par Mgr Camille de Neufville, archevêque de Lyon. (*Archives de la Loire*, fonds Notre-Dame.)

(2) « Le mardi, 23ᵉ jour de décembre 1642, M. de Saint-Chamond a faict dire la première messe en l'esglise de Sainct-Jehan et a fondé le canonicat et le vénérable Chapistre des chanoines ; le lendemain, vellie de Nouel, on y fit la première prédication. » (*Livre de famille.*)

CHAPITRE TROISIÈME

I. Inauguration solennelle de 1642. Discours du marquis de Saint-Chamond. Installation des chanoines. Réception du marquis de Saint-Chamond comme premier chanoine. Hommage que lui prête le Chapitre. — II. Augmentation de la dotation du Chapitre. Nouveaux statuts. — III. Interdit de l'archevêque de Lyon. Autorisation royale. Ordre de la Reine. Reprise des offices. Translation des Saintes Reliques à la Collégiale.

I

Le 23 décembre 1642, le marquis de Saint-Chamond réunit dans la grande galerie du château « tous les curés et sociétaires de la ville et mandement de Saint-Chamond, les Révérends Pères Capucins et Minimes, les officiers, les consuls et notables de sa ville, lesquels étant assis sur les bancs qu'il leur avoit destinés, il alla, accompagné de ses enfants et de plusieurs gentilshommes, prendre sa place dans une chaise relevée d'un degré et leur fit le discours suivant :

DISCOURS fait par messire Melchior Mitte de Chevrières, etc., à tous les ordres de sa ville le 23ᵉ décembre 1642.

« Messieurs, la pluspart des choses du monde n'ont rien digne d'admiration que la coustume de les admirer, et quand l'erreur particulier d'un chacun s'est rendu commun à tous, elles ne sont plus louées parce qu'on les doit désirer, mais elles sont désirées, parce qu'on les entend louer.

« Celles du Ciel, tout au contraire, sont admirables d'elles-mêmes, et n'ont besoin d'aucune louange pour faire cognoistre leur prix, mais seulement d'estre cognues pour nous obliger à y attacher noz désirs et noz affections, et quoyque très-sainctes elles sont néantmoins subjectes à estre contrariées par l'ignorance des uns, la jalousie des autres, et la malice de plusieurs, ny ayant rien de si sacré sur la terre, qui n'aye trouvé un sacrilege, ny chose au monde si profane qui n'aye eu quelque protecteur. La vertu et le vice ont esté loués en divers siècles, et par diverses personnes, et ont tous deux eu leurs deffenseurs, mais avec cette différence, que les premiers s'attachant au vray bien ont toujours triomphé des autres, qui ne l'ont possédé qu'en apparence, et n'ont pas recogneu que les faveurs que nous recepvons en ceste vie procèdent de la seule bonté de Dieu, les meaux de sa justice, et les uns et les autres de sa providence éternelle, à laquelle nous devons absolument nous soubmettre avec ceste créance, qu'elle nous donne les premiers pour nous consoler, les autres pour nous esprouver, et qu'elle n'agit que pour nous bienfaire à tous : aussy luy sommes-nous également obligés des malheurs qui nous arrivent et des prospérités qu'elle nous envoye, et ne pouvons sans une extresme ingratitude luy en dénier noz très humbles actions de graces.

« Senèque dit que le mespris de ce qu'on a, et le désir de ce qu'on n'a pas, faict les ingrats ; mais il a parlé en philosophe payen et moral, et comme chrestien, je dis le contraire, Messieurs, qu'il faut entièrement destacher noz inclinations des voluptés de la terre que nous possédons pour aspirer parfaitement à celles du ciel, desquelles le monde nous tient esloignés ; et ainsy nous ferons des œuvres et des fruicts dignes de pénitence, comme il nous est ordonné par l'Apostre, et rendrons à la Divine Majesté noz reconnaissances, sinon telles que nous luy devons, au moins celles que notre foiblesse nous peut permettre d'acquitter.

« Messieurs, ceste église que j'ai nouvellement faict edifier, n'est pas seulement une offrande que je faicts à Dieu, c'est plustost une debte que je paye aux sainctes inspirations qu'il m'a donné de l'entreprendre, et quoyque j'y aye esté puissament appelé du Ciel, les considérations de la terre et les artifices de l'enfer m'y ont extraordinairement contrarié. Si j'ay eu de la consolation de la pouvoir conduire à la perfection et au point que vous la voyés, j'ay bien receu des mortifications parmy les obstacles qui se sont présentés pour en destourner le desseing, et ma résolution auroit été sans doubte ébranslée par les diverses agitations du monde et les oppositions de ceux même qui en debvoient le plus souhaitter l'accomplissement, si elle n'eust esté appuyée sur la Providence éternelle, et fondée sur ceste forte pierre angulaire, de laquelle parle l'Escripture, qui est Nostre Sauveur Jésus-Christ. Il est vray que je n'étois pas digne de luy bastir un tabernacle, pour avoir trop souvent profané celuy qu'il avoit daigné de prendre dans mon cœur, et que mes péchés ont causé toutes ces difficultés ; mais sa miséricorde qui est infinie a lavé les uns et levé les autres, et heureusement achepvé ceste œuvre pour sa plus grande gloire et nostre commun salut de tous.

« Sa divine bonté qui, selon le prophète royal, donne tousjours la laine selon la neige et le pouvoir avec le vouloir, après m'avoir inspiré, ne m'a pas seulement donné les moyens de supporter la despense de ceste fondation, qui me revient a plus de cent mille escus et que chacun jugeoit impossible au commencement, mais elle a augmenté mes biens de plus de vingt et cinq mille livres de rentes, depuis que j'en passay le contract, ayant recueilly les successions de feu Madame de Chevrières, ma marastre, et de Monsieur le mareschal de Montpezat, mon bisayeul. C'est ce qui m'a faict resoudre, à bien juste titre, d'accroistre le nombre des chanoines, qui n'estoient que de huit dans ma première fondation, jusques à douze, et celuy des cinq prébendiers jusques à huict, pour faire en tout vingt prestres, affin que l'office soit mieux faict et plus solennellement célébré dans ceste saincte église, selon le concile de Trente et conformément au cérémonial des évesques, faict par le commandement du Pape Clément VIIIe, que je veux qui y soit tousjours inviolablement observé. Ainsy ce temple, ceste argenterie, ces meubles, qui ne sont que des offrandes muettes, seront à jamais animés par le chant continuel des louanges de Dieu devant les reliques de ces saincts, à la consolation universelle des bons et fidelles chretiens.

« Pour cest effect, j'ay choisy des prestres de piété, vertu et science cogneue, exempts de tout reproche et soubçon, affin que leurs prières soient plus agréables à Dieu et leurs vies exemplaires aux hommes. Lisés leurs noms.

« Sur cela, le sieur Jean Le Cour de Sainct Andüel, secrétaire de mondict seigneur, leust la liste suivante :

« S'ensuivent les noms de ceux que Monseigneur pourvoit présentement des canonicats, prébendes et autres places dépendantes du Chapitre de la saincte chappelle de Sainct-Chamond :

Messires : François de Sainct-Chamond, comte de l'église de Lion, soubdiacre, faisant la seconde année de théologie, doyen de la saincte chappelle ;

Melchior Fulconis, prestre du diocèse de Nice, en Provence, docteur en théologie et bachelier en droit canon, précenteur et maistre du chœur ;

Antoine Bonnard, docteur en théologie, curé de Félines en Vivarais, sacristain ;

Pierre Lestang, prestre, docteur en théologie et professeur de philosophie au collége de Lesquille à Tolose, chanoine et premier aumosnier du seigneur ;

Mathias Le Clerc, prestre du diocèse de Beauvais en Picardie, maistre ez arts, second aumosnier ;

Gabriel Pigeon, prestre du diocèse de Carpentras, chanoine et troisième aumosnier ;

Jean Furet, prestre, docteur en théologie, chanoine et quatrième aumosnier ;

Antoine Hollier, prestre, docteur en théologie, huitième chanoine et théologal ;

Noble Antoine Gaufridy, clerc du diocèse d'Aix, neuvième chanoine ;

Pierre Portes, prestre et maistre ez arts, dixième chanoine ;

Baubens, onzième chanoine et maistre de musique de la Saincte-Chappelle ;

Raynach, prestre du diocèse de Tolose, douzième chanoine.

Prébendiers :

Messires : Claude Acharion, de la Volte de Polignac, en Velay, prestre et bachelier en droit canon, premier chappelain de mondict seigneur ;

Jean-François d'Alicieu, prestre du diocèse de Vienne, second chappelain ;

Bertrand Martin, diacre du diocèse de Paris, troisième prébendier ;

Estienne Colin, de Bourgogne, diacre, quatrième prébendier, et soubmaistre de musique.

(Monseigneur s'est réservé pour quelque temps encore la nomination de ses deux derniers chappelains et des deux derniers prébendiers, ainsi que celle du bastonnier et des deux derniers enfans de chœur).

Enfans de chœur :
Alexandre Marduel, de Lyon ;
François Florisel de Lobigues, de Villefranche de Rouergue.

M⁴ Claude Ravachol, capitaine chatelain du marquisat de Sainct-Chamond, secrétaire du Chapitre.

« Et en mesme temps qu'on nommoit les personnes cydessus, elles prenoient leurs places dans le rang qui leur estoit préparé, et puis ledict seigneur reprint son discours, comme il s'ensuit :

« Messieurs les doyen, chanoines, chappelains et prébendiers, je vous exhorte tous d'unir voz cœurs comme j'assemble voz personnes dans un parfaict amour de Dieu, et comme vous ne fairés deshormais qu'un corps, vous n'ayés aussy qu'une ame et mesme volonté à vous rendre bien subjects à voz offices, à les célébrer avec le respect et l'attention deüe au maistre que vous servirés, à fuir l'oisiveté comme la mère de tous les vices, et le tombeau des vertus, à honorer le clergé de ce marquisat, qui est fort vénérable, à estre secourables à voz prochains, particulièrement à mes subjects, pour la consolation desquels principalement je vous establis en ce lieu, et à employer voz plus ardentes prières pour la conservation de nostre saincte foy et la durée de ceste nouvelle église, pour la prospérité du Roy, de sa famille Royalle et de son Estat, et pour celle de ma maison et de tout ce peuple. Par ce moyen, vous récompenserés avec usure le bien temporel que je vous donne par le spirituel que vous me rendrés, et cognoistrés par expérience que comme il faut soignieusement mesnager celuy là pour le conserver, il faut aussy libérallement despendre celuy-cy pour l'augmenter.

« Enfin, Messieurs, je vous conjure de passer voz jours en ce monde avec tant de saincteté, qu'à l'advenir voz os puissent accroistre dans ceste saincte chapelle, le nombre des Reliques sacrées que j'y veux faire porter, et les confier à l'advenir à vostre garde, sur l'asseurance que je prends en voz piétés, que vous les vénérerés tous les jours, et aurés plus de soing de les conserver que voz propres vies.

« Messieurs les curés et sociétaires, je vous conjure de considérer que vous estes prestres, et dans ceste qualité que vous portés très dignement, vous trouverés que vous vous debvés humilier tout autant que vostre caractère vous relepve par-dessus le commun, par l'honneur que vous avés d'administrer les saincts sacrements ; que vous devés fuir toute sorte de noyses et divisions avec tout le monde, et principalement avec ceux qui ont la mesme onction que vous, et vous conformer en toutes choses aux saincts canons, décrets, et cérémoniaux, faicts et ordonnés par les Papes pour l'uniformité de l'Eglise, sans jamais vous persuader de pouvoir mieux faire ; car ce seroit une pensée sacrilège, que les auteurs n'excusent pas de péché mortel.

« Practiqués sérieusement la vraye charité envers Dieu et voz prochains, puisque vous nous la debvés enseigner par voz exemples et prédications. Et aymés et honnorés Messieurs du Chappitre comme voz frères. N'apprehendés pas la diminution de voz revenus par leur establissement. Vous sçavés que la moisson est grande et fertile en la maison de Dieu, et que la dévotion s'accroist parmi le peuple par l'augmentation du nombre des gens de bien.

« Ne craignés pas non plus que je vous prive de mon affection pour la transporter en eux ; je la sçaurai si bien mesnager qu'en conservant à chacun la part qui lui est deüe, je vous donneray esgalement subject à tous de prier Dieu pour moy, et d'advouer après ma mort, que ma vie n'a jamais désobligé aucun de vous.

« Mes Révérends Pères, chacun sçaist que voz actions ne preschent pas moins que voz parolles, et les unes et les autres nous donnent des marques si évidentes de vostre charité, qu'il n'est pas besoing de vous recommander l'union avec Messieurs les chanoines, puisque vous la pratiqués avec tous les gens de bien. Vous avés tous un mesme but, d'adorer Dieu et de luy gaigner des ames, vous estes frères et confrères entre vous, et mes pères spirituels comme prestres ; vous ne laissés de vous dire mes enfans, puisque vous me reconnaissés tous pour vostre unique fondateur. Ces relations de père, de fils et de frère sont si proches, qu'elles nous obligent à un amour réciproque et parfaict, et comme je ne doute point du vostre, soyez très-asseuré du mien, en général et en particulier, et m'accordés voz prières pour les mesmes fins que je demande celles du Chappitre, et principalement à ce qu'il plaise à Dieu d'aggréer l'offrande que je luy faicts aujourd'huy de ceste église et de mon cœur.

« Messieurs les officiers, consuls et habitans, ce Chappitre attirera les grâces du Ciel sur voz personnes, voz familles et voz biens, et oultre l'ornement qu'il apportera en ceste ville, voz enfans se prévaudront de leurs bénéfices lorsqu'ils vacqueront, et que vous les aurés, par vostre bonne éducation, rendus capables de succéder aux vertus de ceux à qui je viens maintenant de les conférer. Je vous recommande donc à tous, de chérir, honnorer, et servir Messieurs les chanoines et de continuer et redoubler voz dévotions envers les Sainctes Reliques, puisque vous pourrés maintenant, en toute liberté, les visiter, et leur rendre voz hommages et voz vœux. Ne m'oubliés pas aussy en voz prières, puisque j'ay faict toute ceste fondation à mes despans, sans qu'un seul de vous y aye rien contribué, et que mon principal but, après la gloire de Dieu, a esté de vous donner part à tous des bénédictions que j'en ay tousjours receu.

« Et vous, mes chers enfans, qui devés par le cours de nature jouyr du bonheur de cest établissement plus longtems que moy, protégés-le comme la plus belle fleur de la couronne de ce marquisat, et l'augmentés selon les inspirations que Dieu vous en donnera; ne remplissés jamais les places qui vacqueront après moy que de personnes bien capables; respectés et aymés les Sainctes Reliques dont nous avons l'honneur d'estre dépositaires dans nostre maison, et les conservés avec plus de courage et de vigueur que voz biens, et voz propres personnes, et croyés asseurement qu'en vous confiant en leur protection, et prenant le soing que vous devez de maintenir l'honneur de Dieu, il augmentera le vostre et vous donnera les mesmes graces que j'en ay receu, et d'autant plus grandes que vous y apporterés plus de zèle et de foy. C'est le plus grand héritage que je vous puisse laisser, et par le moyen duquel j'espère qu'il plairra au chef de tous les sainctz, de nous donner à tous celuy du ciel, à la fin de nos jours. Allons l'en supplier dans son église, et mettre en possession Messieurs les chanoines et chappelains de leurs places et dignités. »

Le manuscrit que nous reproduisons décrit ensuite les moindres détails de cette cérémonie : nous le citons encore :

« Aussytost que mon dict seigneur eust achepvé ce discours, les nouveaux bénéficiers, qui n'avaient que leurs soutanes et manteaux longs, entrèrent dans la chapelle qui estoit lors au bout de ladicte galerie, et s'y estans tous revestus de chappes, allèrent processionnellement en l'église de Sainct-Jean-Baptiste, chantans le *Veni Creator*, etc., l'*Ave Maris stella*, etc., *Ut queant laxis*, etc. et le *Te Deum*, à l'entrée d'icelle, à quoy assista : ledict seigneur portant son grand collier de l'ordre du Benoist Sainct Esprit ; — dame Isabeau de Tournon, sa femme (1) ; — Messire Léon-François de Sainct-Chamond, prestre et abbé de Bouzonville en Lorraine, son fils aîné ; Messire Henry Mitte de Sainct-Chamond, comte de Montbrison, son second fils, avec dame Charlotte-Catherine de Gramond, femme dudict Henry ; — Messire François de Sainct-Chamond, comte de l'Eglise de Lyon, et doyen de celle-cy, son troisiesme fils ; — Messire Jean-Armand de Sainct-Chamond, son quatriesme fils ; — et Mademoiselle Marie-Isabeau de Sainct-Chamond, sa fille, mariée maintenant à M. le comte

---

(1) Fille de Messire Louis de Tournon, comte de Roussillon, bailli du Velay, sénéchal d'Auvergne, etc., et de Magdeleine de la Rochefoucauld.

de Bioule, en Languedoc (1); — et Messieurs de Feugerolles, de la Condamine, de Senevas, Broufort (2); et quantité d'autres gentilshommes, en suitte desquels suivoient les officiers, consuls et notables de la ville.

« Le *Te Deum* finy, les chanoines et chappelains chantèrent la grand'messe à l'honneur du Sainct-Esprit, sans qu'aucun d'eux se placeast dans les haultes chaises, avant d'avoir presté le serment qui fust faict en la manière qui s'ensuit.

« A la fin de l'Evangile, la première dignité, le bastonnier et le maistre des cérémonies marchans devant, apportèrent le livre d'argent à baiser audict seigneur qui estoit à genoux, et, en mesme temps, ledict chanoine ayant mis les mains dessus et estant agenouillé devant ledict seigneur, il leust ledict serment, selon qu'il est couché tout au long dans les statuts qui seront cy après transcripts, et ledict seigneur luy donna l'aumusse et l'embrassa ; puis ledict bastonnier et le maistre des cérémonies le conduisirent dans les haultes chaises, en la place qu'il debvoit tenir, ce qui fust observé de mesme par tous les autres chanoines et prébendiers, hors ceux qui faisoient l'office à l'autel, lesquels s'en acquittèrent le lendemain.

« L'après disnée du mesme jour, vingt-troisiesme décembre mil six cent quarante-deux, le Chappitre vint en corps au château, rendre audict seigneur l'hommage porté par ledict contract de fondation, et le recognoistre pour seul et

---

(1) Louis de Cardaillac Lévis, comte de Bioule, marquis de Cardaillac, lieutenant du Roi en Languedoc, chevalier des ordres du Roi, fils d'Hector de Cardaillac, sr de Bioule, et de Marguerite de Lévis. (Bib. Lyon, msst, n° 742).

(2) Le msst. porte *Broufort*, sans doute, par erreur, pour *Beaufort* ; — *Beaufort de Canillac*, neveu de Melchior.

unique seigneur et fondateur de ladicte saincte chappelle et église collégialle de Sainct-Jean-Baptiste.

« Le lendemain, vingt-quatriesme décembre, veille de Noël, ledict seigneur alla entendre la grand'messe dans sa nouvelle église, et trouva, à la porte d'icelle, Messieurs les doyen, chanoines et prébendiers, tous revestus de chappes, et le doyen luy donna l'eau béniste et trois coups d'encens, qu'il receut debout, puis luy présenta la croix qu'il baisa à genoux, sur un oratoire préparé à cest effect, et pour marque qu'il le recognoissoit pour premier chanoine, il luy donna l'aumusse, qu'il porta sur le bras pendant la messe et luy fit le discours suivant :

Harangue du Chappitre à Monseigneur son fondateur.

Monseigneur,

« Ce n'est pas le cordon bleu, non plus que le grand collier, quoyque d'or et faict avec un artifice plein d'admiration, qui rend recommandable l'ordre des chevaliers du Sainct Esprit, mais bien qu'estant institué par un grand Roy qui ne le donne qu'à ses favoris, aux princes et plus grands seigneurs de son royaume, il le porte luy-mesme et le tient pour le plus prétieux ornement qu'il aye après son sceptre et sa couronne.

« Nous pouvons dire de mesme, Monseigneur, nostre Chappitre estre grandement relevé, tant pour avoir esté fondé, par un très-illustre, très-excellent et puissant seigneur, duquel les noms et les mérites sont cogneus par toute l'Europe, que par le choix des personnes que vous y avés estably. Si bien qu'il ne reste plus, pour son entière perfection, sinon qu'il vous plaise, Monseigneur, d'en prendre les marques, avec le tiltre de premier chanoine. Ceste qualité ne dérogera en rien à celles que la grandeur de vostre naissance et voz signalés et mémorables services à l'Estat vous ont acquis, puisqu'il est vray que dans la maison de Dieu, il n'y a point de petites dignités, non plus que des petits offices dans celles des Roys. Recevés donc, s'il vous plaict, Monseigneur, cest aumusse avec l'assurance que nous vous donnons d'estre toutes noz vies voz très-humbles et très-obéissans serviteurs.

« Ledict seigneur accepta l'aumusse et fist la response suivante :

Responce de mondict seigneur au Chappitre.

« Messieurs, je n'estime pas moins advantageux l'habit que vous me présentés aujourd'huy, que celuy de l'ordre du Sainct Esprit, que j'ay receu, il y a vingt et trois ans, de la main du Roy. L'un et l'autre sont des marques de la religion que je professe ; mais comme le vostre est plus particulièrement dédié au service de l'Eglise, il me convient de rechercher plus soigneusement la perfection de la vie chrestienne, laquelle je ne puis pas espérer de moy et la veux attendre de la bonté de Dieu, par le moyen de voz sainctes prières, que je vous demande à cest effect, et vous asseure tous, en général et en particulier, de mon estime et parfaicte affection.

« Ce discours finy, le Chappitre commencea le *Te Deum* et l'ayant achepvé dans le chœur, ledict seigneur s'estant mis à genoux sur la première marche du grand autel, il y presta le serment contenu dans les statuts, qui seront cy après insérés, sur le mesme livre d'argent des Evangiles, qui luy fust présenté par le doyen, après lequel il s'en alla en sa place pour entendre la messe.

« L'après disnée du mesme jour vingt-quatriesme décembre, ledict seigneur tint le Chappitre, dans la sacristie de l'église (la chambre destinée à cest usage n'estant pas encore bastie), et y passa le contract de dotation suivant, et y fist lire et signer les statuts (1). »

Ces statuts étaient très-développés, ainsi que nous le verrons bientôt, en étudiant la vie du Chapitre; comme le texte lui-même l'indique, ils étaient en grande partie les mêmes que ceux de l'église collégiale de Notre-Dame d'Espérance, à Montbrison.

Le contrat de dotation de 1642 est important pour le Chapitre de Saint-Jean; nous allons en voir les principales dispositions.

II

Les grandes dépenses que Melchior de Chevrières avait faites pour élever son église, n'avaient ni lassé sa générosité ni épuisé ses ressources : son discours nous l'a montré. Reconnaissant de la protection que Dieu lui avait accordée dans sa difficile entreprise, encouragé par l'accroissement inespéré de sa fortune, il avait voulu agrandir encore son œuvre, et avait élevé le nombre des chanoines à douze,

---

(1) Voir ces deux actes aux Pièces justificatives, III et IV.

celui des chapelains à huit (1) : la rente attribuée au Chapitre, en 1634, n'était plus suffisante ; Melchior la porta généreusement à 7,860 livres.

Cette dotation de 1642 se compose, comme celle de 1634, de prébendes et de domaines que le fondateur cède au Chapitre : le marquis de Saint-Chamond déclare, dans ce contrat, ces biens, tant qu'ils resteront la propriété du Chapitre, libres de la plupart des droits qui lui sont dûs dans l'étendue du mandement de son marquisat.

Par cette dotation nouvelle, le Chapitre de Saint-Jean acquérait une certaine autorité dans le pays où il était établi, et sa qualité même de propriétaire d'un grand nombre de domaines, la plupart situés dans le mandement de Saint-Chamond, en le mettant en rapports constants avec les habitants des campagnes environnantes, devait lui assurer dès l'origine une légitime et heureuse influence.

Les prébendes fondées dans les églises de Septème, Dième, du vieux château de Saint-Chamond, les redevances du luminaire de l'église de Saint-Pierre et de la chapelle du Bessat, la rente provenant de la succession de Jeanne de Chassaigne, ne sont plus mentionnées dans l'acte de 1642 ; déjà, du reste, elles avaient été remplacées, dans l'acte de 1634, par une rente de 724 livres tournois.

Seules se retrouvent en 1642, les prébendes des églises de Serrières, de Chevrières, du Sauzy, les prébendes des Ravachols à Saint-Martin Acoaillieu, des Parests en l'église de Saint-Pierre, et la prébende de Sainte-Magdeleine, dési-

---

(1) Je crois qu'il n'y eut jamais huit chapelains à la Collégiale, mais plutôt six ; car, en 1790, les chanoines, au nombre de douze, demandèrent aux administrateurs du district de calculer sur le chiffre dix-huit le partage de leurs revenus.

gnée sous le nom de prébende de la Fréterive, près Miolans (1). Quant aux domaines, celui de la Merlenchonery seul avait été cédé en 1634 : tous les autres, de Luzernod, de Vigilon, Relave, Greyzieu, Viricelle, Maxencieux, etc., etc., sont donnés pour la première fois, en 1642.

Aux prébendes que nous venons d'énumérer, déjà cédées en 1634, il faut ajouter les prébendes suivantes qui sont données pour la première fois en 1642 :

Une prébende, remise au seigneur par Horace Forest, d'un revenu de 50 livres ;

Une prébende, remise au seigneur par un nommé Boyron, d'un revenu de 60 livres ;

Une prébende de Saint-Denis en Châtelus, d'un revenu de 60 livres ;

Une prébende, fondée en l'église de la Salle en Mâconnais, d'un revenu de 120 livres ;

Deux prébendes, remises au seigneur par le sieur Gaspard Aymond, d'un revenu de 150 livres ;

Plus les fonds appartenant au seigneur, comme vacants, dépendants de la Maladière (2) de Saint-Julien-en-Jarez, d'un revenu de 15 livres ;

---

(1) Voici la valeur attribuée en 1642 à ces anciennes prébendes, déjà données en 1634 : celle des Ravachols 100 livres ; des Parests 100 livres ; de Serrières 145 livres ; les deux prébendes de Chevrières 50 livres ; celle du Sauzy 100 livres ; de la Magdeleine 100 livres.

(2) *La Maladière* ou *Léproserie*, a disparu depuis longtemps, avec le redoutable fléau pour lequel elle avait été établie : on la trouve encore mentionnée, dans un acte de 1475 : « *leprosa leproserie Sancti-Juliani* ; » et, le 3 septembre 1507, dans un testament de Dominique Tavernier : « *leprosi habitatoris leproserie seu maladerie Sancti-Chamondi parochia « Sancti Juliani, [qui] eligit sepulturam in cimiterio ecclesie parochialis « Sancti Juliani, in tumulo seu tumba domus predicte maladerie.* » On voit

Plus les revenus de la cure de Saint-Clair en Vivarais, dont le seigneur a la collation (1), d'un revenu de 400 livres, lesquels fonds et prébendes, faisant un revenu de 1450 livres, seront exempts, tant qu'ils seront la propriété du Chapitre, de tous droits de laod et milaod dûs au seigneur, et de l'obligation de « baillier homme vivant et mourant (2). »

Le marquis de Saint-Chamond donne, en outre, au Chapitre, en toute propriété, les fonds suivants :

La terre et seigneurie de l'Horme et la Barge, sise en Vivarais dans la paroisse de Serrières, consistant en justice, maison forte, etc., d'un revenu de 1,200 livres ;

Une pension de 12 setiers (3) de seigle due au seigneur sur la cure de Saint-Clair, évaluée 40 livres tournois ;

Un domaine, situé à Montagny, en Lyonnais, d'un revenu de 200 livres (4) ;

---

dans l'acte de dotation du Chapitre que, en 1642, les biens de cette léproserie étaient déclarés vacants.

La chapelle de la Maladière survécut à l'hospice et disparut plus tard. Une croix en indique la place. L'endroit où s'élevait la léproserie a conservé le nom de *la Maladière*.

(1) Le marquis de Saint-Chamond avait obtenu le patronage de cette cure de Saint-Clair, à la suite d'un échange fait avec les chanoines du Chapitre de Saint-Maurice de Vienne.

(2) On appelait *homme vivant et mourant*, celui que les possesseurs d'un fief de mainmorte présentaient au seigneur afin qu'il lui fît hommage et qu'à sa mort le seigneur pût exercer les droits qui naissaient pour lui de l'ouverture de la succession d'un fief.

(3) Le setier valait à Paris douze bichets (du Cange) ; à Montbrison, d'après Sonyer du Lac, seize bichets ; à Vienne, environ huit bichets, c'est-à-dire, à peu près l'hectolitre. (A. de Terrebasse.)

(4) Plus tard, et à diverses époques, le Chapitre aliéna les fonds de ce domaine ; le 22 décembre 1671, notamment, les chanoines, faisant élection de domicile à Saint-Chamond, « chez Sébastien Simonnet,

Le domaine de la Merlenchonery, situé en la paroisse de Saint-Paul-en-Jarez, d'un revenu de 400 livres;

Le domaine de Vigilon, situé en la même paroisse, acquis des RR. Pères de l'Oratoire de Lyon, le 27 septembre 1642, d'un revenu de 300 livres;

Une rente noble et des vignes et maisons, situées à Saint-Galmier, en Forez, d'un revenu de 130 livres;

Un domaine, appelé de Maxencieux, situé en la paroisse de Chevrières, acquis par le seigneur le 27 septembre 1642, de Jean Chorel, juge de la terre de Chevrières, d'un revenu de 300 livres;

Le revenu de tous ces fonds se monte à 2570 livres.

De plus, le seigneur donne au Chapitre, mais avec faculté de rachat pour lui et les siens :

Un domaine, situé au lieu de Luzernod, en la paroisse de La Valla, d'un revenu de 300 l.;

Un domaine, appelé de la Paccalonne, en la paroisse d'Izieu, acquis, le 27 septembre 1642, des RR. Pères de l'Oratoire, d'un revenu de 300 l.

Et le seigneur remet au Chapitre, toujours avec faculté de rachat : le greffe civil et criminel de Saint-Chamond, d'un revenu de 300 l. (1), et « la dîme de Saint-Martin

---

hoste, rue de la Caure, où pend pour enseigne le Chapeau Rouge », vendirent « à cause de leur éloignement à Mre de Vers, curé de Millery, prêtre habitué de l'église de Lyon » et à plusieurs autres, des immeubles situés à Montagny.

(1) Aussi trouve-t-on dans une quittance de consignation de la fin du XVIIe siècle, les doyen, chanoines et chapitre mentionnés comme « greffiers en chef » de la ville et marquisat de Saint-Chamond : le Chapitre, malgré la faculté de rachat que s'était réservée le marquis de Saint-Chamond, resta propriétaire de ce greffe et l'afferma jusqu'en 1789.

Acoaillieu à la réserve des dîmes cessaux » (1), pour la rente de 700 l. ;

Les moulins Barcel et Paparel, en la paroisse de Chevrières, d'un revenu de 450 l. ;

La dîme de Serre, en ladite paroisse, d'un revenu de 80 l. ;

La grange de Relave et le pré de la Palla, aussi en ladite paroisse, d'un revenu de 410 l. ;

Les moulins de sa terre et seigneurie de Greyzieu, d'un revenu de 160 l. ;

La grange de Viricelle, d'un revenu de 400 l. ;

Un domaine appelé du Cluzel, dépendant de la seigneurie de Châtelus, d'un revenu de 150 l. ;

Les moulins du Cluzel, d'un revenu de 150 l. ;

Les moulins de Saint-Denis, d'un revenu de 120 l. ;

Le moulin du Part ou du Pas, d'un revenu de 120 l. Tous les revenus de ces biens, remis sous faculté de rachat, se montent à la somme de 3840 l., laquelle, ajoutée à celle de 1450, total des revenus des prébendes et à celle de 2570 l., total des revenus des biens cédés en toute propriété, donne la rente de 7860 l., qui sera ainsi répartie :

---

(1) Faut-il lire *cessaus* avec la copie qui se trouve à la Bibliothèque de Saint-Chamond ou *cessaux* ou *cessats* d'après deux copies notariées ? Je propose *cessaux*, pour *censaux*: dîmes censaux ou dîmes censuelles, (censuel, en provençal cessal, en espagnol censal), qui ne seraient autre chose que le droit appelé *champart*, partie des fruits, quart, cinquième ou dixième que se réservait le bailleur du fonds.

Ces dîmes sont déjà mentionnées, dans une transaction du 30 juillet 1539, entre les comtes de Lyon, l'abbé de Valbenoîte et le curé de *Saint-Anduel* la Valla : «... que les habitants seront tenus reconnaître les « dixmes censaux, affectés sur quelques fonds particuliers qu'ils possè-« dent....; que lesdits habitants ne pourront tenir autres terres censables « ou sujettes aux dixmes censaux... » (*Arch. du Rhône*. Fonds Saint-Jean. Arm. Zoël vol. 13, p. 70.)

Chaque chanoine aura la somme de 300 l. tournois : le doyen aura trois parts, soit 900 l. ; le précenteur et le sacristain deux, soit 600 l. : quatre des chanoines, qui seront aumôniers du seigneur, auront une part et demie : les huit prébendiers, chacun une demi-part ; quatre d'entre eux étant chapelains du seigneur auront en plus le tiers d'une prébende ;

Pour la nourriture et l'entretien des quatre enfants de chœur, 75 l. pour chacun, soit en tout 300 l. ;

Pour le secrétaire du Chapitre, outre ses émoluments, 50 l. ;

Pour le bâtonnier, outre ses émoluments, 100 l. ;

Pour le luminaire de l'église, 200 l. ;

Pour les réparations de l'église, etc., 300 livres.

Tous ces revenus n'étant pas encore libres et exigibles, chaque chanoine supportera cette perte au prorata de ce qui lui advient.

Ce contrat fut passé par-devant Me Ravachol, notaire royal de Saint-Chamond, le 24 décembre 1642, dans la sacristie de l'église collégiale, en présence de Antoine du Chol de la Chance, écuyer, sieur dudit lieu et de Torrepana, Jean Dugout, (ou Dugont), écuyer, sieur du Creupet (ou Creypet), Me Gaspard Sibert, docteur en médecine de Saint-Chamond ; honorables hommes, Me Pierre Colin, notaire royal, Pierre Texandier, Jérôme Dujast, Pierre Masson, Jacques Thomas, marchands et habitants, consuls de Saint-Chamond ; sieurs Jean Feully, Gabriel Philibert, Jérôme Court, tous notables habitants de ladite ville qui signèrent avec le seigneur et les nouveaux chanoines.

III

La première messe avait été célébrée à la Collégiale, le 23 décembre 1642.

L'archevêque de Lyon, à la nouvelle de l'installation du Chapitre et de l'inauguration du nouveau sanctuaire, fit « assigner les chanoines et les prébendiers, » et interdire la continuation du service divin dans l'église de Saint-Jean. Les motifs de cette interdiction ne nous sont pas connus ; les chanoines obéirent, mais adressèrent une requête à leur fondateur.

Le marquis de Saint-Chamond était alors à Paris ; sa présence à la cour et le crédit dont il y jouissait l'aidèrent puissamment à triompher de l'opposition de l'archevêque de Lyon. Il demanda pour son Chapitre l'autorisation royale qui lui manquait encore et l'obtint, au mois de juillet 1643. Le Roi et la Reine régente approuvèrent, par lettres patentes, cette fondation, et accordèrent au Chapitre de Saint-Chamond tous les priviléges, immunités, rangs et prérogatives, dont jouissaient les autres Chapitres du royaume, l'exemptant de tous droits de décimes et autres impositions mises et à mettre sur le clergé, etc. (1)

De plus, la Reine envoya son premier aumônier, l'évêque du Puy, « commander » au Cardinal archevêque de Lyon de faire « sacrer l'église de Saint-Jean » et d'y laisser chanter les offices.

L'archevêque de Lyon déféra à cette demande de la

---

(1) Voir aux Pièces justificatives. V.

Reine. Le 20 septembre 1643, il commit Mre Laurent de Simiane, archidiacre, chanoine et comte de Lyon, « pour « aller voir et visiter l'église de Saint-Jean à Saint-Cha- « mond, prendre acte de l'estat d'icelle église, si le sanc- « tuaire où doibt reposer le Saint-Sacrement est bien et « deuement orné etc... (1) » Sur le rapport favorable qui lui fut adressé, Mgr l'archevêque permit de célébrer de nouveau les offices que l'on avait suspendus; et, le 23 décembre 1643, un an après l'inauguration première, le marquis de Saint-Chamond put faire transporter les Saintes Reliques dans la chapelle par les chanoines et les prébendiers, « tous revêtus de chappes. »

Le souvenir des disputes dernières était encore trop présent, pour que Melchior de Chevrières osât, par égard pour l'archevêque de Lyon, donner à cette fête tout l'éclat qu'il aurait désiré : cependant, bien qu'il n'eût pas convoqué chacun des « ordres » de la ville, comme en 1642, tous les habitants assistèrent à cette translation, et la procession se fit avec une grande solennité.

Un deuil profond avait attristé pour Melchior de Chevrières cette cérémonie si impatiemment attendue ; son fils François, le doyen de la nouvelle église, qui avait avec succès terminé ses études de théologie, venait de mourir ; il avait composé, en l'honneur des Saintes Reliques, pour le jour de leur translation, un long discours qu'il ne put prononcer. Son père, douloureusement frappé par cette mort inattendue, recueillit ce sermon avec un soin pieux, comme un dernier souvenir et comme le testament de ce fils bien-aimé.

---

(1) *Arch. de l'Archevêché*. Extraordinaires, 1641-1643.

Ce discours trop long pour être reproduit ici, mérite cependant une rapide analyse.

François de Saint-Chamond y montre, d'abord, par de nombreux exemples tirés des Livres Saints ou des auteurs ecclésiastiques, quel a été toujours le culte de l'Eglise pour les reliques des Saints. Parlant ensuite des reliques de la Collégiale, il cite les faits miraculeux que nous trouverons rapportés littéralement dans l'histoire de chaque relique; les guérisons du P. Suarez à Tournon, de Sibylle Noyer à Rive-de-Gier, et de M. de Montchal à Saint-Rambert; celles de Melchior de Chevrières, du Roi Louis XIII et du cardinal de Richelieu qu'il expose en ces termes: « Monseigneur, vous avés esté subject en vostre jeunesse à des maux de teste insupportables et presque continuels. J'ai apprins de vostre bouche que vous en guéristes, à l'heure mesme que vous fistes toucher le lieu de vostre mal à la glorieuse machoire de saint Jean-Baptiste, et il y a trente-sept ans que vous n'en avés eu aucune sorte de ressentiment, quoyque vous ayés esté attaqué par des maladies qui ne sont jamais sans cette douleur là, si ce n'est en vous. Et qui pensés vous qui vous ayt préservé dans vos grands et continuels employs et principalement dans les combats que vous avés faict et les armées que vous avez commandé, que ces Sainctes Reliques? Il est vray que vous y avés receu des blessures qui vous sont autant de marques d'honneur; mais vous y seriés perdu si vous eussiez une moindre protection...

« Vostre amour envers la personne sacrée de nostre Roy vous porta à le vouer au Très-Sainct Précurseur et à sa machoire miraculeuse, en l'an mil six cent trente, lorsqu'il fust si malade à Lion qu'on ne luy espéroit plus de vie, et il en ressentit l'effect le mesme jour.

« Ce grand ministre de l'Estat, le feu Cardinal, duc de Richelieu, fust deslivré de ses maux de teste ordinaires, soudain qu'il eust faict son vœu à ceste prétieuse Relique... »

Et l'orateur ajoute :

« Mais il ne faut que les voir pour voir des miracles : la Très-Sainte Espine est encore rouge jusques à la moitié du prétieux sang de Nostre Saūveur, quoyque naturellement ceste liqueur là ne tache point le bois et qu'elle s'esfface d'elle-mesme sans artifice en bien peu de temps...

« Dans les leçons de l'office qu'on chante dans la Saincte Chapelle de Paris à l'honneur de la Saincte Couronne, il est expressément remarqué que ceux qui l'apportèrent de Venise à Paris au Roy Sainct Louis ne furent jamais mouillés en chemin. Ceste saincte Espine qui en a esté tirée eust le mesme privilége quand vous l'apportastes, Monseigneur, de vostre terre de Myolans en Savoye dans ce lieu ici et je vous ay ouy dire, qu'encor qu'il fist des grandes pluyes tous les jours à vostre lever, elle cessoit, lorsque vous montiés à cheval pour partir, et ne recommençoit qu'au mesme temps que vous estiés arrivé, le soir, en vostre logis. »

François de Saint-Chamond parle ensuite de l'odeur merveilleuse de la mâchoire de saint Jean-Baptiste, « senteur qui ne tient à rien de toutes celles de la terre ny ayant ny médecin ny parfumeur qui en puisse composer une pareille...; senteur la plus douce du monde qui s'est communiquée au bassin d'argent dans lequel elle est placée, tandis que un chapelet de bois qui est demeuré plus de trois mois enfermé dedans n'en a rien participé. »

Il démontre l'ancienneté des reliquaires qui contenaient cette relique et celle de la sainte Croix du Sauveur, puis il rappelle à quelle date reculée il faut faire remonter le culte de ces reliques à Saint-Chamond : « J'ay trouvé, dit-il, dans un reliquaire, un vieux parchemin datté de l'an mille soixante et six dans lequel sont escripts les noms des Saincts dont ils enveloppaient les reliques avant qu'elles fussent enchâssées.

« Les plus anciennes transactions de ceste maison qui vous obligent, Messieurs, à prester le serment de fidélité à tous voz seigneurs à leur advénement, portent qu'il sera faict dans la principale esglise devant le Sainct-Sacrement et les Reliques du chasteau. Ce qui montre que noz prédécesseurs ont eu de tout temps grande dévotion envers les Saincts. »

L'orateur continue son discours par une longue paraphrase du Pseaume, *Memento Domine David* : il fait l'application du texte sacré au marquis de Saint-Chamond et à sa famille, à l'église collégiale elle-même, aux habitants de la ville, etc., et termine, enfin, par une invocation adressée à Dieu pour l'Eglise, le Pape Urbain VIII, le Roi Louis XIII et la famille Royale, etc.

CHAPITRE QUATRIÈME

I. Aspect général de la Collégiale. — II. Description de l'intérieur de l'église, des meubles, des tableaux, des sacristies, du clocher, des cloches. — III. Inventaires de l'argenterie, des ornements, du linge, des livres ; de la vaisselle « non d'argent. »

I

Il serait superflu peut-être et certainement téméraire de vouloir décrire, d'une façon absolument exacte, la Collégiale de Saint-Jean et de s'occuper trop longtemps de ce petit problème archéologique, pour la solution duquel les données positives font défaut.

Mais, en interrogeant les ruines qui ont résisté au temps et à une barbare démolition, en étudiant les plans incomplets, mais précieux toutefois, qui nous sont parvenus, nous essayerons, sinon de reconstituer entièrement cette église, au moins d'en rappeler les dispositions principales et d'en montrer l'harmonie (1).

---

(1) « C'est une belle église, bâtie en forme de croix, et qui représente en abrégé celle de Saint-Pierre de Rome : elle est au midi sous le château, et son clocher sous elle-même : elle fait face au milieu de la ville, avec un beau perron à balustrades de pierre, où vient aboutir en fer de cheval un très-large escalier de 170 marches, qui commence depuis la place Saint-Jean au confluent des deux rivières. » (*Almanach du Lyonnais*, 1763.)

Le plan géométral que nous donnons ici, d'après un ancien dessin,

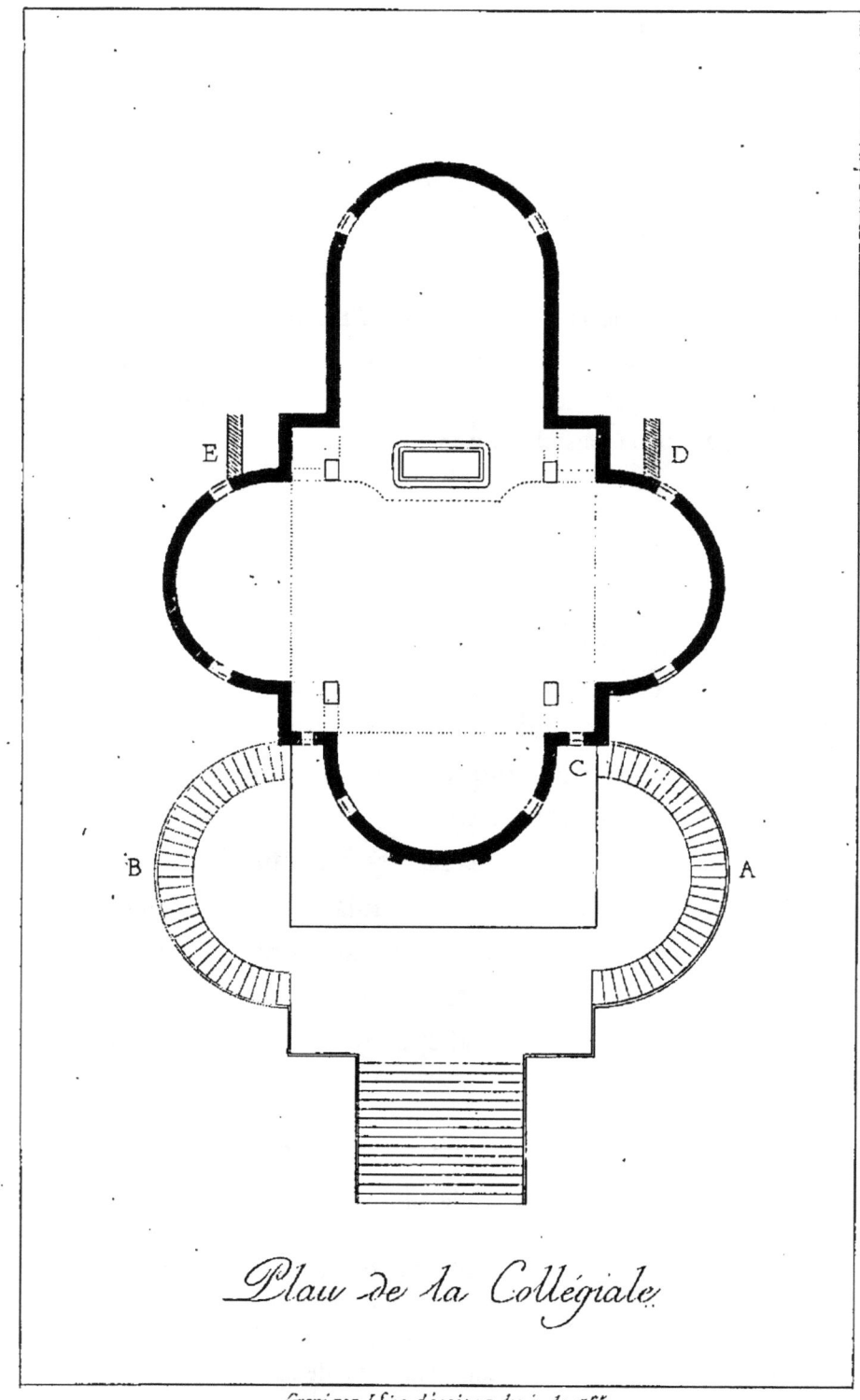

Plan de la Collégiale

Gravé par J. Seon d'après un dessin de 1765

imp. Fugère, Lyon

Elevée en 1634, l'église de Saint-Jean n'appartient point entièrement à l'architecture de cette époque : alors, en effet, après le plein cintre et l'ogive, après les ornements gracieux de la Renaissance, se formait le style du dix-septième siècle emprunté, en partie, à l'Italie et appliqué en France à la plupart des églises que l'on construisait.

A Paris, les églises de Saint-Roch, de Saint-Thomas-d'Aquin, de la Sorbonne, etc. en sont des exemples. A Saint-Chamond, celles de Saint-Pierre, de Notre-Dame, des PP. Minimes, sans architecture bien déterminée et sans caractère spécial, se rattachaient aussi à ce style.

La Collégiale de Saint-Jean, au contraire, en diffère sur plusieurs points : sans doute, l'influence du style italien du XVIIe siècle s'y fait encore vivement sentir dans les ornements de la porte principale, dans la décoration intérieure, dans les dispositions des travées latérales et dans la galerie qui couronne l'édifice, mais l'église, par son ordonnance générale, rappelle surtout les églises chrétiennes primitives.

A quelle inspiration obéit celui qui l'éleva, en adoptant une disposition architecturale étrangère à nos pays, il est difficile de le préciser. A quel architecte revient l'honneur d'avoir conçu ce plan, et d'en avoir surveillé l'exécution, les mémoires du temps ne nous l'apprennent point.

Peut-être, est-il permis de supposer que Melchior de Chevrières avait rapporté de Rome l'idée d'un semblable édifice et que, le destinant à recevoir les reliques précieuses

---

n'est pas d'une exactitude absolue. Il reproduit, assez imparfaitement, le tracé des murs intérieurs de l'église. Il donne à tort au grand escalier la forme d'un fer à cheval complet ; la partie A à droite, fut seule exécutée. Nous avons ponctué la ligne courbe B, pour indiquer l'erreur ou la fantaisie de l'auteur de ce plan.

de beaucoup de martyrs, il avait voulu lui donner les dispositions des anciennes basiliques, élevées en l'honneur de ces premiers héros chrétiens sur leurs tombeaux, sur les lieux qu'ils avaient habités, ou qui avaient été témoins de leurs supplices.

Déjà, il y a un siècle, faisait-on justement observer, que cette église représentait en abrégé celle de Saint-Pierre de Rome.

Si, poursuivant cette idée d'analogie et de comparaison on recherche les points de ressemblance et les rapprochements à établir, on les trouve nombreux entre Saint-Jean et les petites basiliques des premiers âges chrétiens, telles que des travaux récents nous les ont révélées.

Bâties au lendemain des persécutions, au-dessus des catacombes et reliées avec elles par des escaliers que la cessation du danger avait permis de pratiquer ostensiblement à l'entrée des principaux cimetières, afin de ménager aux fidèles un accès plus facile (1), ces églises avaient été comme le premier épanouissement d'un germe fécond, le sang des martyrs. Elles avaient marqué la première époque du triomphe de cette religion nouvelle qui sortait du sol même de la Rome païenne pour la transformer et régénérer le monde. La collégiale de Saint-Jean-Baptiste, élevée en l'honneur des saints et des martyrs, n'apparait-elle pas aussi comme un nouveau triomphe pour leur mémoire et pour l'Eglise ? Et l'escalier, qui permettait d'y venir vénérer leurs restes glorieux, ne semble-t-il pas être comme un souvenir de ces escaliers des basiliques primitives ?

Comme ces petites basiliques, notamment celle de

---

(1) L'abbé Martigny, *Dictionnaire des Antiquités chrétiennes*.

Saint-Sixte et Sainte-Cécile, la Collégiale de Saint-Jean formait, dans son ensemble, un carré parfait, avec abside sur chacun des côtés : les absides de droite et de gauche tenaient lieu de transsept ; quant à l'abside principale, celle du fond ou chevet, là, où l'architecture chrétienne des premiers siècles plaçait les sièges de l'évêque et des prêtres, elle s'allongeait pour former le chœur, recevoir les stalles des chanoines et le banc du seigneur.

A Saint-Jean encore, l'autel était placé à l'entrée du chœur, presque au centre de l'église, et, dans le principe, le prêtre qui officiait avait le visage tourné du côté du peuple, ainsi que cela se pratique encore, à Saint-Pierre, Saint-Jean de Latran et autres basiliques patriarcales de Rome, où nul autre que le Souverain Pontife ne peut, sans un indult spécial, célébrer, au grand autel, les saints mystères.

Ce ne serait donc point, ce semble, sans quelque fondement que l'on pourrait prêter au fondateur de notre Collégiale, la pensée d'avoir voulu rappeler ces souvenirs des premiers siècles du christianisme. Mais, quelqu'en ait été la source, son inspiration fut heureuse et l'église de Saint-Jean, telle qu'il l'éleva, devait être d'un bel et imposant aspect.

Posée d'une façon pittoresque sur le flanc escarpé de la colline, dominant la partie ancienne de la ville groupée par étages au-dessous des lourds remparts du château, cette église, majestueuse d'assiette, offrait dans sa construction un caractère particulier de correction et d'élégance. Le large escalier, qui y conduisait, était vraiment monumental. Partant de la place de Saint-Jean et divisé en deux rampes successives à peu près égales, il arrivait directement à la place actuelle de l'Observatoire : de là, par une courbe gracieuse qui permettait d'adoucir la pente, il atteignait à droite la plate-forme du clocher sur laquelle s'ouvrait la porte de l'église.

Bien construits, les murs laissaient voir au dehors un revêtement de larges pierres de taille, extraites des carrières voisines et appareillées avec soin. A la base, un talus fortement accusé, tenant lieu de contreforts, se prolongeait jusqu'à un bandeau de pierre qui marquait à peu près le milieu de l'édifice, au point même où, à l'intérieur, venaient s'appuyer les voûtes qui portaient les tribunes.

A deux mètres du sol environ, tout autour de l'église, un large tore, à demi engagé dans la muraille, formant une saillie très apparente et d'un excellent effet, terminait le soubassement.

Une balustrade, ou galerie de pierre ajourée, couronnait l'église. Le marquis de Saint-Chamond s'était, par un article spécial des statuts, réservé, d'une façon exclusive, l'entretien de cette plate-forme ou terrasse. Une croix, dominant la balustrade, était placée au sommet de l'église, du côté de la ville.

L'église de Saint-Jean n'était pas orientée : sans doute, la disposition du sol ne l'avait pas permis. Le chœur était au nord et la porte regardait le sud. Au-dessus de cette porte, ouverte dans la première des quatre absides de l'église, était gravée cette inscription :

MORARE, VIATOR, ET MIRARE SUMMI VIRI TROPÆUM
SUMMÆ PIETATIS TRIUMPHUM (1).

---

(1) Arrête, passant, et admire ce chef-d'œuvre d'un grand homme, témoignage éclatant d'une grande piété.

Au-dessus encore, au milieu d'ornements figurant des consoles renversées, étaient sculptées, (comme on le voit à l'église de Saint-Pierre), les armes de Melchior de Chevrières, portant, sur le tout, l'écu de Jarez (1).

Quatre fenêtres étroites et allongées, ouvertes dans la muraille, les unes en dehors et de chaque côté de l'abside, les autres dans l'abside elle-même, à droite et à gauche de la porte, éclairaient la façade. Sur chacune des absides latérales et sur celle du chevet, s'ouvraient aussi deux fenêtres semblables. Toutes ces fenêtres, simples et sans ornements, terminées par un arc en tiers point, étaient divisées en deux parties par une pierre en forme de meneau, à la hauteur du bandeau qui faisait saillie tout autour de l'église ; la partie supérieure éclairait les tribunes, et l'autre l'église elle-même. A la pointe de chaque ogive, étaient placées les armes du marquis de Saint-Chamond.

De l'angle de la fenêtre ouverte au nord-est sur l'abside de droite, très irrégulièrement semble-t-il, partait le mur extérieur de l'église (2) ; sur ce mur, à l'intérieur, s'appuyait un escalier, mettant le château en communication avec la Collégiale, les tribunes et les autels supérieurs. Sans doute, une disposition semblable avait été adoptée pour

---

(1) Melchior portait (*voir l'écusson placé au bas de la première gravure*) : Ecartelé au 1 et 4, d'argent au sautoir de gueules, à la bordure de sable chargée de 3 fleurs de lys d'or qui est *de Mitte* : au 2, bandé d'argent et de gueules de six pièces, qui est *de Miolans* : au 3, de gueules, à l'aigle éployé d'argent, qui est *de Roussillon* : sur le tout, d'argent à la fasce de gueules, parti d'azur, qui est *de Jarez Saint-Priest Saint-Chamond*. Ce dernier écusson (de Jarez) est aujourd'hui celui de la ville de Saint-Chamond.

(2) Ce point n'était pas marqué dans le plan que nous avons reproduit plus haut : nous l'y avons indiqué en D et E par une ligne ponctuée. La partie inscrite entre C et D existe encore aujourd'hui.

l'abside de gauche, où était encore un escalier donnant accès aux tribunes et à la chapelle des Reliques ; et l'on peut supposer que dans l'église, des murs, dont il ne reste plus de vestiges aujourd'hui, devaient masquer ces escaliers, rendre la régularité à l'édifice, et y rétablir la symétrie. Les dessins et gravures du temps nous montrent, en effet, l'abside de gauche semblable à celle de droite.

L'intérieur de l'église, décrit avec détail par les inventaires qui vont suivre, ne nous arrêtera pas longtemps.

L'église de Saint-Jean, nous l'avons vu, formait un quadrilatère, dont les côtés égaux, longs de vingt mètres environ, étaient chacun munis d'une abside de douze mètres d'ouverture ; et comme l'abside du chevet avait plus de profondeur que les autres, pour laisser place aux sièges des chanoines, le plan figure ainsi une croix latine renversée. La longueur du chœur de l'extrémité de l'abside au sanctuaire était d'environ treize mètres, et de seize mètres jusqu'au maître-autel ; cet autel était à la hauteur des deux piliers qui, correspondant aux deux piliers du bas, soutenaient la nef et les tribunes.

Tout autour de l'église, en effet, régnaient des tribunes spacieuses, supportées par des arcades ogivales qui s'appuyaient sur les murs de l'église, et sur les quatre piliers massifs destinés à soutenir les voûtes de la nef. Ces voûtes, comme les arcs supérieurs des tribunes, étaient à plein-cintre. Ces tribunes, ornées de balustres, s'étendaient jusqu'au fond de l'abside du chœur, où était un autel, placé ainsi au-dessus du banc du seigneur et de sa famille : cette disposition avait permis de dire, que l'église de Saint-Jean avait « deux chœurs superposés. »

L'autel des Saintes Reliques était placé dans la tribune de gauche, et disposé de façon que l'on pût voir les reliques déposées dans la chapelle supérieure du château : l'entrée de l'escalier qui y donnait accès, se trouvait dans l'angle nord-ouest du quadrilatère de l'église, près du pilier de gauche.

L'orgue était aussi placé dans la tribune, au-dessus de la porte d'entrée ; mais, comme il n'est pas mentionné dans l'inventaire, il est probable qu'il ne fut donné que plus tard : on le trouve rappelé dans les comptes de 1693.

Le clocher, vaste bâtiment rectangulaire et sans style, avait été, par une disposition bizarre, construit au-dessous de l'église ; la terrasse qui le couronnait, entourée d'une balustrade de pierre, formait au-devant de l'église une place de peu d'étendue, à laquelle venait aboutir le grand escalier, et sur laquelle s'ouvrait la porte de l'église. La façade de ce clocher, située sur la place de l'Observatoire, était éclairée par trois grandes fenêtres, correspondant aux trois salles voûtées qui le divisaient. L'une de ces salles, celle de droite communiquait avec la Collégiale par un petit escalier, aujourd'hui détruit ; deux passages voûtés mettaient les deux salles latérales en communication, à droite et à gauche, avec la ville.

Voici, du reste, une description de la Collégiale, qui fut faite en 1643, et différents inventaires, qui furent alors dressés (1).

---

(1) Ces pièces ont été copiées et collationnées, sur deux copies distinctes, appartenant à MM. L. Gillier et I. Brun.

La gravure représente l'intérieur de l'église vers 1765 : elle a été faite sur un dessin appartenant à M. I. Brun. On ne peut, d'après ce dessin qui est malheureusement bien incorrect, et dans lequel les proportions n'ont pas été observées, juger de cette église, dont la décoration intérieure rappelle trop, du reste, le style du XVIIe siècle. Si incomplet et si défectueux que soit ce dessin, nous avons pensé qu'il était cependant bon de le reproduire ici.

II.

INVENTAIRE DE L'ESTAT AUQUEL S'EST TREUVÉE LA SAINCTE CHAPPELLE, LORSQU'ELLE A ESTÉ REMISE A M^{rs} LES DOYEN, CHANOINES ET CHAPITRE, PAR Mre MELCHIOR MITTE DE CHEVRIÈRES, MARQUIS DE SAINCT-CHAMOND, LE 28 DÉCEMBRE 1643.

De la Chappelle, des meubles, des tableaux.

« La Saincte Chappelle est bastie tout à neuf de pierre de taille par dehors, blanchie de blanc à bourre, et la taille grizaillée au dedans, et pavée de briques, touttes les fenestres garnies de leur ferrure et paniers de fil de fer, avec leurs vitres marquées aux armes dudict seigneur fondateur, et de dame Ysabeau de Tournon, son espouse.

« Il y a six autels de massonnerie, couverts chacun d'une pierre de taille et le grand autel est relevé sur deux degrés de taille, et un marchepied de chesne, les autres garnys de leur marchepied de sapin. Il n'y a qu'un degré sur ledict autel, sans tableau, à cause qu'on y doive officier à la romaine, mais le derrière dudict grand autel, qui regarde la porte de l'église, est couvert d'un lambris doré, ayant une figure d'albastre de la hauteur de quatre pieds, représentant Sainct Jean-Baptiste, patron de ladicte Saincte Chappelle, dans une niche de bois aussy doré.

« Les deux autres autels, qui sont en bas, sont relevés sur un marchepied de sapin, et ornés au-dessus de deux degrés chacun, et d'un tableau avec un cadre. L'un est un original de la main de cet excellent peintre Flammand,

Intérieur de l'église Collégiale
de Saint-Jean-Baptiste
à Saint-Chamond.

Gravé par J. Séon d'après un dessin de 1765.

nommé Rubens, représentant une Nostre-Dame, tenant Nostre-Seigneur entre ses mains parmy des fleurs. L'autre représente l'Ange Gardien, et est un original de ce fameux peintre du Puy, nommé François (1).

« Les trois autels d'en haut sont aussy garnys sçavoir : celluy des Sainctes Reliques, d'un tabernacle d'hesbaine avec un Crucifix, un Ecce homo, une Nostre-Dame et un sainct Jean l'Evangeliste d'argent ; les deux serrures et clefs sont aussy d'argent. Les deux autres sont garnys comme ceux d'en bas, l'un d'un tableau représentant l'Adoration des Trois Roys, en mémoire du nom de Sainct Melchior que porte ledict seigneur fondateur, et l'autre de la Visitation de Nostre-Dame à Saincte Elizabeth, à cause du nom d'Ysabeau que porte ladicte dame son espouse, tous les deux accompagnés de leurs rétables aussy dorés.

« Le cabinet des Reliques a une porte de fer, fermant à quatre clefs, et les six fenestres qui y regardent sont garnyes de gros treillis de fer. Ledict cabinet est peint au-dedans à l'huile sur toille, avec or et azur.

---

(1) Jean François, peintre, né au Puy. Il est l'auteur du tableau qui décorait à Tournon l'autel de N.-D. de Montaigu, dans l'église des Capucins. Appelé par le comte de Tournon pour restaurer, dans son château, des tableaux dûs au pinceau du peintre italien, Francesco Caire, il renonça bientôt à ce travail qu'il jugeait trop difficile, et désigna pour le continuer un autre peintre, François Sevin.

Jean François revint au Puy dont il était consul (1639), généreusement dédommagé par le comte de Tournon, qui lui octroya, en outre, comme faveur pour les habitants du Puy, l'exemption, pour cette année là, du logement des gens de guerre. (Note communiquée par M. de Gallier).

Jean François peignit, en 1653, un tableau qui fut placé dans l'église de N.-D. du Puy, et représentait les six consuls en exercice au Puy, en 1652. (Arnaud, *Hist. du Velay*, t. II, p. 417).

« Le chœur est séparé de la nef par une balustrade en demy rond de bois de chesne, peint et vernissé. Dans le fonds dudict chœur, il y a un banc double avec son dossier couvert d'une corniche, marqué des armes et chiffres dudict seigneur, servant pour luy et sa famille.

« Dans ledict chœur, il y a encore, de chaque costé, onze chaises haultes pour les chanoines, garnies de leur dossier couvert d'une corniche, avec les armes et les chiffres desdicts seigneur et dame; et celle du doyen est séparée des autres par des consoles, et une corniche plus grande. Il y a de plus quatorze chaises basses, le tout de bois de chesne, faict de menuiserie, peint et verny comme le balustre.

« Entre les chaises des chanoines et les portes de la sacristie, il y a, de chaque costé, un banc pour les domestiques dudict seigneur.

« Au milieu du chœur, il y a un poulpitre amobile et quatre scabeaux, pour les quatre chappiers, de mesme bois que dessus.

« Près du grand autel, il y a trois siéges en forme de banc, garnis de leur dossier, pour les trois officians, de mesme bois et menuiserie, peintz et vernis. Il y a aussi une table en bois de noyer, marquée desdicts chiffres pour servir de crédence audict autel. Il y a aussi une chaire de noyer pour le prédicateur, avec sa montée, marquée des chiffres desdicts seigneur et dame, avec son ciel.

« Dans la nef il y a encore deux confessionnaux de sapin, peintz et vernis.

« La grand porte est de mesme bois, menuiserie et peincture, avec les armes dudict seigneur gravées au-dessus, garnie de touttes les ferrures, serrures et clefs nécessaires. Touttes les autres portes, qui sont dans ladicte

Saincte Chappelle; sont de mesme bois et menuiserie, garnies de leurs ferrures, serrures et clefs; comme aussy les fenestres, qui sont dans les deux degrés de pierre de taille, qui servent à monter à l'autel des Saintes Reliques. »

Des Sacristies.

« La grande sacristie a deux fenestres ferrées et vitrées, comme celles de l'esglise, et est pavée de cadette de taille. Il y a une fontaine, garnie de pierre de taille.

« Un grand autel de bois, où six prestres se peuvent revestir en mesme temps, garny au-dessus et au-dessous de plusieurs aumoires, pour serrer les calices, les linges et les paremens d'autel.

« Il y a de l'autre costé quatre grands aumoires pour serrer les autres ornements de l'esglise, le tout de bois de chesne, faict de menuiserie, avec leurs ferrures, serrures et clefs.

« Dans la petitte sacristie, il y a un confessionnal de sapin, pour les prestres, et un plancher en forme d'entresol, qui faict un cabinet en haut, où il y a un aumoire pour serrer l'argenterie de l'esglise. »

Du clocher. — Des cloches.

« Le clocher est basti de bonne pierre à chaux et à sable, comme la Saincte Chappelle; en façon, néanmoings, que le dessus d'icelluy sert de platteforme devant la porte de l'esglise, ayant une balustrade de taille et les armes dudict seigneur.

« Il est séparé dedans en trois salles voûtées, l'une pour assembler le Chappitre, l'autre pour serrer les tiltres et papiers dudict chappitre et la troisième pour tenir les cloches ; et cellecy est garnie de son beauffroy de bois de chesne, avec quatre cloches.

« Sur la grosse est escript : MELCHIOR MITTE DE CHEVRIÈRES, MARQUIS DE SAINCT-CHAMOND, FONDATEUR DE CETTE SAINCTE CHAPPELLE, M'A FAICT FAIRE EN SEPTEMBRE MIL SIX CENT TRENTE HUICT. JE M'APPELLE MELCHIOR ET PÈSE ENVIRON SEPT CENS LIVRES.

« La seconde, que ledict seigneur fondateur a faict porter du Parc, pèse quatre cens septante, et sur icelle est escript : JACQUES MARESCHAL, CHEVALLIER, SEIGNEUR DU PARC, ETC.

« Sur la troisième, qui pèse trois cens vingt et neuf, est escript : MELCHIOR MITTE DE CHEVRIÈRES, MARQUIS DE SAINCT-CHAMOND FONDATEUR ETC., comme sur la première.

« La quatrième pèse septante-cinq, et les susdictes cloches ont chascune leur corde.

« Il y a aussi une horloge (1). »

III

INVENTAIRE DE L'ARGENTERIE QUE LEDICT MESSIRE MELCHIOR MITTE, FONDATEUR, A DONNÉ A LADICTE SAINCTE CHAPPELLE.

« Premièrement, un ostensoire d'argent doré, avec son cristal pour mettre le Sainct-Sacrement en évidence, fait en forme de clocher, acheté d'un capitaine suédois à Hambourg,

---

(1) Ceci est, dans le msst, d'une écriture plus récente : en 1643, (d'après le dessin de 1644,) il n'y avait pas d'horloge : en 1762, Mre Fulchiron, alors doyen, en donna une à la Collégiale.

qui l'avoit pillé dans l'église de Vurtsbourg, ville capitale de la Franconie, en Allemagne, pesant vingt un marcs deux onces et demy (1);

« Un ciboire d'argent doré pour tenir d'ordinaire le Sainct-Sacrement, pesant deux marcs sept onces et un quart;

« Deux livres écrits à la main sur du vélin, et enrichis d'une illumineure fort ancienne, dans l'un desquels sont les Evangiles et dans l'autre les Epistres, tous deux couverts d'argent des deux costés et en partie dorés; celluy des Evangiles ayant, d'un costé, un crucifix avec quelques pierreries, et de l'autre, un sainct André en croix, et sur celluy des Epistres, il y a, d'un costé, le couronnement de Nostre-Dame, et de l'autre, le baptême de Nostre-Seigneur par sainct Jean-Baptiste, l'argenterie desdicts deux livres, pesant quinze marcs;

« Un calice d'argent gravé, avec la pataine (2), pesant trois marcs quatre onces et un quart;

« Trois autres calices d'argent avec leurs pataines, dont les deux sont cizelés, et l'autre tout uny, pesant les trois, six marcs deux onces et demy;

« Une croix d'argent à double crucifix, sur trois pieds, pour mettre sur le grand autel, pesant huit marcs sept onces et un quart;

« Six chandeliers d'argent, faits à trois pieds, dont les deux grands pèsent onze marcs et demy, les deux moyens pèsent huict marcs quatre onces trois quart, et les deux petits pèsent six marcs quatre onces et demy, revenant,

---

(1) Le marc pesait une demi-livre, et se divisait en huit onces, cent quatre vingt douze deniers, etc.

(2) Dans le msst. de M. Brun, au lieu de *pataine*, il y a *platine*, ce qui a, du reste, la même signification.

tous les six chandeliers ensemble, au poids de vingt six marcs six onces trois quart ;

« Un bassin à laver les mains, pesant trois marcs quatre onces ;

« Une boëte d'argent pour tenir les hosties, portant en son couvercle un crucifix gravé, pour donner la paix, pesant deux marcs une once neuf deniers ;

« Deux burettes d'argent cizelées, avec leur cuvette, pesant trois marcs sept onces ;

« Un bénistier, avec son asperges, pesant huict marcs cinq onces ;

« Deux encensoirs, deux navettes et deux cuillières à prendre l'encens, pesant douze marcs et six onces ;

« Une clochette avec son batan, pesant sept onces et douze deniers ;

« Une croix à porter à la procession ayant, d'un costé, un crucifix relevé, et de l'autre un Jésus et quatre anges, avec le baston d'argent, pesant dix-sept marcs sept onces douze deniers ;

« Une lampe avec ses chaisnons, pesant deux marcs six onces douze deniers ;

« Sur le tabernacle d'hesbaine, il y a deux serrures et deux clefs d'argent, un crucifix, un Ecce homo, une Nostre-Dame, et un sainct Jean l'Evangéliste, le tout d'argent, pesant six onces ;

« Quatre bourdons pour les quatre chapiers et un baston pour le bastonnier, ayant chacun un sainct Jean-Baptiste au-dessus, le tout d'argent, pesant vingt marcs une once ;

« Total de l'argenterie inventoriée et donnée à l'église de Sainct-Jean-Baptiste, 132 marcs 3 deniers. »

INVENTAIRE DES ORNEMENTS DONNÉS PAR LEDICT MESSIRE MELCHIOR MITTE A LA SAINCTE CHAPPELLE.

« Un dais de satin blanc en broderie de toile d'or avec des bouquets de nuance de soye, marqué aux armes, en broderie d'or, desdicts seigneur et dame, consistant en un ciel, huit pantes garnies de leurs crépines d'or et de soye, quatre carreaux et quatre pommes, ledict dais destiné à être porté aux processions sur le Très-Sainct-Sacrement;

« Un autre dais de velours ras goffré jaune, doré, consistant en un ciel et quatre pantes garnies de leurs crépines de soye et de taffetas bleu, ledict dais destiné pour servir d'ordinaire sur le grand autel;

« Un ornement de satin blanc à fleurs, garny d'un passement d'argent, or et soye couleur de feu, consistant en un parement d'autel, une chasuble, deux dalmatiques pour le diacre et le sous-diacre, cinq chappes, le tout marqué aux armes dudict seigneur;

« Item, deux étoles, trois manipules, deux carreaux à porter les livres de l'Epistre et de l'Evangile, une boëte pour les corporeaux, parva palla, et le voile, le tout de mesme satin cy-dessus, et chaque pièce marquée des croix de mesme passement d'argent, or et soye couleur de feu;

« Un ornement rouge, consistant en un parement d'autel, une chasuble, deux dalmatiques, le tout de velours rouge cramoisy chamarré de clinquant d'or, avec les armes dudict seigneur en broderie d'or;

« Item, cinq chappes de gros de Naples cramoisy avec

les orfrais (1) et chaperons de velours de mesme couleur, avec des clinquants d'or et d'argent;

« Item, un parement pour la chaire du prédicateur, de velours rouge cramoisy, chamarré de passement de soye rouge et blanche, avec les armes dudict seigneur;

« Item, trois étoles et trois manipules, la bourse des corporeaux et parva palla, le tout de velours cramoisy avec des clinquants d'or;

« Item, deux carreaux à porter les livres de l'Evangile et l'Epistre, de mesme velours cramoisy, garnis de clinquant d'or et de quatre houppes chacun;

« Item, un voile de taffetas rouge cramoisy avec sa croix de clinquant d'or;

« Un ornement de damas verd, chamarré de passement de soye incarnat, blanc et verd, toutes les pièces marquées aux armes dudict seigneur, consistant en un parement d'autel, une chasuble, deux dalmatiques, trois chappes, deux étoles, trois manipules, une bourse pour les corporeaux avec parva palla, le voile avec deux carreaux pour soutenir les livres de l'Epistre et de l'Evangile;

« Un ornement violet avec des passements et franges de soye orangé blanc et violet, consistant en un parement d'autel, et une chappe de velours, deux chappes de damas avec les orfrais de velours, une chasuble, deux dalmatiques pliées, autres deux dalmatiques non pliées pour le diacre et le sous-diacre, un parement pour la chaire du prédicateur, le tout de gros de Naples et marqué des armes dudict seigneur;

« Item, une grande étole et autres trois étoles ordinai-

---

(1) *Orfrays* ou *orfrois*, franges d'or ou de soie.

res, quatre manipules, la bourse des corporeaux, parva palla, le voile et deux carreaux pour soutenir les livres de l'Epistre et de l'Evangile ;

« Un ornement noir, consistant en un parement d'autel, une chasuble, deux dalmatiques pour le diacre et sous-diacre et trois chappes de velours noir, avec les croix et orfrais de satin blanc ;

« Item, deux autres chappes de damas noir, avec leurs orfrais de velours noir, avec un passement d'argent, le tout marqué aux armes dudict seigneur ;

« Item, trois étoles et trois manipules, la bourse pour les corporeaux, parva palla, et deux carreaux pour les livres, de velours noir avec la croix de satin blanc ;

« Item, un voile de taffetas noir, avec une croix de clinquant d'argent ;

« Item, un drap mortuaire de velours noir, avec une croix et la bordure de satin blanc, marqué aux armes dudict seigneur ;

« Tous les susdicts ornements destinés pour le service du grand autel. »

Ornements pour les petits autels.

« Un parement, une chasuble, un carreau, une bourse, parva palla, un voile, une étole, un manipule, le tout de taffetas bleu rayé d'argent, marqué des armes dudict seigneur ;

« Un parement d'autel, une chasuble, un carreau, une bourse, parva palla, un voile, une étole, un manipule, le tout de tabis gris avec du clinquant d'argent ;

« Un parement d'autel, une chasuble, marqués aux armes

de feu Madame de Chevrières, en broderie d'or, une étole, un manipule, un voile, le tout de taffetas de gros de Naples, blanc et noir;

« Une chasuble, une étole, un manipule et la bourse des corporeaux de satin de gris de perle rayé d'incarnat, parva palla de toile blanche, marqués aux armes de feu Monsieur le comte de Myolans, frère dudict seigneur fondateur;

« Deux chasubles de brocatel de soye orangé et bleu, avec deux carreaux, deux bourses, parva palla de mesme étoffe et deux voiles de taffetas bleu;

« Un parement de satin verd figuré, avec une frange de soye et d'or;

« Deux carreaux de nuance de laine, pour les livres de l'Epistre et de l'Evangile;

« Un parement d'autel, une chasuble, une étole, un manipule, une bourse, parva palla de velours feuille morte, à fond de satin incarnat, chamarré de clinquant d'or, et marqué aux armes desdicts seigneur et dame, un voile de taffetas rouge, deux escharpes de gaze d'argent, l'une toute blanche, l'autre rayée de rouge pour le prestre qui donnera la bénédiction avec le Sainct-Sacrement;

« Autre escharpe rouge garnie de passement et grande dentelle d'or et d'argent, donnée par Madame Ysabeau de Tournon, femme dudict Mre Melchior Mitte, fondateur;

« Un espinglié de brocatel de soye orangé et blanc, pour tenir des espingles sur l'autel de la sacristie, pour servir à revestir les prestres. »

INVENTAIRE DU LINGE DONNÉ PAR LEDICT MESSIRE MELCHIOR MITTE DE CHEVRIÈRES, FONDATEUR, A LA SAINCTE CHAPPELLE.

« Quatorze aubes, dix-sept amicts, et quinze ceintures de filet, avec leurs houppes ;

« Huict aubes pour les enfans de chœur et autant de ceintures de filet, avec leurs houppes ;

« Dix corporeaux, aucuns garnis de dentelle de filet ;

« Dix huict purificatoires ;

« Quatorze mouchoirs ;

« Deux douzaines de serviettes pour les autels ;

« Deux grandes nappes pour la communion et deux médiocres de toile damassée, garnies de dentelle de filet, et une plus petite, faisant cinq en tout ;

« Trois nappes de trois aulnes et demy de long, quatre de trois aulnes, deux de deux aulnes trois quarts, autres deux de deux aulnes et demy, et une de deux aulnes et un quart, une autre de deux aulnes, faisant treize nappes en tout. »

INVENTAIRE DES LIVRES.

« Un grand graduel pour les messes ;
« Quatre psaultiers ;
« Quatre antiphonaires ;
« Un bréviaire ;
« Un diurnal ;
« Six missels ;
« Un martirologe.

INVENTAIRE DE LA VAISSELLE QUI N'EST POINT D'ARGENT.

« Six chandeliers d'étain, façon d'argent, pour servir tous les jours au grand autel ;

« Huict chandeliers de cuivre, pour les petits autels ;

« Une croix de bois doré, avec son crucifix ;

« Six paires burettes de verre ;

« Six plats de terre de fayance pour servir à laver les mains. »

CHAPITRE CINQUIÈME

I. Diverses fonctions et charges à la Collégiale. François de Saint-Chamond, premier doyen ; lettres de provision. — II. Des gardiens des clefs du cabinet des Saintes Reliques ; leur serment. Ordre observé pour la vénération des Saintes Reliques. — III. Mort de François de Saint-Chamond. Assemblées capitulaires. Décisions sur la discipline. — IV. Le marquis de Saint-Chamond, ambassadeur à Rome. Consécration de la Collégiale. Confrérie de la Croix. Confrérie de Saint-Jean-Baptiste.

I

L'église collégiale de Saint-Jean, fondée en 1634, inaugurée en 1642, n'avait été, nous l'avons vu, réellement ouverte au public, que le 23 décembre 1643. Alors seulement, après la translation des Saintes Reliques, l'office divin y fut régulièrement célébré, et c'est à cette date qu'il faut faire remonter la vie active du Chapitre, administré par le doyen, le précenteur, le sacristain ; nous allons rapidement rappeler les devoirs et les prérogatives de ces trois dignitaires qui étaient, comme les chanoines, à la nomination du seigneur.

Le doyen, investi de la première dignité du Chapitre, devait être le modèle et l'exemple de tous ; il devait se distinguer par sa sollicitude à protéger le Chapitre, dont la direction et les intérêts lui étaient remis, et par son zèle à s'acquitter de toutes les fonctions de sa charge.

C'est lui qui célébrait la grand'messe, aux jours de fête, tels que le « jour de la Nativité de Notre-Seigneur, de la Résurrection, de la Pentecôte et de la Toussaint, les jours des Rois, du Jeudi-Saint, de la Fête-Dieu, de Saint-Jean-Baptiste, de l'Assomption de Notre-Dame ; » il était alors assisté de deux chanoines, en qualité de diacres et sous-diacres, et de deux autres chanoines et de deux prébendiers, avec leurs chapes et « les bâtons d'argent. » Il portait aussi le Saint-Sacrement à la procession de la Fête-Dieu, et, ce jour-là, offrait un cierge de cire au marquis de Saint-Chamond, « lui faisant une harangue », pour le reconnaître comme unique seigneur et fondateur de l'église et du Chapitre.

C'est lui qui, en l'absence du seigneur, présidait les assemblées capitulaires, avec voix prépondérante en cas de partage ; et aux deux Chapitres généraux, dits « de correction, » de Noël et de Saint-Jean-Baptiste, il adressait aux chanoines et aux chapelains les observations et les conseils qu'il jugeait utiles ou nécessaires.

Lors de sa nomination, le doyen recevait du marquis de Saint-Chamond les lettres de provision de sa charge : voici celles qui, en 1642, furent délivrées à François de Saint-Chamond.

Provision du Doyenné pour François de Saint-Chamond, le 23 décembre 1642.

« Melchior Mitte de Chevrières, marquis de Sainct-Cha-
« mond, comte de Miolans, d'Anjou et de Chevrières, etc.,
« ayant pleu à Dieu de nous inspirer la fondation

« d'une esglise collégialle à son honneur et du glorieux
« Sainct Jean-Baptiste, dans la seconde enceinte de nostre
« chasteau de Sainct-Chamond, pour y faire à jamais véné-
« rer les Sainctes Reliques, desquelles nous avons l'hon-
« neur d'estre dépositaire; et sa bonté infinie nous ayant
« faict la grâce de conduire cest œuvre à sa perfection, ny
« restant plus que l'establissement des personnes cappa-
« bles d'y célébrer son sainct service ;

« Nous avons, en l'assemblée de tous les ordres de nos-
« tre ville dudict Sainct-Chamond, tenue dans nostre
« gallerie ce jourdhuy vingt troiziesme du présent mois,
« faict publiquement la nomination de ceulx que nous
« avons jugé les plus dignes d'effectuer nos bonnes inten-
« tions. Entre lesquels, nous avons pareillement choisy
« Mre François de Sainct-Chamond, comte de Lyon, m^e
« ès arts, estudiant en théollogie, nostre très-cher et très-
« aymé fils, pour chanoyne et doyen et partant avons
« nommé et pourveu, nommons et pourvoyons par ces
« présentes, ledict Mre François de Sainct-Chamond aux
« charges, prérogatives et revenus en dépendant, pour en
« jouyr sa vie durant. Cy donnons en mandement aux
« sieurs chanoines et Chappitre qu'ils ayent à recevoir le-
« dict Mre de Sainct-Chamond et le mettre en possession
« dudict beneffice, apprès qu'il leur apparoistra du serment
« par luy presté entre nos mains, conformément à nostre
« fondation. En foy de quoi, nous luy avons signé ces
« présentes, à Sainct-Chamond, le vingt troiziesme décem-
« bre, mil six cent quarante deux. »

St CHAMOND.

Par mondict seigneur :

LECOURT.

Le maître de chœur ou précenteur, devait veiller à l'observation stricte des règlements et des statuts, reprendre ceux qui négligeaient de les observer ou se permettaient de les enfreindre, et faire célébrer le service divin et les offices avec les cérémonies requises, suivant les différentes fêtes. Il était aussi, d'après les statuts, entièrement chargé de la discipline du chœur, et rendu responsable, devant Dieu et devant le Chapitre, de tous les désordres qui pourraient s'y produire. Il devait, en outre, veiller à la bonne tenue des enfants de chœur, ainsi qu'à leur éducation et « bonne instruction. »

Neuf chanoines occupèrent la charge de précenteur à la Collégiale de Saint-Jean. Voici un extrait des lettres de provision du chanoine Jean d'Allard, nommé à cette dignité, le 12 octobre 1675, par Jean-Armand Mitte de Chevrières, seigneur de Saint-Chamond. Elles sont les mêmes que les lettres citées plus haut ; mais on y voit que l'on procédait à une enquête sur « les bonne vie et mœurs, » du nouveau dignitaire, enquête réputée inutile pour le fils du fondateur : « ..... après avoir été pleinement informés des
« bonnes vie, mœurs, religion catholique, apostolique et
« romaine, science et capacité de Messire Jean Allard, cy
« devant sacristain de nostre ditte esglise, à ces causes,
« nous l'avons pourveu et pourvoyons par ces présentes,
« de la place et dignité de précenteur en laditte esglise,
« vacquante à présent par la mort de Messire Anthoine
« Bonnard, cy devant précenteur en laditte esglise.....

« Donné dans nostre chasteau de Sainct-Chamond, le
« 12ᵉ jour du moy d'octobre, 1675. »

Sᵗ CHAMOND MYOLANS.

Par mondit seigneur :

SAVIGNON, *secrétaire.*

Le sacristain était chargé, par inventaire, de tous les meubles de l'église, des ornements, vases sacrés etc. Il veillait à la propreté de l'église, à la « sonnerie des cloches, » à tout le service de la sacristie, à la décoration des autels, etc.

Quatre chanoines, à tour de rôle, servaient d'aumôniers au seigneur : ils prenaient place au chœur après les dignitaires ; celui qui était de service auprès du seigneur, se tenait debout auprès de lui, quand il assistait aux offices.

Un chanoine, sous le nom de théologal, devait « prêcher, enseigner le peuple qui venait à l'église. »

Il y avait aussi un chanoine, « maître de musique », qui prenait soin de « faire chanter la musique aux dimanches et fêtes doubles de l'année, » et était chargé d'instruire les enfants de chœur. Ces enfants ne pouvaient sortir de la maîtrise pour aller chanter ailleurs, excepté s'ils étaient appelés au château par le marquis de Saint-Chamond. Mais, avec la permission du précenteur, ils pouvaient assister, avec leurs maîtres, aux messes des morts, baptêmes etc.

Les chanoines devaient tous savoir le plain-chant, et
« entendre le latin ; et au cas où, au temps de leur récep-
« tion, n'auraient ces qualités, voulons qu'il leur soit
« accordé un an pour s'instruire, et, à faute de ce, ne
« jouiront que de la moitié de leurs fruits jusqu'à ce qu'ils
« se soient instruits. »

Les chanoines, nommés par le seigneur, étaient, ensuite, reçus solennellement à la Collégiale : voici, d'après les statuts, la description de cette cérémonie. Le récipiendaire (chanoine ou chapelain) devait, tout d'abord, avant même de pénétrer au chœur, prêter serment au Chapitre :

« Je N. jure à Dieu, à la bienheureuse Vierge Marie, à
« saint Jean-Baptiste, patron de cette église et vous pro-
« mets, Monsieur, de bien servir le canonicat (ou prébende)
« qu'il a plu à Monseigneur, notre fondateur, me confier,
« d'assister soigneusement à tous les offices auxquels la
« fondation m'oblige, d'en observer tous les règlements et
« statuts sans y manquer, de conserver les Saintes Reliques
« et de maintenir et accroître de tout mon pouvoir les
« biens, droits et revenus du Chapitre ; de découvrir le
« plus tôt qu'il me sera possible tout ce que je saurai lui
« être important et vous promets tenir secrètes les délibé-
« rations qui se feront et de vivre en bonne paix et union
« avec tous. »

Il était ensuite, au son des cloches, introduit au chœur. Là, à la fin du premier Evangile de la grand'messe, il recevait le missel des mains du sous-diacre, au dernier degré de l'autel, et précédé du maître des cérémonies et du bâtonnier, le « portait à baiser » au marquis de Saint-Chamond, qui était à genoux : le récipiendaire s'agenouillait aussi et, la main placée sur le missel, prêtait serment au fondateur, en ces termes : « Je N. jure à Dieu, à la
« bienheureuse Vierge Marie, à saint Jean-Baptiste, patron
« de cette église et vous promets, Monseigneur, de bien
« servir le canonicat (ou prébende) qu'il vous a plu me
« conférer, d'assister soigneusement aux offices auxquels
« votre fondation m'oblige, d'observer tous les règlements
« et statuts d'icelle sans y manquer, et de conserver les
« Saintes Reliques qui sont dans votre Sainte Chapelle et
« d'accroître de tout mon pouvoir les biens, droits et reve-
« nus du Chapitre duquel je vous reconnais le seul et
« unique fondateur et mon bienfaiteur particulier et vous
« promets toute fidélité et obéissance envers tous et contre

« tous, excepté le Roi, mon souverain prince, pour la
« prospérité duquel et pour la vôtre je prierai Dieu toute
« ma vie. » Ce serment prêté, il recevait l'aumusse des
mains du marquis de Saint-Chamond qui l'embrassait,
allait, précédé du maître des cérémonies, embrasser les
chanoines ses nouveaux confrères et était enfin conduit à la
place qu'il devait occuper.

Ce cérémonial était observé pour la réception des chanoines, des prébendiers, et aussi des trois dignitaires du
Chapitre. Les chanoines, nouvellement nommés, devaient,
à leur entrée, assurer une rente de trois livres au Chapitre.
Tous devaient assister régulièrement aux offices : seul, le
doyen, s'il était de la famille du fondateur, en était dis-
pensé ; mais chaque chanoine avait droit à un mois d'absence dans l'année.

Tous devaient être vêtus uniformément de la soutane
« ou robe longue, et porter le poil de la barbe le plus
« court qu'ils pourront. »

Quand le seigneur voulait assister aux offices, un des
dignitaires et un chanoine portant le surplis et l'aumusse,
allaient au château l'avertir de l'heure, et l'accompagnaient
à sa place à l'église. Lorsque le seigneur fondateur ou sa
femme devaient faire dans la Collégiale la sainte communion, les deux premiers chanoines, après le doyen, accompagnés du maître des cérémonies et du bâtonnier, devaient
les aller « quérir en leurs places pour les conduire à l'autel,
« où étant, ils tiendront les deux bouts de la nappe pen-
« dant leur communion, après laquelle ils les reconduiront
« en leurs places. »

Les chapelains, ou prébendiers, devaient aussi assister à
tous les offices : ils avaient droit à quinze jours d'absence
dans l'année. Ils devaient savoir le plain-chant, sinon on

leur accordait six mois pour l'apprendre ; passé ce délai, s'ils ne le savaient, jusqu'à ce qu'ils l'eussent appris, ils ne devaient jouir que du tiers de leur revenu. Quatre d'entre eux avaient la qualité de chapelains du seigneur, et étaient alternativement « par quartier » de service auprès de lui : chaque jour, le chapelain de service célébrait la messe dans la chapelle du château, et était chargé de « tenir nette cette chapelle et orner son autel. »

Les chapelains étaient appelés aux deux Chapitres généraux de Saint-Jean-Baptiste et de Noël, et y renouvelaient le serment du jour de leur réception. Les chanoines et les chapelains devaient, s'ils n'étaient prêtres, être ordonnés dans l'année après leur réception (1), faute de quoi, ils ne jouissaient que de la moitié de leur revenu.

Le secrétaire devait faire « gratis » les expéditions nécessaires pour les affaires du Chapitre, garder avec soin les archives, et ne rien révéler des délibérations. Le sceau du Chapitre, qui était apposé à tous les actes importants, représentait « un Saint Jean-Baptiste portant en ses deux mains au devant de luy les armes de Saint-Chamond. »

Le bâtonnier se tenait, pendant l'office, à la porte du chœur et, en toutes les processions, son bâton d'argent à la main, précédait la croix pour « faire faire place. »

Nous venons d'exposer brièvement l'organisation du Chapitre : on la trouvera longuement décrite dans les statuts, avec des détails intéressants et précis, sur l'ordre qui devait être observé dans les différentes cérémonies.

---

(1) « Sauf le doyen étant des enfants ou parents du fondateur. »

II

En déposant à la Collégiale ses précieuses reliques, en les offrant à la vénération des habitants de Saint-Chamond, Melchior de Chevrières n'avait pas manqué de prendre les mesures les plus sérieuses, pour les sauvegarder et assurer leur préservation. Confiées à la vigilance et aux soins des chanoines, elles avaient été placées dans « un cabinet fermant à quatre clefs. » L'une de ces clefs restait aux mains du seigneur, une autre était remise au doyen, la troisième au sacristain et la quatrième à l'un des officiers de la justice du marquisat, désigné par le seigneur.

Les dépositaires de ces clefs ne s'en pouvaient dessaisir et devaient assister en personne à l'ouverture du cabinet des Saintes Reliques. Ils s'y engageaient en ces termes en recevant les clefs de la main du seigneur : « Je N., jure à Dieu
« et vous promets, Monseigneur, d'assister en personne à
« l'ouverture des Saintes Reliques, toutes les fois que vous
« me l'ordonnerez, ou le Chapitre en votre absence, et de
« ne prêter la clef que vous m'avez confiée pour garder
« en qualité de dépositaire, à qui que ce soit, si ce n'est en
« cas de maladie ou d'absence, que je la bailleray entre les
« mains d'une personne de la fidélité de laquelle je me
« rends responsable, et de m'employer, autant qu'il me
« sera possible, à la conservation d'icelle. »

Quand, à certaines fêtes, on devait exposer quelques-unes des reliques, le Chapitre, accompagné du seigneur, des officiers de la justice du marquisat et des consuls de la ville, allait en procession chercher ces reliques ; les dépositaires des clefs étaient présents ; le doyen ouvrait alors le cabinet de dépôt, prenait les reliquaires désignés et les apportait sur l'autel *dit* des Saintes Reliques, où ils restaient exposés jusqu'au soir après le salut.

Voici quelles étaient les reliques qui, quatre fois dans l'année, étaient ainsi exposées :

Le Vendredi-Saint, le précieux bois de la Sainte-Croix ; le jour de l'Invention de la Sainte-Croix, la Sainte Epine seule (1) ; le jour de saint Jean-Baptiste, la mâchoire du Saint ; le jour de l'Assomption de la Sainte Vierge, le reliquaire contenant les cheveux et « habillements » de la Sainte Vierge.

Le Chapitre était, alors, chargé de veiller à leur sûreté et de les faire vénérer au peuple : pendant qu'elles reposaient sur l'autel, le sacristain ou l'un des chanoines ou des chapelains devait être « constamment présent, re-« vêtu de son surplis, donnant à baiser lesdites Saintes « Reliques au peuple pour contenter sa dévotion. » De plus, ce jour-là, ainsi que le jour de la Décollation de saint Jean-Baptiste, et tous les samedis de l'Avent et du Carême, on ouvrait les fenêtres du cabinet qui contenait les autres Saintes Reliques, afin qu'il fût plus facile à tous de les vénérer. Tous les samedis de l'année, les chanoines chantaient les litanies des Saints dont ils possédaient les reliques dans leur église.

---

(1) Si la copie des statuts qui nous est parvenue n'est fautive, un changement fut sans doute apporté sur ce point aux statuts. La relique de la Vraie Croix était en effet honorée particulièrement et exposée à la Collégiale le jour de l'Invention. (Procès-verbal de vérification des reliques en 1811, etc.) La sainte Epine dut, alors, être exposée le jour du Vendredi-Saint.

Lorsque le marquis de Saint-Chamond désirait montrer le trésor à « quelques grands seigneurs ou dames ou autres personnes considérables étrangères », il devait observer les règles qu'il avait lui-même tracées dans les statuts. Prévenus de son désir, les chanoines, alors, l'accompagnaient : on plaçait les Reliques sur l'autel de la chapelle du château, contiguë à la Collégiale : une messe basse était célébrée, on récitait les litanies des Saints, les reliquaires étaient ensuite ouverts pour que l'on pût voir les Reliques, puis aussitôt après fermés et replacés dans leur « reposoir ordinaire. »

III

Le premier doyen de la Collégiale fut François de Saint-Chamond, quatrième fils de Melchior de Chevrières et d'Isabeau de Tournon. Promu à cette dignité, en 1642, il avait alors vingt et un ans et n'était encore que sous-diacre (1). Déjà cette même année il avait été reçu chanoine et comte de Lyon, prenant place dans ce Chapitre célèbre où, depuis plusieurs siècles, sa famille était noblement représentée (2). L'année suivante une mort prématurée l'en-

---

(1) « Le seigneur pourra nommer doyen, bien qu'il ne soit que sous-« diacre, un de ses enfants ou des parents de sa maison, lequel perdra « le tiers des distributions ordinaires. » (*Statuts*).

(2) Le nom des Mitte et des seigneurs de Jarez et de Saint-Chamond se retrouve, en effet, à toutes les époques de l'histoire des comtes de Lyon :
Ainsi, au XIIe siècle, Gaudemar de Jarez, vers 1120.
Au XIIIe siècle — Ponce Mitte de Mons, en 1214 ; — Gaudemar de Jarez, chamarier, frère de Guy, seigneur de Jarez ; Gaudemar en testant, en 1254, élut sa sépulture en l'église du monastère de Valbenoîte et,

levait à l'affection des siens : « il fut vivement regretté de
« tout le monde, disent les mémoires du temps, et parti-
« culièrement de son illustre maison qui voyait en lui
« de grandes dispositions pour remplir un jour les premiè-
« res dignités de l'Eglise. »

François mourut à Lyon, où il fut inhumé. Son cœur fut apporté à Saint-Chamond « dans le tombeau de ses ancêtres. »

A la mort de François de Saint-Chamond, la charge de doyen de la Collégiale demeura longtemps vacante. En 1673 seulement, Jean-François Reyrolles en fut pourvu.

La direction du Chapitre, pendant ces trente années, fut confiée au second dignitaire. Melchior Fulconis, nommé précenteur en 1642, en fut le premier chargé.

Sous son administration et dès l'origine, les assemblées capitulaires furent régulièrement tenues ; les assemblées

---

après des legs nombreux faits à presque tous les couvents et églises de nos pays, institua légataires universels ses neveux Guy, fils de son frère Guy, seigneur de Jarez et « Dalmacius, » fils de Jocerand de Ucon ; — Guy de Jarez en 1277 : il testa en 1294 et fut inhumé à Ainay.
Au XVIe siècle — Jean Mitte, fils de Jean Mitte, chevalier, seigneur de Chevrières et d'Anne de Layre, doyen en 1525, abbé de Saint-Pierre de Clérac dans l'Agenais, coadjuteur de l'archevêque de Vienne : ce fut lui qui fit reconstruire l'église de Chevrières : il mourut en 1533. — Jean de Saint-Chamond, fils de Jean, baron de Saint-Chamond, chevalier, et d'Anne de Gaste ; custode de Saint-Jean, abbé d'Aniane et archevêque d'Aix. — Gaspard Mitte de Chevrières, chanoine et chamarier : testant en 1597, « il élut la sépulture de son corps en la grande
« esglise Sainct Jehan, au lieu qu'il plaira à Messieurs de ladicte es-
« glise ordonner, » et institua son neveu, Jacques de Miolans, sieur de Chevrières, son héritier : Gaspard mourut le 22 décembre 1604.
Enfin au XVIIe siècle, François de Saint-Chamond, le dernier de la famille des seigneurs de Saint-Chamond qui ait fait partie de ce Chapitre. (Bibliothèque de Lyon, *Fonds Coste*, nos 2184 F. et ss.)

générales présidées d'ordinaire par le seigneur fondateur, deux fois par an, à la fête de saint Jean-Baptiste et à Noël ; les réunions ordinaires, chaque semaine dans la sacristie de l'église de Saint-Jean, sous la présidence du seigneur ou du précenteur remplaçant le doyen.

Avant ces réunions ordinaires, on récitait le *Veni Creator* et avant les Chapitres généraux, on célébrait la messe du Saint-Esprit à laquelle tous les chanoines assistaient.

Dans toutes ces assemblées étaient traitées les affaires intéressant la communauté, et les questions relatives, soit au règlement intérieur, soit aux modifications, qu'avec l'assentiment du seigneur fondateur ou de ses successeurs, les chanoines pouvaient apporter aux statuts. Mais ces changements furent rares ou peu importants : on se borna le plus souvent à insister sur certains détails, à interpréter et compléter les règlements.

C'est ainsi que, dès 1643, on accorda à l'aumônier de service auprès du seigneur de Saint-Chamond la dispense d'assister aux offices du chœur, et le droit de toucher ses revenus, comme s'il était présent. L'année suivante, on renouvela la défense, portée par les statuts, de s'absenter « les jours de grande solennité, les jours de fête de pre-« mière classe », sans l'exprès consentement du Chapitre, et l'on rappela l'obligation de tenir secrètes les délibérations.

Dans les assemblées capitulaires, on s'occupait aussi des peines disciplinaires, qu'avaient pu encourir les chanoines pour négligence dans leur service. Si les faits étaient graves, le coupable, chanoine ou chapelain, était, après trois admonitions, privé des revenus d'une année et, faute de correction, l'année révolue, son bénéfice était déclaré vacant. La somme, ainsi retenue, devait être « aumônée » aux pauvres. Indépendamment d'une pensée plus haute et du sentiment du devoir dont étaient pénétrés les chanoines de Saint-Jean, cette active surveillance, imposée par les statuts, rendit extrêmement rares les infractions à la règle et l'application des mesures de rigueur (1).

Dans ces mêmes assemblées, on décidait de l'acceptation ou du refus des dons, des fondations et des legs faits au Chapitre. Presque tous les seigneurs de Saint-Chamond, et un grand nombre d'habitants de la ville fondaient des messes et des anniversaires à la Collégiale. Beaucoup de chanoines aussi, par leur testament, constituaient une rente au Chapitre, à la charge de faire célébrer des messes pour le repos de leur âme. Les testaments des chanoines d'Allard, Martin, Masson, Perceval, Vachier et bien d'autres contiennent de semblables dispositions, et témoignent, en outre, de la générosité des chanoines envers les autres établissements pieux de la ville. Plusieurs des beaux domaines qui forment aujourd'hui le patrimoine des pauvres à l'Hôpital, furent donnés par des chanoines de Saint-Jean.

---

(1) Dans une délibération du Chapitre général du 25 mai 1674 où signèrent Reyrolles, doyen, Masson, sacristain, Allard, Descostes, Perceval, Bergier, Vachier, Beyssac, chanoines, Louis Vacquier, dernier prébendier, fut « pointé » pour huit jours de perte pure et pour un mois, en cas de récidive, pour s'être tenu indécemment à l'office, avoir refusé d'obéir aux remontrances qui lui furent faites à l'église, s'être emporté ensuite à la sacristie, ayant encore la chape sur le dos, soit contre les particuliers, soit contre « le général du Chapitre, être allé enfin trouver Madame la marquise de Saint-Chamond qui a été obligée, ne pouvant lui fermer la bouche, de le mettre à la porte..... » Louis Vacquier ne fut pas nommé chanoine.

IV

La consécration épiscopale manquait encore à la Collégiale.

Le marquis de Saint-Chamond, nommé ambassadeur extraordinaire à Rome, avait quitté Saint-Chamond, le 30 décembre 1643, sans l'avoir obtenue : « Je partis avec « précipitation, dit-il dans ses mémoires, sans avoir pu « voir consacrer ma sainte chapelle, où j'avais eu la conso- « lation de mettre les reliques, dont j'ai l'honneur d'être « dépositaire dans ma maison, et de les mettre en lieu de « sûreté, et où chacun pourait y venir faire ses dévotions « en liberté. Je pris avec moi mon fils Armand, quatorze « pages, vingt-deux gentilshommes, vingt-huit ou trente « officiers, seize chevaux de carrosse, et plus de septante « volontaires..... »

Un des chanoines de la nouvelle Collégiale, Matthias Le Clerc, l'accompagnait comme aumônier.

Melchior de Chevrières arriva à Rome, le 15 mars 1644 : là, au milieu des brigues que suscita l'élection d'Innocent X, au milieu des difficultés sérieuses qu'il rencontra comme ambassadeur de France, il n'oublia pas son église, et, le 15 août 1644, écrivant à son fils, Just-Henry Mitte de Chevrières, qui devait aller le rejoindre à Rome, il lui dit : « Faites sacrer mon esglise sans plus de retardement, et ne partés point que cela ne soit faict.... » Just-Henry obéit aux ordres de son père et, sur ses instances, Mgr Pierre de Villars, archevêque et comte de Vienne, autorisé par l'archevêque de Lyon, fit cette consécration, au mois de septembre 1644.

Dans les premiers mois de cette même année, une importante fondation avait été faite à la Collégiale. Par les soins du Chapitre, une confrérie y avait été établie sous l'invocation de la Sainte-Croix, en l'honneur de la relique insigne de la croix du Sauveur, qui y était vénérée. A la sollicitation du marquis de Saint-Chamond, le pape Urbain VIII accorda, le 9 avril 1644, plusieurs indulgences aux membres de cette confrérie, notamment une indulgence plénière, qui était attachée à la visite de la Collégiale, au jour de l'Invention de la Sainte-Croix. Le 20 août, M. De Ville, vicaire-général de l'archevêque de Lyon, autorisa l'établissement de cette confrérie : « Recevant avec honneur et révé-
« rence le Bref des indulgences obtenu de Nostre Sainct
« Père le Pape Urbain huictième, d'heureuse mémoire, par
« les vénérables doyen et chanoines de l'église collégiale
« de Sainct Jehan Baptiste de Sainct-Chamond, donné à
« Rome le neufviesme avril de la présente année..... par
« lequel Bref Sa Saincteté octroye plusieurs graces et in-
« dulgences aux confrères de la confrérie establie ou à es-
« tablir en ladicte église..... Nous inclinant à la prière et
« réquisition desdicts sieurs doyen et chanoines..... Per-
« mettons auxdicts sieurs doyen et chanoines d'establir, et
« ériger, comme par ces présentes nous establissons dans
« leur église une confrérie de l'un et l'autre sexe, soubs
« l'Invocation de la Saincte Croix. Donnons pouvoir aux-
« dicts sieurs doyen, chanoines, et aux confrères d'icelle
« confrérie, de dire les offices divins en la chapelle ou ora-
« toire qui à cet effect sera choysie dans ladicte église collé-
« giale, de faire les processions accoustumées estre faites
« par les autres confréries et de s'assembler pour les affai-
« res d'icelle quand besoin sera, comme aussy de faire et
« dresser des règlemens et statuts pour la direction et con-

« duite de ladicte confrérie, lesquels règlemens et statuts
« ils seront tenus de faire voir et examiner, confirmer et
« approuver par son Eminence..... Faisons participans les-
« dicts confrères des grâces, et indulgences à eux concédées
« par nostre dict Sainct Père le Pape en sondict Bref sus-
« daté, etc. »

Une autre confrérie, sous l'invocation de saint Jean-Baptiste, fut aussi, à cette époque, établie à la Collégiale, en l'honneur de la précieuse relique de ce saint qu'on y vénérait. Par un Bref daté du 10 avril 1644, le Pape Urbain VIII accorda de nombreuses indulgences à tous ceux qui s'associeraient à cette confrérie et, le 9 juin, l'archevêque de Lyon en autorisa l'établissement dans son diocèse.

Ces deux confréries, comme celle des Saints-Anges, établie plus tard à la Collégiale, avaient chacune leur office particulier que récitaient les confrères lors de leurs réunions. Les hymnes et les oraisons de ces petits offices étaient empruntées à la fois au bréviaire romain et aux bréviaires de Paris et de Lyon.

Ainsi, dès l'origine, se resserraient les liens qui unissaient le Chapitre aux habitants de Saint-Chamond. Un autre évènement allait les rapprocher encore.

CHAPITRE SIXIÈME

I. Terrible sécheresse dans le Lyonnais. Procession solennelle où les Saintes Reliques furent portées. Ordre qui y fut observé.— II. Administration intérieure. Des fonctions des syndics et receveurs. — III. Mort de Melchior de Chevrières. Son testament.

I

En 1645, une grande sécheresse désola le Lyonnais : pendant huit mois, disent les récits du temps, il ne plut pas, les alarmes étaient grandes, toutes les récoltes étaient menacées, la famine devenait imminente; des prières publiques furent ordonnées. Les habitants de Saint-Chamond s'adressèrent à Melchior de Chevrières et au Chapitre, pour obtenir que les Saintes Reliques fussent portées dans la ville en une procession solennelle. Le marquis de Saint-Chamond et les chanoines s'empressèrent d'acquiescer à cette demande, et, le 24 août 1645, les Reliques furent exposées et la procession eut lieu : elle est ainsi décrite dans le manuscrit que nous avons déjà plusieurs fois cité.

ACTE DE LA TRANSLATION DES OSSEMENS DE SAINT LUCIE, MARTYR, DU CHASTEAU DE SAINCT-CHAMOND EN LA SAINCTE CHAPPELLE ET EGLISE COLLÉGIALE DE SAINCT JEAN-BAPTISTE DUDICT SAINCT-CHAMOND (1).

« Comme l'année présante mil six cens quarante cinq,

---

(1) On doit lire *Saint Luce* (latin *Lucius*), et non pas *Saint Lucie*

par la grande et extraordinaire sécheresse qui a duré, puis environ huict mois, sans avoir aucune pluye en abondance, les fruictz de la terre ayans esté endommagez grandement en ceste province de Lyonnois et autres circonvoisines, laquelle sécheresse continuant la terre s'estoit devenue toutte stérille, les puits, fontaynes, ruisseaux, et torrens presque taris en la ville, mandement et marquizat de Sainct-Chamond; que pour fere cesser tel fléau de Dieu, on ayt faict diverses prières tant génerálles que particulières, lesquelles n'ayant encore peu opérer envers la Justice divine, les sieurs consuls et plusieurs notables habitans de ladicte ville de Sainct-Chamond tant réguliers que séculiers ayant supplié et requis haut et puissant seigneur Messire Melchior Mitte de Chevrières, marquis de Sainct-Chamond et de Montpezat de vouloir faire faire ouverture du cabinet des pretieuses Reliques qui sont en depost dans la saincte Chappelle du Chasteau de ce lieu, pour estre lesdictes Reliques exposées en public et processionnellement portées par la ville avec les cérémonies et dévotions en tel cas accoustumées; affin que par l'intercession des Saincts et Sainctes dont sont lesdictes Reliques, il plaise à Dieu de destorner son ire et

---

comme l'écrit le msst. (appartenant à M. Gillier), ou *Saint Lucien*, comme le dit, à tort, le procès-verbal de 1811. Dans l'histoire des Reliques, il est dit, en effet, que ce fut le corps de *saint Luce*, qui fut donné par le pape Urbain VIII au marquis de Saint-Chamond et qui fut porté en procession en 1645. — Ce fut la fête de *Saint Luce* qui fut fixée au 3 octobre. — Aux litanies de la Collégiale, on lit *Saint Luce* ou *Sancte Luci*. — Enfin sur le reliquaire on lit « corpus sancti Lucii martyris.

Au surplus, le titre « acte de la translation » n'est pas exact. Cet acte contient la description de la procession solennelle où le corps de saint Luce fut porté, sans doute pour la première fois.

donner abondance de pluye congrue pour le soulaigement de ses fidelles, propagation et augmentation des fruictz de la terre. Inclinant par ledict seigneur à laquelle réquisition, ayant préalablement sur ce prins résolution en assemblée du Chappitre de l'église Collégiale de Sainct-Jean-Baptiste dudict Sainct-Chamond, qui est joignant à ladicte saincte Chappelle, et exécutant ladicte saincte résolution ce jourd'huy, jour et feste de sainct Barthélemy apostre, vingt quatriesme aoust aux an mil six cens quarante cinq, sur les quatre heures apprès midy, s'estans assemblez en corps dans ladicte église les Révérends Pères Capucins et Minimes, et la confrérie des Pénitens blancs de ladicte ville de Sainct-Chamond, ledict seigneur a faict faire ouverture du cabinet des sainctes Reliques de ladicte saincte Chappelle, que est sur la sacristie de ladicte église, et faict extraire et tirer dudict cabinet par les sieurs chanoines de ladicte église : Premier, le reliquaire du Prétieux bois de la saincte Croix de Nostre Seigneur ; item, le reliquaire de cristal, où est la saincte Espine ; item, le plat ou chef en argent doré dans lequel est enfermée la machoire du glorieux sainct Jean-Baptiste ; et finablement, un grand reliquaire en coffret d'hébaine garny de tous costez de lames et filets d'argent doré et du cristal fin, dans lequel reliquaire sont enclos et enfermez les ossements de sainct Lucie, martir, qu'a esté donné en présant audict seigneur par deffunct de bonne mémoyre Nostre Sainct Père le Pape, Urbain huictiesme, en sa dernière ambassade extraordinaire qu'a faict ledict seigneur à Rome près de Sa Saincteté, comme appert par l'attestation de monseigneur le cardinal Ginetti, grand vicaire de Sa Saincteté, dont la coppie sera cy appres insérée ; tous lesquels reliques et reliquaires ont esté exposez sur le grand autel de ladicte église, et de là les sieurs chanoines d'icelle église revestus de chappes, quatre d'iceux portans les quatre bourdons d'argent, devancez par le bastonnier, ont esté sortis de ladicte église et en procession solennelle portez par les rues et faict le contour de la presante ville de Sainct-Chamond, en l'ordre que s'ensuit :

« Premier : la procession de la confrérie des Pénitens blancs de ladicte ville marchoit la première, le chacun des confrères, en fort grand nombre, portant en main un flambeau de cire blanche allumé, les choristes chantans les litanies de la Vierge, et les aultres confrères chantoyent en musique ou faux bourdon le respons : *Operi domine cœlum nubibus et para terræ pluviam;*

« Suyvoyent apprès eux les Révérends Pères Minimes avec leur croix et bannière ;

« Apprès les susdicts, suyvoyent lesdicts Révérends Pères Capucins, le premier portant le crucifix, et apprès lesdicts Pères, venoyt le corps du Chappitre de ladicte église collegiale, tous revestus de chappes, quatre d'eux portant lesdicts bourdons d'argent et chantant les litanies des sainctz et sainctes, desquels les reliques sont en depost dans ladicte saincte chappelle, les premières dignitez qu'estoyent les sieurs précenteur, sacristain et premier chanoine, marchans soubs le daiz, portans l'un le reliquaire de la saincte Croix, l'aultre le reliquaire de la saincte Espine et le troisiesme le plat ou chef, où est la machoire de sainct Jean-Baptiste.

« Ledict daiz estoit porté et soustenu par monsieur Christofle Ravachol, juge dudict Sainct-Chamond et par les aultres officiers dudict seigneur, et partie du temps, par lesdicts sieurs consuls et notables de ladicte ville, lesdicts consuls estans en nombre de six ;

« Marchoyent avant ledict daiz, l'un des sieurs chanoines et à ses deux costez deux chappellains de ladicte église qui portoyent et soustenoyent sur un ais le coffret et reliquaire de sainct Lucie.

« Suyvoyent et marchoyent immédiatement apprès le daiz, les pages et laquais dudict seigneur, portant le chacun un flambeau de cire blanche allumé ;

« Apprès lesquels, venoit ledict seigneur de Sainct-Chamond, portant son grand collier de l'ordre du Benoist Sainct Esprit, accompaigné de messire Jean-Armand de Sainct-Chamond l'un de ses fils et quantité de noblesse et officiers de sa maison.

« Apprès eux marchoyent lesdicts sieurs consuls, notables et aultres habitans de ladicte ville, et grand nombre et affluence de peuple, tous chantans et prians Dieu au subject que dessus.

« En cest ordre la procession a faict station dans l'église du couvent des dames religieuses de saincte Ursule de ceste ville, lesquelles, à l'arrivée, ayant chanté un motet pour l'imploration de la pluye, le sieur précenteur, qui estoit ce jour-là hebdomadier, apprès ce a recitté les oraisons propres et accoustumées. Ce faict, en l'ordre que dessus, la procession a continué son tour, passant par la rue de la place de la Paret, la grande rue de la Caure et du Marché, est remontée par la rue de la Pichalière, et retournée dans ladicte église Collégiale, les cloches des églises parrochialles de ladicte ville sonnant et carillonnant durant ledict contour, et estans parvenus en ladicte église Collégiale, apprès les prières accoustumées dictes et lesdicts reliquaires remis dans ledict cabinet accoustumé de la Saincte Chappelle, chacun s'est retiré, et durant ladicte procession l'air s'est obscurcy de nuages et a tombé quelques gouttes de pluye.

« Dont, et de ce que dessus a esté faict et octroyé le

présent acte par le notaire royal secrétaire du Chappitre de ladicte église soubzsigné avec ledict seigneur, sieurs chanoines, chappellains, et juge, pour servir de mémoyre perpétuelle à la postérité. »

VACHON, *notaire royal et secrétaire dudict Chappitre.*

Curieuse par ses nombreux détails, cette longue description montre bien aussi quelles étaient la foi et la piété de nos pères. De nos jours, à plus de deux siècles de distance, les pélerinages aux sanctuaires vénérés de Valfleury, de Fourvière, de la Salette, de Lourdes, de Paray-le-Monial, n'attestent-ils pas que cette foi si vive n'est point éteinte en nos pays? Et que, sous l'impulsion de son souffle puissant, on a su de nouveau prier comme on priait jadis?

La dévotion des habitants de Saint-Chamond envers les Saintes Reliques reçut une force nouvelle de cet heureux évènement; peu d'années après, en 1652, les chanoines de Saint-Jean, pour seconder cette ferveur, présentèrent à Monseigneur l'archevêque de Lyon « une requête à l'effet d'obtenir de pouvoir célébrer la fête de saint Luce en un jour particulier. » Cette demande fut favorablement accueillie, et la fête du saint martyr fixée au 3 octobre.

II

Pendant les années qui vont s'écouler, de 1645 à 1649, nous trouvons le Chapitre s'occupant d'une façon exclusive de son administration intérieure et de questions de discipline. C'est ainsi que l'heure des matines fut changée et fixée à sept heures en hiver, et que, pendant les mois de novembre, décembre et janvier, la grand'messe qui se célébrait chaque jour à la Collégiale fut fixée à 10 heures, le dimanche, et à 9 heures, pendant la semaine. Entre cette grand'messe et la messe des Saintes Reliques, célébrée de bonne heure, tous les dimanches et « fêtes commandées » l'on disait quatre messes basses « à diverses heures afin que le peuple trouvât toujours un prêtre à l'autel. »

Les chanoines, qui n'étaient pas encore prêtres, étaient tenus de faire dire leurs messes ; mais ce fait se présentait rarement ; cependant, nous l'avons déjà vu, François de Saint-Chamond avait été nommé doyen, n'étant encore que sous-diacre et étudiant en théologie ; plus tard, un canonicat fut promis à Simon Gayot et Jean d'Allard, diacres, sous la condition qu'ils seraient ordonnés prêtres « au plus tôt. »

Les chanoines devaient, lors de leur réception, abandonner « les trois premiers mois de leurs bénéfices pour augmenter les biens du Chapitre » ; plus tard, on exigea six mois. La somme, ainsi prélevée, servait à constituer « une pension annuelle au principal de 60 livres », et le surplus était employé à l'entretien et aux réparations de l'église. En 1649, le Chapitre, malgré l'opposition des chanoines Hollier et Oulaignon, acheta un pré à Luzernod, avec les retenues faites sur les revenus des chanoines récemment nommés.

En 1646, le Chapitre, dans une réunion du 16 octobre, insistait sur la nécessité de ne pas interrompre les délibérations et sur l'obligation pour les chanoines de rester jusqu'à la fin pour signer les procès-verbaux.

En 1647, il décidait que tout chanoine ou chapelain, qui ne serait pas arrivé au *Gloria Patri* du premier psaume, serait « pointé » comme absent. Et aussi que, au lieu des mereaux (1) prescrits par les statuts, les assistants et les absents seraient pointés avec la plume.

C'était dans les Chapitres généraux qu'étaient élus les receveurs et les syndics, d'abord au Chapitre tenu après la fête de saint Jean-Baptiste, ensuite, à partir de 1645, à celui de Noël. Ils étaient choisis parmi les chanoines et nommés par eux; plus tard (délibération du 14 janvier 1668), les chapelains eurent voix délibérative au Chapitre général pour ces nominations.

Les syndics et les receveurs restaient en fonction une année entière et pouvaient être réélus. Aux termes des statuts, ils s'engageaient par serment à fidèlement gouverner, régir et administrer les biens du Chapitre; ils avaient soin de ses revenus et étaient chargés de les percevoir, devant employer pour cela « toutes voyes de justice deües et raisonnables. » Le receveur communiquait au syndic l'état des recettes à la fin de chaque mois : le syndic remplaçait le receveur absent. A la fin de l'année, avant le Chapitre tenu à Noël (délibération du 20 décembre 1647), ils rendaient leurs comptes, lesquels, examinés d'abord par le doyen, le précenteur, un chanoine et un chapelain, étaient ensuite soumis à l'approbation du Chapitre tout entier.

La délibération suivante nous montre l'application de ces règles lors de la nomination des chanoines Masson comme receveur, et Dugas, comme syndic, avec le détail des droits qui étaient conférés aux nouveaux élus et des obligations que leur imposaient ces charges :

---

(1) *Mereau*, sorte de jeton de présence, indiquant que l'on a assisté quelque part, ou donnant droit d'y assister ; ceux des chanoines étaient d'ordinaire en plomb; ceux du Chapitre de Montbrison étaient en cuivre.

« Samedy 11 janvier 1670, au Chapitre général tenu pour le lendemain de Noël, où estoient M^res Anthoine Bonnard, précenteur, Jean Masson, sacristain, Jean Allard, Descotes, Claude Perceval, Courvoisier, Martin, Bergier, Vachier et Dugas, chanoines, Gimel, Vachier et Milliet, prêtres prébendiers capitulairement assemblés à la manière accoustumée, auquel Chapitre, sur les suffrages communs, ont esté nommés pour faire la charge l'année présente, sçavoir pour receveur de la personne de Mre Jean Masson, sacristain et pour syndic de Mre Gabriel Dugas, avec pouvoir d'agir pour administrer les affaires dudit Chapitre, passer les baux à fermes, quittances et autres actes nécessaires, soustenir les procès et instances meus ou à mouvoir par ou contre ledit Chapitre, fournir d'escriptures, substituer procureur, plaider, opposer, appeler, relacer, renoncer, promettant avoir à gré, après toutefois une deslibération dudit Chapitre par escript. Fait en présence de Mre Anthoine Bonnard, prêtre, sociétaire des églises Saint-Julien et Sainte-Barbe, et Gabriel Voron, clerc dudit Saint-Chamond. »

Reçu :

DUGAS, *notaire royal.*

Le Chapitre, dans les sept années qui venaient de s'écouler, avait déjà vu disparaître un certain nombre de ses membres. Le doyen François de Saint-Chamond, les chanoines Gaufridy, Pigeon, Furet, Baubens et Raynach étaient morts ou s'étaient retirés ; à leur place avaient été nommés, en 1646, Bertrand Martin et Jean Masson, l'un des sociétaires de l'église de Saint-Pierre et Sainte-Barbe, et, en 1649, Charles Oulaignon (1) ; à cette date, des quatre prébendiers de 1642, un seul, Bertrand Martin, se retrouve au nombre des chanoines. Les autres, Acharion, d'Alicieu et Colin ont disparu et sont remplacés par Perceval, Julien Brossy, Boyron et Jacques Borme. Au reste, les noms des prébendiers qui n'assistaient qu'aux deux Chapitres généraux et ne signaient pas les délibérations, ne pourront pas toujours être exactement indiqués.

III

Le marquis de Saint-Chamond avait été en 1644, nous l'avons vu, envoyé à Rome par le Roi, comme ambassadeur extraordinaire. Lors de la mort du pape Urbain VIII, il reçut des instructions précises, lui ordonnant d'user de toute l'influence possible auprès du Sacré Collège, pour empêcher l'élévation du cardinal Pamphili au Souverain Pontificat. Ce fut cependant ce cardinal qui fut choisi par le conclave et élu Pape, sous le nom d'Innocent X. La responsabilité de cet échec diplomatique retomba lourdement sur le marquis de Saint-Chamond. Il obtint avec peine le droit de se justifier, présenta sa défense et, plusieurs mois après seulement, en 1645, put revenir sans crainte à Saint-Chamond. C'est alors qu'il assista à la procession solennelle dont on a lu plus haut la description.

---

(1) On trouve déjà un prêtre Charles Oulaignon, nommé, le 28 juillet 1597, curé de Saint-Pierre à Saint-Chamond ; en 1610, précenteur du Chapitre fondé en cette église ; en 1619, curé de Saint-Clair en Vivarais : serait-ce lui qui, à un âge avancé, aurait été nommé au Chapitre ?

Melchior de Chevrières avait renoncé d'une façon absolue aux affaires. Toutefois, quelques années plus tard, en 1649, mandé par le Roi, il obéit et se rendit à Paris : c'est là qu'il tomba gravement malade, loin de son pays, loin de son château qu'il aurait désiré ne pas quitter, loin de sa Sainte Chapelle, à laquelle il allait donner son dernier souvenir.

Sentant ses forces s'affaiblir, il ne fut point troublé. Fidèle à Dieu, fidèle au Roi, jusqu'à sa dernière heure, il se souvint de la devise qui était jointe à ses armes : *Et cruci et liliis*. Il vit avec calme la mort s'approcher et s'y prépara avec une résignation admirable. Sa fin fut chrétienne comme l'avait été sa vie.

Ses enfants, réunis auprès de lui, reçurent ses dernières paroles et ses derniers conseils. Peu d'instants avant sa mort, s'adressant à son fils aîné, Just-Henry :

« Prenez garde, mon fils, lui dit-il, à ma mort et faites-
« en vostre profit, et soyez asseuré que si vous vivez
« comme j'ay vescu, vous mourrez comme je meurs. » Et apprenant que c'était le vendredi : « Hélas! mon Dieu, s'é-
« cria-t-il, modérez ma joye : je crains de mourir dans les
« délices, voyant qu'à la faveur que je vous demande de
« sortir bientost des misères de ce monde, vous ajoustez
« la grâce de me faire mourir le mesme jour que mon
« Maistre (1). » Il expira à huit heures du soir, ce même jour, 10 septembre 1649.

Toujours dévoué aux intérêts de ses nombreuses fondations, Melchior de Chevrières n'avait oublié aucun des établissements pieux qu'il avait si longtemps protégés.

---

(1) *Dernières paroles du marquis de Saint-Chamond*, par de Figuière.

Les couvents des Capucins, des Minimes, des Ursulines, l'Hôpital et les Pénitents de Saint-Chamond, les curés de Notre-Dame et de Saint-Pierre, le couvent des religieuses de Sainte-Marie de Bellecour, où sa fille était religieuse (1) et celui des religieuses Annonciades Célestes, de Lyon, fondé par Gabrielle de Gadagne (2), tous reçurent des marques de son affection et de sa générosité.

Mais l'avenir de sa principale fondation, de cette Collégiale dont il avait pu, aux dernières années de sa vie, voir se développer et grandir l'heureuse influence, l'avait tout particulièrement préoccupé. Dans son testament, en date du 15 juillet 1649, il la recommande avec instance à ses enfants et demande à y être inhumé : « ..... Veut son corps
« mort estre porté en l'esglise Sainct-Jehan dudict lieu
« (de Saint-Chamond), en la sépulture qu'il a faict faire,
« et qu'à son convoi et enterrement assistent cinquante
« pauvres dudict lieu de Sainct-Chamond, qui seront re-
« vestus d'une robe ou habit de düeil, qui porteront chas-
« cun une torche à la main ; tous les prestres du marquisat
dudict Sainct-Chamond qui diront tous chascun une

---

(1) Marie-Françoise de Saint-Chamond, née en 1620, décédée à Lyon, le 21 février 1667, après 31 ans de la vie religieuse la plus humble et la plus parfaite.

(2) C'est le 8 juillet 1623, que Gabrielle de Gadagne avait demandé à M. de Meschatin La Faye, grand-vicaire de Mgr de Marquemont alors absent, la permission, qui lui fut accordée, de fonder un monastère « de religieuses de l'Annonciade appelées Célestes. »
Les premières religieuses furent envoyées du couvent de Pontarlier à ce nouveau monastère, le 1er octobre 1624 ; et le 24 du même mois les Echevins de Lyon accordèrent aussi à G. de Gadagne, qui la leur avait demandée, l'autorisation pour ces religieuses « de s'établir en tel endroit qu'elles adviseront leur estre le plus commode. » (*Archives de Lyon*, B. B. 165).

« messe basse des morts, et que le jour de sondict enter-
« rement ou le plus tost que faire se pourra, soit dict et
« cellébré dans l'esglise dudict Sainct-Jehan, et aultres
« esglises dudict lieu, par deux cens prestres et par
« chascun d'eulx, trois messes basses de *Requiem*...... et
« leur soit baillé trois livres, et leur soit fourni leur
« nourriture ;

« ..... Désire que son cœur soit inhumé dans le milieu
« de l'esglise du couvent des religieuses Saincte Ursulle
« dudict Sainct-Chamond ; et qu'au mesme lieu où sera
« mis sondict cœur soit portée une grande pierre, où se-
« ront gravés les nom, surnom, qualités et armoiries dudict
« seigneur, qui recommande à Messieurs et Dames ses en-
« fants, le Chappitre de ladicte esglise Sainct-Jehan dudict
« lieu de Sainct-Chamond, et surtout les sainctes Reliques
« qui y sont ; leur ordonnant de ne les jamais laisser sortir
« dudict lieu où elles sont, qu'ils n'y soient en personnes
« pour les accompagner, ou leurs fils à leur deffaut, ainsi
« et non aultrement.

« ..... Item, donne et lègue audict Chappitre de l'es-
« glise Sainct-Jehan, vingt livres de rente annuelle, rachep-
« table de trois cens soixante livres, à la charge que lesdicts
« sieurs du Chappitre feront dire par chascun an, à pareil
« jour que ledict seigneur testateur deceddera, un service
« complet pour le repos de son âme, et qu'ils le nomme-
« ront leur fondateur aux oraisons qui se feront à ladicte
« esglise, et qu'ils seront obligés d'advertir, dans le chas-
« teau dudict Sainct-Chamond, les seigneurs et dames qui
« y seront lors, par deux d'entre eux, et les officiers et
« consulz dudict lieu par leur bastonnier, pour assister au-
« dict service qui sera dict à perpétuité ; et à faute de, par
« lesdicts sieurs du Chappitre, donner lesdicts advis, ils per-

« dront les arrérages desdictes vingt livres de rente pour
« l'année qu'ils manqueront à faire lesdicts advis. »

Les dernières volontés de Melchior de Chevrières furent religieusement exécutées. Ses legs, ses fondations, ses aumônes furent acquittés par ses enfants. Son corps fut apporté à Saint-Chamond et son oraison funèbre fut prononcée à la Collégiale, le jour de ses obsèques, par le P. Alexandre « prédicateur capucin. » Dans ce long discours, où la vie de Melchior de Chevrières est tout entière retracée, l'éloge est sans doute donné sans mesure, et le style manque trop souvent d'élévation ; mais nous trouvons rapporté en des termes naïfs un fait qui, dit l'orateur, eut sur la vie de Melchior une sérieuse influence : « Estant encore escholier,
« il apperceut un jour, estudiant sa leçon, contre la porte
« de sa chambre, une image de l'*Ecce homo*, comme le re-
« présentent les peintres en sa Passion ; quoyque d'abord
« son cœur fust attendri de dévotion, craignant néantmoins
« que ce fust une illusion ou quelque esblouissement, il se
« frotta les yeux ; cette image ne laissa pas de lui paroistre
« plusieurs jours, marchant devant luy en reculant quelque
« part qu'il allast, comme si c'eust esté un original dont il
« devoit tirer une copie ; quand il estoit en classe, cette
« image se mettoit proche la muraille vis-à-vis de luy. Un
« jour se promenant tout seul dans une galerie, cette
« image marchoit devant luy en reculant, il voulut aller
« jusqu'au bout de la gallerie, se persuadant qu'elle s'ar-
« resteroit, et qu'il la pourroit toucher ; mais elle se tourna
« promptement et commença encor à paroistre devant
« luy..... Il conceut pour lors un grand dessein de se faire
« religieux et se consacrer tout à Dieu, mais nos Pères ne
« le voulurent pas recevoir, parce qu'il estoit unique ; c'est
« ce qu'il nous a dit cent fois, j'ay en cette compagnie des

« tesmoings irréprochables de cette vérité. » Et l'orateur ajoute : « ..... Il nous a donné un tableau de cette vision « admirable avec cette inscription au-dessous : *visionem* « *quam vidistis, nemini dixeritis* ; ce tableau se trouve dans « la chappelle de notre infirmerie..... »

Le P. Alexandre fit imprimer son discours (1), et le dédia à Just-Henry Mitte de Chevrières.

Ainsi donc, aux derniers jours de 1649, les funérailles du fondateur avaient été célébrées avec magnificence à la Collégiale ; on avait prononcé son panégyrique et loué sa mémoire. Cent cinquante ans plus tard sa tombe et celles de ses enfants devaient être violées, le plomb de leurs cercueils indignement enlevé et leurs ossements dispersés !

---

(1) A Lyon, chez la veuve de Claude Cayne, au petit Lyon d'or, 1649.

CHAPITRE SEPTIÈME

I. Just-Henry Mitte de Chevrières. Il est reçu comme premier chanoine et seigneur. Hommage que lui rend le Chapitre. — II. Nominations à la Collégiale. Mort de François-Léon de Saint-Chamond. Son testament. Délibérations du Chapitre. Mort de Just-Henry. Jean-Armand Mitte de Chevrières. Il prête serment comme premier chanoine et seigneur. — III. Prédicateurs pour l'Avent et le Carême. Changements et nominations au Chapitre. Jean-François Reyrolles, doyen.

I

Just-Henry Mitte de Chevrières, troisième fils de Melchior, lui succéda au marquisat de Saint-Chamond : le 1er novembre 1649, il fut reconnu par le chapitre de Saint-Jean, conformément aux statuts, comme premier chanoine, seigneur et unique héritier et successeur de Melchior, fondateur de la Collégiale.

Just-Henry, à genoux devant l'autel, les mains sur les Saints Evangiles, prêta le serment de maintenir les fondations et dotations de 1634 et 1642, de protéger le Chapitre, d'observer ses statuts, etc. Voici le procès-verbal de cette cérémonie fait par le secrétaire du Chapitre :

Acte de réception et prestation de serment du seigneur marquis de Saint-Chamond, en qualité d'héritier et légitime successeur de feu Mr de Saint-Chamond, fondateur de l'église collégiale de Saint-Jean-Baptiste dudit Saint-Chamond.

« Ce jourd'huy premier de novembre de l'an de grâce mil six cens quarante-neuf, régnant très-chrestien Louys quatorze de ce nom, par la grâce de Dieu Roy de France et de Navarre, dans l'esglise collégiale bastie et fondée par deffunct d'heureuse memoyre, hault et puissant seigneur messire Melchior Mitte de Chevrières, marquis dudict Sainct-Chamond et Montpezat, premier baron de Lionnois et Savoye, chevalier des deux ordres du Roy, conseiller en ses conseils, ministre de ses estats et général en ses armées, la fondation faicte à l'honneur et soubz le vocable du bienheureux précurseur sainct Jean-Baptiste, se sont assemblés en corps les sieurs chanoines et chappelains nommés et esleus par ledict seigneur deffunct de son vivant, ou estoient vénérables messires Anthoyne Bonnard, sacristain ; Melchior Fulconis, précenteur ; Pierre Lestang, Mathias Le Clerc, Anthoyne Hollier, Charles Oulaignon, Jean Masson et Bertrand Martin, tous chanoines de ladicte esglise, lesquels revestus de leurs chappes et habits sacerdotaux, chascun marchant processionnellement en son rang et ordre, sont partis du chœur de ladicte esglise, faisant marcher leur croix devant eux jusques à la porte d'icelle esglise, où estant, s'est présenté à ladicte porte hault et puissant seigneur messire Just-Henry Mitte de Chevrières, marquis dudict Sainct-Chamond et dudict Montpezat, comte de Tournon, au-devant duquel ayant esté mis un tappis à la porte de ladicte esglise, ledict seigneur s'est mis à genoux sur ledict tappis, et ayant esté aspercé d'eau beniste par ledict messire Bonnard et à luy baillé à baiser la croix d'argent qu'il portoit en ses mains, et encensé ledict seigneur, après luy avoir faict son harangue, icelluy messire Bonnard lui a présenté l'aumusse que ledict seigneur a receue et icelle prins sur son bras, le recognoissant par le corps dudict Chappitre pour le premier chanoine, seigneur et unique légitime héritier et successeur fondateur dudict Chappitre, à laquelle harangue ledict seigneur ayant respondu, il est entré, et a esté conduict processionnellement comme dessus, dans le chœur et au-devant le grand autel de ladicte esglise, le corps dudict Chappitre chantant le *Te Deum laudamus*, à la fin duquel, ledict seigneur estant à genoulx au-devant ledict grand autel, tenant les deux mains sur les Saincts Evangiles dans ung missel tenu par ledict messire Bonnard, a faict et presté le serment en tel cas accoustumé, de maintenir et observer les fondations et dotations faictes par ledict seigneur deffunct, son père, au bénéfice dudict Chappitre, ensemble tous les statuts d'icelluy, et protéger et garantir à son possible ledict Chappitre, comme vray et légitime successeur dudict deffunct, et seigneur fondateur d'icelluy. Ce faict, ledict seigneur a esté conduict par ledict sieur précenteur, assisté du maistre des cérémonies et du bastonnier, dans son banc et siège érigé dans le chœur de ladicte eglise où il a gardé ladicte aumusse durant la grand'messe cellébrée par lesdicts sieurs chanoines, à la manière accoustumée. Dont de tout a esté faict acte auxdictes parties ce requérant par le notaire royal secrétaire dudict Chappitre soubzsigné. En présence de Mre Christofle Ravachol, docteur ez droits, juge ; Melchior Savignon, cappitaine chastellain ; Zacarie Godefroy, procureur d'office ; Bon Montaland, greffier de la ville et marquisat dudict Sainct-Chamond, sieurs Jean-Baptiste Aymond, Anthoyne Gayot, Jean Montellier, Jean-Baptiste Pitrat, Henry Chadel, Anthoyne Soyères, Michel Marenchon et Pierre des Vignes, consuls en charge de ladicte ville de Sainct-Chamond, et plusieurs autres notables habitans de ladicte ville, lesquels seigneur, sieurs chanoines et témoings susnommés ont signé à la cedde, excepté ledict des Vignes, qui a desclairé ne scavoir escripre, enquis. »

VACHON, *notaire royal, secrétaire susdit.*

Le lendemain, 2 novembre, les chanoines allèrent en corps au château prêter au nouveau seigneur l'hommage qu'ils lui devaient, suivant le contrat de fondation : attristés de la mort de leur fondateur, mais heureux de retrouver en son fils un bienveillant protecteur, ils avaient hâte de l'assurer de leur respectueuse affection.

Acte de l'hommage rendu audict seigneur.

« Despuis et le lendemain, second de novembre, audict an mil six cens quarante-neuf, environ l'heure de midy, dans l'esglise collégialle Sainct-Jean-Baptiste de ladicte ville de Sainct-Chamond, se sont assemblés les susnommés messires Anthoine Bonnard, sacristain; Melchior Fulconis, précenteur; Pierre Lestang, Mathias Le Clerc, Anthoine Hollier, Charles Oulaignon, Jean Masson et Bertrand Martin, tous chanoines de ladicte esglise et encores messires Claude Perceval, Jullien Brossy et Matthieu Boyron, prestres chappelains ou prébendiers de la mesme esglise, Hierosme Joyant bastonnier, le notaire royal soubzsigné secrétaire du Chappitre d'icelle esglise, et les quatre enfans de chœur, lesquels estant partis en corps de ladicte esglise, sont allés treuver, dans une chambre du chasteau et maison seigneurialle dudict Sainct-Chamond, haut et puissant seigneur messire Just-Henry Mitte de Chevrières, seigneur et marquis moderne dudict Sainct-Chamond et de Montpezat, comte de Tournon, premier baron du Lionnois, auquel ledict messire Bonnard ayant faict une bresve harangue, touchant l'obligation que le corps dudict Chappitre ont audict seigneur leur fondateur, et ledict seigneur ayant respondu à ladicte harangue, le chacun des susnommés chanoines, chappellains, secrétaire, bastonnier et enfans de chœur, ont faict et presté l'homage deub audict nouveau seigneur, à la forme du contract de fondation dudict Chappitre faicte par ledict deffunct seigneur de Sainct-Chamond, le neufviesme d'octobre mil six cens trante quatre, ayans tous les susdicts faict leurs submissions et reverances et touché la main droicte dudict seigneur, comme le recognoissant pour leur vray et legitime successeur, seigneur et fondateur dudict Chappitre. Dont de tout a esté faict acte aux partyes ce requérant audict notaire royal et secrétaire. En présence de sieur Jean-François Reyrolles, intendant des affaires de la maison dudict seigneur et Me Melchior Savignon, cappitaine chastellain de ladicte ville et marquisat dudict Sainct-Chamond, témoings qui ont signé à la cedde avec les partyes. »

VACHON, *notaire royal, secrétaire susdict.*

Quelques jours plus tard, le 25 novembre, les Pères Minimes de Saint-Chamond rendirent aussi au nouveau seigneur l'hommage qu'ils lui devaient. A cette cérémonie assistèrent, comme témoins, Antoine Hollier, l'un des chanoines de la Collégiale, et le sieur Jean-Baptiste Mathieu, conseiller du roi, historiographe de France.

Just-Henry Mitte de Chevrières avait épousé en 1640 Catherine-Charlotte de Gramont, fille d'Antoine de Gramont et de Claude de Montmorency, et, depuis lors, avait beaucoup vécu à la cour : après la mort de son père, il continua à y résider. Mais, héritier de Melchior, il fut obligé pendant quelques années de revenir fréquemment à Saint-Chamond pour recueillir cette succession. Il rencontrait en effet de sérieuses difficultés. Melchior de Chevrières, dans ses ambassades et dans les grands commandements qu'il avait exercés, avait dépensé des sommes énormes. Pour acquitter les dettes de son père, pour subvenir à ses propres dépenses, Just-Henry, qui lui aussi aimait le faste et le luxe, fut réduit à la nécessité de vendre les terres de Chevrières, La Rajasse, Septème, Dième, etc., et l'hôtel de Chevrières, situé à Lyon sur la place de Saint-Jean. Ces aliénations et la gestion des biens considérables qu'il possédait encore dans nos pays le retinrent donc souvent à Saint-Chamond. De 1651 à 1656, il présida presque tous les Chapitres généraux, surtout ceux de Noël. Les procès-verbaux de ces assemblées constatent sa présence, nous initient en même temps aux détails de l'administration des chanoines et nous apprennent bien des faits qui intéressent la Collégiale ; les analyser rapidement, c'est décrire, en quelque sorte, la vie intime du Chapitre.

II

En 1650, le Chapitre nomma receveur le chanoine Le Clerc, et syndic Charles Oulaignon.

Cette même année mourut Pierre Lestang, docteur en théologie, l'un des chanoines de 1642, et Pierre Portes résigna son canonicat pour aller occuper la cure de Poleymieux, au Mont-d'Or. Là, grâce aux loisirs que lui laissaient ses nouvelles fonctions, il composa un livre, imprimé en 1688 sous ce titre : « LE CARACTÈRE D'UN VÉRITABLE ET PARFAIT AMY, *par M. Portes, ancien chanoine et théologal de l'église collégiale de Saint-Chamond.* » Si ce livre, rare aujourd'hui, divisé en sept entretiens, sous la forme de dialogues entre *Odore* et *Ozime*, ne contient pas des aperçus originaux ni des pensées bien nouvelles sur un sujet tant de fois traité, il ne manque pas d'une certaine érudition, et il est, suivant le goût de l'époque, rempli de nombreuses citations des auteurs anciens.

Jean d'Allard succéda à Pierre Portes. Issu d'une famille établie depuis longtemps en Forez, Jean d'Allard était fils de noble Jean d'Allard, conseiller du roi, contrôleur général des finances en la généralité de Lyon et d'Anne de la Guyolle, de Saint-Chamond (1). Le 26 mars 1650, Just-Henry de Chevrières lui avait promis de le nommer

---

(1) Voici sur le chanoine Jean d'Allard et sa famille quelques notes qui complètent ou rectifient, sur certains points, la généalogie qu'a donnée M. de la Tour-Varan. (*Armorial*, p. 11.)

Denys Allard, marchand à St-Etienne-de-Furan, acquit en 1571, 1572, 1580, etc., plusieurs terres à l'Arzalier, Paradis, etc., sur la paroisse d'Izieu.

Noble Jehan Allard ou d'Allard, son fils, conseiller du roi, contrôleur général des finances en la généralité de Lyon, épousa Yolande Petit, et en eut trois filles, Catherine, Louise et Catherine. Il épousa en secondes noces, le 6 juin 1620, Anne de la Guyolle (ou Alaguiolle), fille de Jean de la Guyolle, bourgeois de Saint-Chamond, et de Marthe Cochet; Claude de la Guyolle, baron d'Agrain, n'était pas le père d'Anne (La Tour-Varan, *ibid.*), mais son frère. Jehan d'Allard eut de ce mariage : 1º Pierre, 2º Claude, 3º Denys, 4º Jean, 5º Pierre, 6º Hugues. Malade de la peste en 1630, il testa le 6 juin, dans son domaine de Paradis, et y mourut. Dans son testament (reçu Rousset), Jehan Allard élut sa sépulture « dans l'église de St-Etienne-de-Furan dans la chapelle qu'il a commune avec les Bérardier » et fit divers legs aux églises de St-André-d'Izieu, de St-Romain-les-Atheux, de l'abbaye de Valbenoîte. Il légua à chacune de ses filles, Catherine, Louise et « aultre Catherine » 4,000 livres, etc. Jehan d'Allard ne signa point son testament « et ledit testateur ne l'a voulu faire sur ce que ledit « testament luy a esté présenté pour signer disant qu'il estoit, comme

chanoine, à la condition qu'il serait ordonné prêtre à la Pentecôte. Jean d'Allard reçut la tonsure des mains de Mgr Pierre de Villars, archevêque de Vienne ; il fut ordonné diacre le 16 avril, prêtre peu de jours après, et le 20

« dict est, atteint de mal contagieux et ne le vouloir faire de crainte « du péril de ce faire. » Les témoins et le notaire signèrent. Anne de la Guyolle, sa femme, lui survécut et vivait encore en 1651.

1º Noble-Pierre Allard, fils aîné de Jean et son héritier, accepta la succession paternelle sous bénéfice d'inventaire. Comme son père, il fut conseiller du roi, lieutenant particulier, assesseur criminel au bailliage de Forez et contrôleur général des finances en la généralité de Lyon. Il se maria deux fois : 1º à Charlotte Perrin de la Corée, dont il n'eut pas d'enfants ; 2º à Jeanne de Sistel, dont il eut : Claude, Denis et Emérancienne, que nous verrons légataires du chanoine, leur oncle ;

2º Claude Allard, écuyer, sieur de Paradis, eut de son père les domaines de la Chavanne, de l'Arzalier et de Paradis, et une de ses maisons à St-Etienne « celle qu'il avait acquise des Bérardier ; »

3º Denys reçut de son père 4,000 livres ; substitué à Claude, son frère, il lui succéda et fut aussi sieur de Paradis. Le 24 novembre 1665, par acte reçu Dugas, il céda à son frère Jean les domaines de l'Arzalier et de la Chavanne. Denys était alors écuyer de la marquise de St-Chamond, gouvernante des enfants de Philippe d'Orléans ; il logeait en cette qualité au Palais-Royal. Le 27 juillet 1671, un arrêt du conseil le confirma dans sa noblesse. Le 21 mars 1678, étant alors écuyer ordinaire de Marguerite de Valois, il testa à St-Chamond et institua son frère Jean son héritier universel. Le 12 janvier 1681, il mourut à Saint-Cloud.

4º Jean, qui avait aussi reçu de son père 4,000 livres, hérita de son frère, fut chanoine de notre Collégiale et conseiller et aumônier du roi. Il institua le Chapitre son héritier, comme nous le verrons, à la charge de payer les legs qu'il faisait : 1º à noble Claude Allard, son neveu, écuyer, conseiller du roi, lieutenant particulier au bailliage de Montbrison, du domaine de la Chavanne, près de St-Etienne; 2º à Denis d'Allard, son autre neveu, écuyer, prévôt provincial au bailliage de Montbrison, d'un autre domaine de la Chavanne ; 3º à Jean de la Verchère, son filleul, fils de sieur de la Verchère, capitaine châtelain de St-Bonnet-le-Chastel ; 4º à Emérancienne d'Allard, épouse de Jean Bérardier de la Chazotte.

novembre fut nommé chanoine. En 1651, il remplaça comme aumônier Antoine Hollier qui venait de mourir, et il signa en cette qualité une délibération par laquelle le Chapitre exigeait des receveurs et des syndics qu'ils rendissent leurs comptes, un mois après l'année révolue.

Vers cette époque, mourut le second fils de Melchior de Chevrières, Léon-François de Saint-Chamond, abbé de Bouzonville, en Lorraine. Il était né en 1613 et, le 6 novembre, avait été porté sur les fonts baptismaux par les échevins de Lyon, au nom de la ville. Il était notaire et protonotaire apostolique, titre qu'il avait dû à la protection du cardinal Barberini (1). Son testament, daté du 15 juillet 1650, fut publié le 4 février 1651. Il légua aux chanoines une pension annuelle de 100 livres, à la condition de célébrer, chaque jour, à la Collégiale, une messe basse pour le repos de son âme ; il hypothéquait pour cette fondation sa terre de Châtelus. Jean-Armand, son frère, institué son héritier, céda, le 1er septembre 1654, au Chapitre, en échange de cette rente, le domaine de la Pellionnière, paroisse des Hayes, qu'il avait acquis de Mre François de Bartholy, seigneur de Saint-Bonnet-les-Oulles ; le nombre des messes que l'on devait célébrer fut réduit et fixé à quatre par semaine.

Léon de Saint-Chamond fut inhumé dans la Collégiale.

En 1653, les chanoines, dans le Chapitre général tenu le

---

(1) Melchior de Chevrières avait été, en 1625, chargé par le Roi d'aller à Lyon au-devant du cardinal Barberini, légat a latere, et de l'accompagner jusqu'à Paris, ce qu'il fit : il reçut 3,000 livres pour ce voyage, dont il écrivit une intéressante relation, que je me propose de faire connaître.

7 janvier sous la présidence du seigneur, réglèrent l'ordre des distributions, et décidèrent que chacun devrait faire retirer sa part des grains quinze jours après le commencement des distributions. Ces grains, qui provenaient des dîmes de Saint-Martin-Acoaillieu, des domaines et de diverses autres redevances, étaient apportés dans un grenier appartenant au Chapitre, où chaque chanoine devait faire prendre la part que lui attribuaient les statuts. Mais il était souvent difficile aux chanoines de faire ainsi enlever ces grains, et, en 1654, le Chapitre, revenant sur sa délibération de 1653, décidait, le 30 du mois d'août, que les grains de chaque chanoine seraient portés à son domicile « par un bouvier et une charette loués aux dépens du « Chapitre. » Ce « bouvier » était d'ordinaire un des fermiers du Chapitre, auquel on allouait pour ces transports une certaine somme.

Un nouveau nom apparaît ici dans les délibérations du Chapitre, celui d'Antoine Franc, pourvu d'un canonicat en 1653. Le 16 juillet 1654, et, le 17 avril 1655, les chapelains Perceval et Boyron furent nommés chanoines, ce dernier en remplacement de Matthias Le Clerc, démissionnaire.

A cette même date, avril 1655, mourut le précenteur Melchior Fulconis qui, depuis la mort de François de Saint-Chamond avait, avec sagesse, administré le Chapitre. Antoine Bonnard, qui fut alors nommé précenteur, devait aussi, la charge de doyen étant toujours vacante, remplir jusqu'à sa mort, les premières fonctions à la Collégiale. Originaire de nos pays, fils de sieur Jean Bonnard, marchand bourgeois de Saint-Chamond, Antoine Bonnard, jadis curé de la paroisse de Félines en Vivarais, chanoine et sacristain depuis 1642 à la Collégiale, réunissait bien toutes les qualités nécessaires pour remplir la charge qui lui était ainsi confiée. Il fut installé, en présence du marquis de Saint-Chamond, le 17 avril 1655, avec Jean Masson qui lui succédait dans la place de sacristain.

Un des premiers actes du Chapitre, sous la direction du nouveau précenteur, fut, en 1656, de rendre plus facile aux habitants de la ville l'assistance aux offices de la Collégiale. Il décida, dans une assemblée tenue le 10 janvier et présidée par le marquis de Saint-Chamond, que le bâtonnier sonnerait par trois fois ces offices, à une heure d'intervalle, pour que chacun fût prévenu à l'avance, et pût « gravir lentement le grand escalier » et se rendre à l'église de Saint-Jean.

Cette même année, au Chapitre général tenu le 24 mai, sous la présidence du seigneur fondateur, on défendit sévèrement « à tous chanoines, prébendiers et autres desser- « viteurs de l'église de s'excéder les uns les autres ni de « s'injurier verballement ni de faict », à peine contre l'intervenant de « huit jours de perte » pour la première fois, de quinze jours pour la seconde, et pour la troisième, de la peine qui serait ordonnée par le Chapitre capitulairement assemblé. Nous n'avons pas vu que le Chapitre ait dû jamais appliquer ces règlements sévères; tracés par mesure générale, ils furent sans doute inutiles, la plus grande harmonie n'ayant jamais cessé d'exister entre les chanoines qui vivaient de la même vie et étaient très-unis. Tous ou presque tous avaient leur habitation située près de la Collégiale, soit au sommet de la colline, à côté de l'église de Saint-Ennemond, soit dans les rues étroites qui sillonnaient ce vieux quartier, soit même dans l'enceinte « de la forteresse de Saint-Chamond ; » les plus éloignés demeuraient sur les bords du Gier. Propriétaires, en général, des maisons qu'ils habitaient, ils étaient, le plus souvent, deux ou trois réunis sous le même toit, vivant simplement et consacrant la plus grande partie de leur journée à l'assistance aux offices et à toutes les cérémonies de la Collégiale.

Six années s'écoulèrent sans être marquées d'évènements bien importants pour le Chapitre. Mais, en 1662, nous voyons les chanoines se réunir à la Collégiale, pour les funérailles d'Isabeau de Tournon, veuve de Melchior de Chevrières. La marquise de Saint-Chamond, qui avait pris une part active et généreuse à toutes les fondations de Melchior, avait désiré trouver auprès de lui, dans l'église de Saint-Jean, le lieu de son dernier repos.

Cette même année, le 6 novembre, le Chapitre « capitulairement assemblé, où étaient Antoine Bonnard, précenteur, Jean Masson, sacristain, Jean Allard, Charles Olaignon, Marc-Antoine Descotes, Bertrand Martin, François Bergier, Guillaume Seré, » acquit au prix de 2,000 livres, d'Hiérosme Guillermin, « marchand filleur de soye », héritier de feu dame Marie Séguin, sa mère, un domaine situé sur la paroisse de Saint-Martin Acoaillieu, appelé le domaine Roux. Déjà (par actes reçus Colin) le Chapitre avait en 1652, 1653, etc., acquis de différents particuliers plusieurs terres sur la paroisse de Saint-Martin.

Dans l'acte du 6 novembre 1662, nous trouvons les noms de trois nouveaux chanoines, nommés par Just-Henry de Chevrières, François Bergier, docteur en théologie, Marc-Antoine Descotes, conseiller et aumônier du roi, et enfin Guillaume Séré que l'on ne voit mentionné qu'une fois. L'année suivante, mouraient les chanoines Oulaignon et Franc ; Jean de la Janye fut nommé à la place de l'un d'eux. En 1664, tandis que ne figurent plus à la Collégiale les prébendiers Borme et Brossy, on trouve les noms d'Antoine Balieu, nommé en 1662, et d'André Jarey, en 1664.

Le 11 décembre 1664, mourut sans postérité Just-Henry Mitte de Chevrières, marquis de Saint-Chamond; il fut inhumé à la Collégiale, au tombeau de sa famille. Sa femme, Catherine-Charlotte de Gramont, lui survécut et fut gouvernante des enfants de Philippe d'Orléans.

Jean-Armand Mitte de Chevrières, cinquième fils de Melchior, frère de Just-Henry, lui succéda. Il fut, le 24 décembre 1664, reçu « comme premier chanoine et suc-
« cesseur fondateur. » Il prêta serment en présence de messires Antoine Bonnard, précenteur, Jean Masson, sacristain, Jean Allard, Bertrand Martin, Claude Perceval, Matthieu Boiron, François Bergier, chanoines. Acte en fut dressé par Me Dugas, notaire et secrétaire du Chapitre,
« en présence de Benoist Brunon, docteur ez droictz, ad-
« vocat en parlement, juge, Me Jean-Baptiste Palluat, capi-
« taine châtelain, et Bon Montaland, procureur d'office de
« la ville et marquisat de Saint-Chamond, sieurs Hiérosme
« Dujast, Anthoine Dareste, Jean-Jacques Vialis et An-
« thoine Clapeyron, consuls de ladite ville. »

III

Dans le cours de cette année 1664, deux faits s'étaient passés à Saint-Chamond qui intéressaient le Chapitre. Mre Philibert Rousset, avait été nommé à la cure de Saint-Pierre et Sainte-Barbe, et avait prié le chanoine Masson, sacristain de la Collégiale, de procéder à son installation. Celui-ci accepta. Cette installation solennelle eut lieu le 20 du mois de juin, et un procès-verbal en fut dressé.

Le même jour, réunis dans une assemblée générale, les consuls et notables de la ville adressèrent au Roi une supplique pour obtenir de s'imposer « d'une somme de 300 « livres, tant pour l'entretien d'un prédicateur pendant « l'Avent et le Carême en la ville, » que pour quelques autres dépenses (1). C'étaient en effet les habitants qui étaient chargés de pourvoir à l'entretien du prédicateur que, depuis un temps immémorial, les seigneurs de Saint-Chamond avaient le droit de nommer pour l'Avent, le Carême, l'octave du Saint-Sacrement et autres principales fêtes de l'année. Ce droit de désigner ainsi les prédicateurs des différentes églises de la ville avait eu une grande importance, au seizième siècle, au moment des luttes de la Réforme et des tentatives nombreuses qui furent faites alors pour établir des prêches en nos pays. Ce droit, le marquis de Saint-Chamond se l'était réservé à la Collégiale. Aussi, chaque année, suivant les anciens usages et les prescriptions des statuts, le prédicateur qui était appelé à prêcher à l'église de Saint-Jean, pendant le temps de l'Avent et celui du Carême, devait être proposé par les chanoines au seigneur et agréé par lui. Le Chapitre allouait à ce prédicateur trente francs d'honoraires, et la ville contribuait aux dépenses de son entretien (2).

Nous voudrions pouvoir offrir au lecteur assez ami de nos chanoines pour les suivre ainsi avec nous pas à pas dans leur vie de chaque jour, une halte bienfaisante, un récit intéressant; mais hélas! notre Chapitre, comme, dit-on, les peuples heureux, n'eut pas d'histoire, et dans

---

(1) *Archives de la Loire*, minutes J. Dugas. Titres non classés.
(2) *Archives de Saint-Pierre*. Contestation de 1680.

la longue période qui va s'écouler de 1664 à 1682, peu de faits dans les quelques délibérations que nous avons pu retrouver nous ont semblé importants et dignes d'être relatés ; nous n'aurons souvent à rappeler que les changements survenus au Chapitre.

Le 17 septembre 1665, était nommé chanoine Antoine Courvoisier qui, pendant sept ans, fit partie du Chapitre.

Deux ans après, décédait le bâtonnier de la Collégiale, Hiérosme Joyant, qui, par son testament du 3 mai 1667, léguait au Chapitre « la maison qu'il habitait. » Cette maison, située « dans la forteresse de Saint-Chamond, » avait été donnée à Hiérosme Joyant par le marquis de Saint-Chamond, Just-Henry de Chevrières, le 6 novembre 1654. Par le legs de 1667, elle devint et resta la propriété du Chapitre. Plusieurs des chanoines y fixèrent leur demeure, et nous verrons quatre d'entre eux l'occuper en 1789.

En 1668, Gabriel Dugas était nommé chanoine. Fils de Me Jean Dugas, notaire et greffier de Chaignon et de dame Louise Gabriel, le nouveau chanoine appartenait à une famille qui était établie à Saint-Chamond depuis le commencement du dix-septième siècle et y occupait déjà dans le clergé, la magistrature, le notariat, le commerce, une des premières places. Son frère, Charles Dugas, sieur de Valdurèse, s'est fait connaître par plusieurs traités de droit, et fut juge général de la ville et marquisat de Saint-Chamond. Quant à Gabriel, simple clerc à Saint-Chamond en 1660, en 1662 « estant escollier estudiant en philosophie, » il fut reçu maître ès-arts ; il suivit, en 1664, le cours de théologie, et entra enfin, en 1668, au Chapitre de Saint-Jean. Il fut syndic, en 1670, et trésorier en 1673. En 1674, pourvu d'un canonicat en l'église collégiale de Saint-Moulin de Monistrol, au diocèse du Puy, il quitta notre Chapitre, mais il resta titulaire des prébendes « des Pacalons et des Pourras » en l'église de Notre-Dame de Saint-Chamond. Nommé plus tard curé de La Chapelle-en-Vaudragon, il occupait encore ce poste en 1689.

En 1668, on voit aussi deux nouveaux prébendiers entrer à la Collégiale, Louis Vacquier et Jean-Baptiste Gimel : ce dernier, l'année suivante, fut nommé chanoine. Toujours dans cette même année 1668, Hiérôme Vachier (ou Vacher) fut pourvu d'un canonicat, et deux ans plus tard, en 1670, on trouve son frère Jean nommé prébendier, le 11 janvier, quelques mois avant Jacques Milliet, qui fut nommé, le 20 août.

En 1672, Antoine Bonnard qui, pendant dix-sept ans remplaçant le doyen, avait régi le Chapitre, mourut, laissant la charge de précenteur sans titulaire ; seul le sacristain restait des trois dignitaires.

Il fallait pourvoir à la réorganisation du Chapitre. C'est ce que fit, en 1673, Jean-Armand Mitte, en nommant doyen Jean-François Reyrolles (ou de Reyrolles), fils de Suzanne Pelliron et de Jean-François Reyrolles ; ce dernier, mentionné comme intendant des affaires de la maison du seigneur de Saint-Chamond, dans l'acte de l'hommage rendu par le Chapitre à Just-Henry Mitte de Chevrières (1), était cité, en 1651 et 1652, comme témoin, dans plusieurs

---

(1) Le 14 septembre 1647, le marquis de Saint-Chamond (Just-Henry), avait été parrain et la marquise sa femme, marraine, de Catherine Charlotte, fille de Mr J.-F. Reyrolles, intendant de Mgr de Saint-Chamond, et de Suzanne Pelliron.

actes, avec la qualité de secrétaire de la Chambre du Roi (1). Le Chapitre de Saint-Jean avait donc enfin un doyen, ce premier dignitaire dont il était depuis si longtemps privé ; jusqu'en 1789, il ne devait plus y avoir d'interruption.

La même année 1673, mourut le dernier témoin de la fondation de la Collégiale, le chanoine Bertrand Martin, qui, en 1642, avait été nommé prébendier. Souvent, pendant sa longue carrière, notamment en 1646, 1655, 1665, 1668, il avait reçu de ses confrères des certificats constatant sa « bonne conduite » au Chapitre. Quand la mort vint le frapper, il habitait la maison du chanoine Masson avec lequel il vivait (2).

L'année suivante 1674, Jacques Milliet et Pierre Beyssac furent nommés chanoines.

Au commencement de 1675, mourut Jean Masson qui avait, pendant vingt ans, rempli les fonctions de sacristain. En 1665 il avait fait don au Chapitre d'une maison « sise « au Fort, acquise par lui de Fleuri Buyet, le 11 septembre « 1665, au prix de 900 livres tournois. » Titulaire d'une prébende appelée « des Masson », fondée à Saint-Pierre sous le vocable de saint Claude, il avait fait aussi dans cette église, dont il avait jadis été sociétaire, des fondations importantes, telles que celle des premières vêpres de la fête de saint Pierre ès liens et de la fête de sainte Barbe avec la bénédiction du Saint-Sacrement ; le 9 septembre 1643, il y avait aussi fondé « une grand'messe haute à « diacre et sous-diacre de l'office des morts, chaque année, « le jour de saint Ennemond. »

---

(1) *Archives de la Loire.* Titres du Chapitre de Saint-Jean.
(2) *Archives de l'Hôpital.* B. n° 14.

Jean Masson fut inhumé dans la Collégiale. Par son testament du 19 décembre 1674, il y avait élu « sa sépulture « au tombeau destiné pour ses confrères chanoines. »

Et il ajoutait dans cet acte : « ..... par lesquels (cha-
« noines) je veux estre célébré, outre les offices de mon
« enterrement et anniversaire, trente messes basses et un
« office à la fin, payables par mes héritiers ;

« Item, je fonde à perpétuité en ladite église une grande
« messe à diacre et chappes, avec l'office des morts à un
« nocturne, pour estre célébrée, le 22 mars de chaque
« année, moyennant une pension annuelle de 7 livres 10
« sols ;

« Item, je lègue vingt livres aux Ursulines, pour prier
« Dieu pour moi ;

« Item, vingt livres au luminaire de Saint-Pierre ;

« Item, je donne et lègue à Monseigneur l'archevesque
« de Lyon un de mes bréviaires. »

Jean Masson institua enfin les pauvres de l'Hôtel-Dieu de Saint-Chamond ses héritiers à la charge de faire célébrer à perpétuité tous les vendredis de chaque semaine une messe basse « en la chapelle dudit Hôtel-Dieu. » (1)

Jean d'Allard remplaça Jean Masson dans la charge de sacristain et l'occupa seulement pendant quelques mois, car, le 13 octobre 1675, il fut nommé précenteur. Il était particulièrement aimé de ses confrères qui, pendant bien des années (1655, 1656, etc.) l'avaient élu trésorier du Chapitre.

Antoine Descotes lui succéda comme sacristain. Chanoine depuis 1662, Antoine Descotes avait, le 12 avril

---

(1) *Archives de l'Hôpital*, B. n° 14.

1673, terminé par une transaction une contestation qui s'était élevée entre lui et les habitants de Saint-Ennemond au sujet « de la terrasse de sa maison qui soutenait la place devant l'église et la cure de Saint-Ennemond. »

Il exerça les fonctions de sacristain pendant trois ans.

L'année 1675 vit encore entrer au nombre des chanoines, Jean Gayot, nommé le 13 octobre et installé le 1er novembre (acte reçu Tardy). Il était fils de sieur Antoine Gayot, marchand bourgeois de Saint-Chamond, fermier des rentes du prieuré d'Izieu, et de Antoinette Serand. La famille Gayot, si ancienne à Saint-Chamond et si nombreuse alors, devait donner quatre chanoines à la Collégiale. Jean fut le premier. Il décéda vers 1679.

Pierre Saignimorte (1), originaire aussi de Saint-Chamond, fut également reçu chanoine en 1675.

En 1676, Jean Vachier, chapelain depuis 1670, fut, le 17 avril, nommé chanoine, et ce jour-là, le notaire Colin, nommé, par le marquis de Saint-Chamond, secrétaire du Chapitre à la place de Jean Dugas, fut reçu en cette qualité par le Chapitre assemblé, « où étaient les chanoines Reyrolles, Allard, Descostes, Gayot, Bergier, H. Vachier, J. Vachier, H. Saignimorte, Milliet. »

En 1678, le chanoine Perceval remplaça comme sacristain Antoine Descotes, décédé.

Cette année-là, au Chapitre général tenu le vendredi, 30 décembre, il fut édicté un assez long règlement pour « obvier à toutes les contestations qui pourraient se pro- « duire à l'occasion de l'acquittement des messes qui de- « vaient être dites à la Collégiale, tant pour les messes

---

(1) Saignimorte ou Saguimorte, mais il signait *Saignimorte*.

« fondées, dont la rétribution était payée chaque semaine,
« que pour les messes de charge des bénéfices. » Ce règlement qui fixe les droits et les devoirs des chanoines lorsqu'ils étaient absents, malades, ou « chargés de la semaine », n'a pas assez d'importance pour être ici intégralement rapporté. Mais il nous apprend incidemment que, à cette époque, une troisième confrérie, celle de l'Ange-Gardien, avait été, par les soins des chanoines, établie à la Collégiale : « Art. 9. Les messes des confréries de la Sainte-
« Croix et de l'Ange-Gardien appartiendront à celuy qui
« sera sorti de la semaine des Reliques. » C'est pour la première fois que nous trouvons cette confrérie de l'Ange-Gardien mentionnée : la date précise de sa fondation ne nous est pas connue. Un autel était élevé en l'honneur de l'Ange Gardien dans l'église collégiale : il était privilégié pendant l'octave des Morts et les lundi et vendredi de chaque semaine. Comme les membres des confréries de la Croix et de Saint-Jean-Baptiste, les associés à la confrérie des Saints-Anges avaient un office particulier et leur bannière était aussi portée aux processions de la Collégiale.

L'année suivante, mourut le chanoine Gimel qui fut remplacé par Pierre de Saint-Agnin. En 1682, Matthieu Chadel, qui devait cinq ans plus tard être nommé chanoine, fut nommé chapelain. Louis Vacquier, le prébendier pointé jadis par le Chapitre, disparaît alors du nombre des chapelains.

Cette même année, le Chapitre, composé de messires Reyrolles doyen, d'Allard, précenteur, Perceval, sacristain, Saignimorte, J. Vachier, de Saint-Agnin, aumôniers, Beyssac, Milliet, H. Vachier, de la Janye, Chadel, chanoines, vendit, le 26 juin, à François Michalon le moulin Cluzel, situé sur la paroisse de Châtelus, moyennant une pension annuelle de 115 livres ; le 17 décembre, il vendit un autre moulin, dit le moulin Brulart, situé sur la paroisse de Chazelles, à Antoine Saulnier, charpentier à Fontanès, « sous la rente perpétuelle de 150 livres. »

CHAPITRE HUITIÈME

I. Conflits entre le Chapitre, les curés et les habitants de Saint-Chamond. Questions de préséance. Décision de l'officialité. Ordre suivi aux processions solennelles du Jubilé en 1682 et 1684. — II. Mort de Just-Henry, fils d'Armand Mitte de Chevrières. Mort de Gasparde de la Porte de Doissin. Legs qu'elle fait à la Collégiale. Jean-Armand Mitte meurt à Vienne. Son gendre Charles-Emmanuel de la Vieuville lui succède. — III. Nominations et fondations à la Collégiale.

I

Après avoir ainsi étudié l'administration intérieure de la Collégiale et rappelé les changements survenus dans les rangs des chanoines, il ne sera peut-être pas sans intérêt de montrer quelle était, au dehors, la situation du Chapitre.

Entre les chanoines et les prêtres sociétaires des églises de la ville, les rapports personnels étaient excellents : ils appartenaient pour la plupart à des familles de Saint-Chamond et souvent étaient parents. Leurs relations étaient nombreuses, et on les rencontre fréquemment figurant ensemble comme témoins dans des actes publics. De plus, l'on voit souvent les chanoines faire des fondations de messes ou d'offices, de leur vivant ou par testament, dans les différentes églises paroissiales et les prêtres sociétaires de ces églises fonder aussi des services anniversaires à la Collégiale.

Entre les curés et le Chapitre, la concorde ne régnait pas

au même degré : entre eux, les discussions sur les questions de préséance, d'étiquette, d'attributions, étaient fréquentes. Ces questions de hiérarchie et d'autorité avaient alors plus d'importance qu'elles n'en auraient de nos jours ; les causes de conflit étaient plus nombreuses, bien des points étaient indécis ; les parties ne pouvant terminer ces difficiles débats les portaient devant l'officialité diocésaine, qui était appelée à décider.

Ainsi, en 1680, les chanoines adressèrent une requête à Mgr Camille de Neuville de Villeroy, archevêque de Lyon, demandant que les quatre curés des paroisses de Saint-Chamond (de Saint-Pierre, Notre-Dame et Izieu, Saint-Ennemond, Saint-Julien) fussent tenus, le jour de la fête du « Corps de Dieu » (Fête-Dieu), le jour de l'octave, et certains autres jours, de cesser les processions particulières dans leurs paroisses et d'assister aux processions de la Collégiale : ils s'appuyaient pour obtenir ce privilège exclusif, sur l'usage qui attribuait ce droit à toutes les églises collégiales de France sans exception, et particulièrement sur ce qui se pratiquait dans l'église collégiale de Notre-Dame d'Espérance, à Montbrison.

Cette requête signée par le doyen Reyrolles et le chanoine Tourre, députés par le Chapitre, fut soumise, le 3 janvier 1680, à Mgr l'archevêque et au promoteur général de l'archevêché ; sur les conclusions de ce dernier et avec l'autorisation de l'archevêque, elle fut signifiée, le 8 janvier 1680, par Pierre-Alexis Donnet, huissier royal résidant à Saint-Chamond, à MM. les curés, pour qu'ils eussent « à comparaître dans la quinzaine pour, eux ouys, estre ordonné ce que de raison. »

MM. Philibert Rousset, curé de Saint-Pierre, Pierre Baudrand, curé de Saint-Ennemond, Jean Vilain, curé de

Saint-André-d'Izieu et N.-D. de Pontcharrat et Georges Cornu, curé de Saint-Julien, soutenus par leurs paroissiens, présentèrent leur défense : ils opposèrent la fondation récente du Chapitre à leur ancienneté, ses statuts si nouveaux aux vieilles coutumes et aux anciens usages de Saint-Chamond. Le Chapitre de Saint-Jean ne pouvait se comparer, disaient-ils, aux autres Chapitres du Royaume, la plupart de fondation royale, ou remontant aux dates les plus reculées et dignes de leurs priviléges, à cause de leurs longs services. Déjà ce Chapitre, disaient-ils encore, avait, peu après sa fondation, émis les mêmes prétentions; mais, soit qu'il les eût lui-même reconnues mal fondées, soit qu'une défense de l'official du diocèse fut intervenue, il les avait abandonnées, et, depuis quarante ans, il n'avait plus cherché à empiéter sur les droits des curés et de leurs paroissiens, ni à entraver le libre exercice de cet usage si ancien pour eux des processions paroissiales. Pourquoi venait-il « réclamer aujourd'hui un privilège auquel il n'avait aucun droit ? » MM. les curés et leurs paroissiens invoquèrent encore la nécessité de la procession de la paroisse pour satisfaire à la piété des habitants, l'impossibilité où beaucoup seraient d'assister à cette procession générale, à cause de la difficulté d'accès de l'église de Saint-Jean, etc. Ils allaient même plus loin, en déniant au Chapitre le droit de faire une procession particulière sur le territoire de leurs paroisses; par une demande incidente, ils soulevaient aussi de nouvelles difficultés pour les inhumations dans l'église collégiale.

Le procès, porté devant l'officialité, fut terminé, le 19 juillet 1681, par une sentence de messire Sauveur Manys, official ordinaire et métropolitain de Lyon, et vicaire général substitué de Mgr l'archevêque, assisté de messire de

Ville, prêtre, lieutenant de l'officialité, et de Jean Terrasson, avocat au Parlement, « assesseur esdite officialité. »

Les processions paroissiales ne furent point supprimées, et MM. les curés furent maintenus dans leurs anciens droits; mais il fut décidé « qu'aux processions extraordinaires, qui
« seront ordonnées par Mgr. l'archevêque de tous les ec-
« clésiastiques séculiers et réguliers de Saint-Chamond,
« dans lesquelles les reliques de ladite église de saint Jean-
« Baptiste seront portées, ils (les curés) seront tenus, tous
« marchant chacun sous leurs croix, de s'assembler et d'al-
« ler processionnellement dans les églises qui leur seront
« indiquées par Monseigneur, les curés portant l'étole, les
« chanoines, audit cas, y tenant le premier rang, sans
« étole; et l'office dans lesdites processions sera fait par
« lesdits chanoines dans leur église, et par les curés dans
« leur paroisse. Permis auxdits doyen et chanoines de
« faire, hors de leur église, dans la ville, une procession
« solennelle du Saint-Sacrement, le dimanche dans l'oc-
« tave de la Fête-Dieu; et à l'égard des enterrements des
« seigneurs de Saint-Chamond, fondateurs du Chapitre
« ou des chanoines et ecclésiastiques de ladite église, ou
« autres qui y auraient élu par escript leur sépulture, or-
« donnons que la levée du corps sera faite par le curé du
« décédé, lequel, l'ayant représenté à son église paroissiale,
« le conduira jusqu'au bas des degrés de ladite église Saint-
« Jean, où lesdits chanoines le recevront pour être par eux
« enterré. » Par la même sentence, le Chapitre fut invité à poursuivre pardevant l'Archevêque l'homologation de l'acte de 1642, qui, modifiant sur quelques points la fondation de 1634, n'avait cependant pas été approuvé par l'autorité diocésaine.

Cette décision de l'officialité, signifiée à la requête du

Chapitre, à MM. les curés, le 12 novembre 1648, par Claude Robert, huissier à Saint-Chamond, fut appliquée peu de temps après, lors d'une procession où les reliques de la Collégiale furent portées.

Ce fut, le 9 mars 1682, qu'une ordonnance de messire Bedian Morange, vicaire général de l'archevêque de Lyon Mgr Camille de Neuville de Villeroy, prescrivit cette procession extraordinaire, pour l'ouverture du jubilé accordé par le pape Innocent XI : « Les nécessités pressantes de
« l'Eglise, et les raisons si importantes qui ont mû N. S.
« Père le Pape à nous accorder un jubilé universel, nous
« obligent à procurer que le jubilé se célèbre avec tout le
« soin et la piété possibles, dans les lieux principaux de la
« campagne de ce diocèse : à ces causes, nous décidons
« que l'ouverture qui se fera dudit jubilé, en la ville de
« Saint-Chamond, le dimanche prochain de la Passion,
« commencera par une procession générale et extraordi-
« naire, qui partira à trois heures après midy de l'église
« Collégiale de Saint-Jean-Baptiste de Saint-Chamond, en
« laquelle tous messieurs les curés de ladite ville, avec leur
« clergé, se rendront processionnellement, comme aussi
« les Capucins, Minimes et Pénitents, et la marche de la-
« dite procession se fera comme s'ensuit : les Pénitents
« iront les premiers, les Religieux ensuite selon leur ancien-
« neté, et après, messieurs les curés séparément, chacun à
« son rang et sous sa croix avec leur clergé et sociétaires,
« lesdits curés portant estoles, ensuite desquels marchera le
« Chapitre, aussi soubs sa croix, faisant queue, et y tenant
« le premier rang, sans estole néantmoins ; les reliques de
« l'église de Saint-Jean seront portées sur un brancard par
« deux chanoines, revêtus d'un surplis et d'une chappe,
« ainsi qu'il se pratique à l'usage de Lyon, et des clercs ou

« clergeons tenant deux grands flambeaux devant et deux
« derrière lesdites reliques : on fera la station en l'église pa-
« roissiale de Notre-Dame, chacun se tenant debout au
« mesme rang qu'on y sera entré, pendant qu'on y chantera
« une ou plusieurs antiennes à l'honneur de la Sainte-
« Vierge, qui seront entonnées par le sieur curé, qui dira aussi
« l'oraison à la fin : de là on ira, avec grande modestie, jus-
« ques à la place de Saint-Pierre, d'où chacun se retirera
« séparément, le tour de la procession étant pour lors fini,
« exhortant, comme nous faisons par ces présentes, les
« fidèles de Saint-Chamond, de rendre de très-humbles
« grâces à Dieu, de ce que le clergé et le peuple ne faisant
« qu'un corps extérieur par une parfaicte intelligence, il ne
« se fera aussi de tous qu'un cœur et une âme à la manière
« des premiers chrétiens pour honorer Dieu et pour le prier
« pour les nécessités publiques avec plus de force et de suc-
« cès. Donné à Villefranche en Beaujollois, le 9 mars
« 1682. »

Signé : MORANGE.

Le 24 février 1684, un nouveau jubilé fut accordé pour obtenir le secours du ciel contre les Turcs et la victoire des chrétiens sur les infidèles : l'invasion musulmane tant de fois refoulée était toujours menaçante ; l'Europe entière frémissait : de toutes parts s'élevaient des prières pour demander à Dieu le succès des armes de Jean Sobieski, le chef héroïque de l'armée chrétienne.

Une procession extraordinaire, où les saintes Reliques devaient être encore portées, fut ordonnée pour le second dimanche de Carême, par messire Morange : le même ordre qu'en 1682 fut suivi, le même cérémonial observé :
« les termes et les circonstances de laquelle ordonnance (de

« 1682), seront suivis de point en point en cette procession,
« et, par exprès, tous les sociétaires des églises marcheront
« en ladite procession sous la croix de leur église parois-
« siale, sans qu'il soit aucunement permis à ceux desdits
« sociétaires qui pourroient avoir été reçus chanoines ho-
« noraires de Saint-Jean, de marcher autrement en ladite
« procession, même dans l'église de Saint-Jean, qu'en qua-
« lité de sociétaires des paroisses dont ils sont sociétaires ;
« exhortant le clergé et le peuple de se réunir, pour la
« seconde fois, en un même corps, et aussi avec plus de
« ferveur en un même cœur et en un même esprit, pour
« obtenir plus efficacement des grâces extraordinaires
« pour une cause si importante que celle de la victoire des
« chrétiens contre les infidèles..... »

Ainsi, dans toutes les circonstances importantes et dans les grandes cérémonies religieuses, les reliques étaient honorées publiquement; ainsi l'on fortifiait par de nouveaux hommages la vénération dont elles avaient toujours été entourées à Saint-Chamond, où, suivant une ancienne coutume, les habitants venaient jurer fidélité à leurs seigneurs à leur avènement, dans la principale église de la ville, devant le Saint-Sacrement et les reliques du château (1).

Dans l'espace des dernières années que nous venons de parcourir, une grande douleur avait atteint le marquis de Saint-Chamond. Son fils unique, Just-Henry, grièvement blessé, le 4 octobre 1674, à la bataille d'Entzheim, succomba à Lunéville le 3 novembre, à l'âge de dix-neuf ans. Il fut inhumé à Nancy, dans l'église des Pères Minimes,

---

(1) *Discours de François de Saint-Chamond sur les Saintes Reliques.*

et son cœur, apporté à Saint-Chamond, fut placé à la Collégiale. C'était bien sur le champ de bataille que devait périr le dernier rejeton de cette ancienne et chevaleresque maison de Chevrières, toujours prodigue de son sang pour la défense du Royaume !

Jean-Armand survécut peu d'années à son fils. Brisé par un si rude coup, il se retira dans son château de Saint-Chamond, qu'il devait rarement quitter. Alors, plus que jamais, il s'attacha à protéger son église collégiale, s'occupant du Chapitre, présidant ses délibérations et veillant à ses intérêts. Aussi n'est-ce point sans une vive douleur que, au mois de juillet 1685, les chanoines apprirent qu'il venait de mourir à Vienne, en Dauphiné.

C'est là, en effet que, le 18 juillet, une mort soudaine avait frappé Jean-Armand Mitte. Son corps fut apporté à Saint-Chamond et inhumé dans la Collégiale : Jean-Armand, par son testament, y avait élu sa sépulture et avait légué au Chapitre une rente annuelle de 52 livres pour célébrer un service anniversaire et dire deux messes basses chaque semaine pour le repos de son âme.

Le Chapitre voulut encore rendre à sa mémoire un suprême hommage et, le 25 octobre, le R. P. Archange, capucin de Lyon, prononça son oraison funèbre dans l'église de Saint-Jean.

Avec Jean-Armand s'éteignait le nom des Mitte de Chevrières. Tous les biens de cette famille, et le titre du marquisat de Saint-Chamond devaient passer aux la Vieuville.

Marie-Anne de Chevrières, fille de Jean-Armand, avait en effet, le 30 novembre 1684, épousé Charles-Emmanuel de la Vieuville, comte de Vienne, second fils de Charles, duc de la Vieuville, pair de France, comte de

Saint-Martin d'Abloys, etc., chevalier d'honneur de la reine, gouverneur pour le roi en ses provinces de haut et bas Poitou, etc. Il avait été stipulé au contrat de mariage passé à Paris le 20 septembre 1684, que le premier fils qui naîtrait de ce mariage porterait le nom et les armes de Saint-Chamond. A la mort de Jean-Armand Mitte de Chevrières, Charles-Emmanuel de la Vieuville, comte de Vienne, son gendre, succéda à tous les droits de ses prédécesseurs sur le Chapitre et à tous leurs devoirs de protection et de secours envers lui ; de part et d'autre, les meilleurs rapports ne cessèrent d'exister.

Quelques années après, le tombeau des seigneurs, à la Collégiale, se rouvrait pour recevoir le cœur de Gasparde de La Porte de Doissin, veuve de Jean-Armand, décédée au mois de janvier 1691. Elle fut inhumée dans l'église des Pères Minimes de Vienne ; son cœur seul fut apporté à la Collégiale. C'était une femme d'une grande piété et d'une extrême charité : elle avait fondé à perpétuité, dans la chapelle de la prison de Saint-Chamond, « une messe pour tous les dimanches et fêtes de l'année, afin que les prisonniers pussent l'entendre » ; elle fonda aussi un service anniversaire dans l'église de Saint-Jean, léguant pour cela au Chapitre une rente de 75 livres.

Gasparde de La Porte précédait de peu de mois dans la tombe sa seconde fille, Marie-Hyacinthe de Chevrières qui, mariée en 1690, à Guy-Henri de Bourbon, marquis de Malauze, mourait au mois de mai 1691, à la Bruyère, dans le diocèse de Lavaur.

III

Le Chapitre ainsi frappé au-dehors par la mort de ses protecteurs, n'avait, de 1682 à 1691, perdu que deux de ses membres, les chanoines Boyron et Bergier, le premier, décédé en 1684, le second en 1689. Rien d'important non plus pendant ces années-là, dans les délibérations. Notons en passant que, le 18 janvier 1687, une assemblée capitulaire avait décidé que les réunions du Chapitre auraient lieu le vendredi au lieu du samedi, à cause des Litanies des Saints chantées ce jour-là, auxquelles tous les chanoines étaient tenus d'assister.

En 1692, le 14 février, mourut Claude Perceval, sacristain. Comme témoignage de son affection envers le Chapitre dont il faisait partie depuis quarante ans, il légua aux chanoines, par son testament daté de 1691, « un grand « tènement de maisons, jardins etc., le tout contigu et « joint par ensemble, de la contenance d'environ une mé- « térée et demie, sis en la forteresse de Saint-Chamond », qu'il avait acheté de Jean-Armand, marquis de Saint-Chamond, le 26 mars 1667. Lui-même avait habité cette maison située rue de la Goué ou Petit-Fort.

Et, en raison de ce legs, il fonda un grand nombre de messes qui devaient être célébrées à la Collégiale, les unes à l'autel de Notre-Dame de Bon-Secours, les autres à l'autel de la chapelle des saintes Reliques. La bénédiction du Saint-Sacrement, qui était donnée dans l'église de Saint-Ennemond, à l'issue des Vêpres, le cinquième dimanche du mois, avait été aussi fondée par lui, le 15 novembre 1684.

Pierre de Saint-Agnin, qui lui succéda comme sacristain, mourut l'année suivante et fut, le 24 septembre 1693, remplacé par Simon Desgrand, nommé chanoine huit mois auparavant. A cette date, André Saignimorte, frère du chanoine de ce nom, fut nommé prébendier.

En 1693 encore, mourut Jean de la Janye et Pierre Beyssac donna sa démission. C'est ce chanoine qui, deux ans auparavant, avait solennellement béni la chapelle et les ornements des Pénitents du Saint-Sacrement. Depuis longtemps établis à Saint-Chamond, les Pénitents tenaient leurs réunions et faisaient leurs exercices au premier étage de la maison de la cure de Saint-Ennemond : mais, en 1691, ayant enfin une chapelle particulière, avant d'en prendre possession, ils avaient prié Pierre Beyssac de la bénir. Cette cérémonie avait eu lieu le 8 décembre.

En 1693, Pierre Beyssac, malade, et ne pouvant s'acquitter, comme il le désirait, de ses fonctions, résigna son canonicat en faveur de Simon Desgrand, avec le consentement de messire de la Vieuville, comte de Vienne. Mais le Chapitre, par une délibération du 10 janvier 1693, « sous le bon plaisir du marquis de Saint-Chamond », lui conserva son rang et place aux offices de la Collégiale, « en considération de son assiduité et des services qu'il « avait rendus pendant l'espace de vingt années. » Pierre Beyssac se retira « chez les sœurs de Saint-Ennemond. » Quelques années plus tard, en 1710, il remit au Chapitre une pension de 12 livres pour faire célébrer deux messes par mois après sa mort; cette fondation fut acceptée, le 31 mai, par les chanoines Reyrolles, Desgrand, Saignimorte, Vachier, Favre, A. Saignimorte, Milliet, Chadel, Bayard, de la Rochette, Failly. Mais les fonds sur lesquels cette rente était assise étant « tombés en friche, » Pierre Beyssac la céda au prix de 120 livres et donna cette somme aux chanoines ; ceux-ci, le 16 novembre 1713, annulant l'acte de 1710, s'engagèrent à faire dire des messes chaque année, « en proportion des revenus de cette somme. »

Pierre Beyssac, par son testament du 6 mai 1713, légua ses livres « à la mission de Valflorie » et élut sa sépulture en l'église de Saint-Ennemond : il mourut en 1715.

Le chanoine qui, en 1693, succéda à Pierre Beyssac, Simon Desgrand, appartenait à une famille notable de Saint-Chamond. Sa mère était Claudine Crupisson, fille de Simon Crupisson, et son père Antoine Desgrand, bourgeois de Saint-Chamond (1). En 1690, Simon Desgrand, acolyte du diocèse de Lyon et étudiant en théologie au collège de cette ville, avait été nommé, le 8 février, par acte reçu Tardy, titulaire de la prébende fondée sous le vocable de la Sainte Trinité, par Antoine Desgrand, son père, dans la chapelle de sa famille (chapelle Sainte-Catherine) dans l'église de Saint-Pierre.

Bien souvent le nom des Desgrand apparaît dans la liste des fondateurs des prébendes de cette église ; ce même Antoine Desgrand était, depuis 1684, patron de la prébende de Saint-Sébastien dans l'église de Saint-Pierre ; ce patronage lui avait été cédé par Pierre Florens, bourgeois de

---

(1) Antoine Desgrand et Claudine Crupisson, sa femme, eurent quatre enfants, savoir :

1º Simon, chanoine.

2º Gabriel, qui testa le 27 octobre 1734.

3º Lucrèce, qui testa le 3 mai 1690.

4º Matthieu, bourgeois de Lyon, marié à Antoinette Vitte, dont il eut : 1º Claudine ; 2º Jeanne-Marie ; 3º Marie-Lucrèce ; 4º Françoise, mariée à sieur Antoine Hervier (Note communiquée par M. W. Poidebard).

Lyon, héritier universel (testament du 22 septembre 1656) de feu Jean-François Gayot, religieux augustin déchaussé, en religion frère Eustache de Sainte-Marie. Le père d'Antoine, Matthieu Desgrand, « marchand filleur de soye » de Saint-Chamond, avait aussi, le 16 octobre 1680, fondé une prébende sous le vocable de Saint-Christophe et Sainte-Magdeleine, dans l'église de Saint-Pierre en la chapelle des Crupisson.

Comme tous les mouliniers établis sur les bords du Gier, les Desgrand eurent beaucoup à souffrir de la terrible inondation du 6 août 1692; le Gier renversa, ce jour-là, à Saint-Chamond, plus de quarante maisons : « les moulins à soye furent grandement endommagés et les pauvres gens bien misérables. » Dans cet immense désastre, le Chapitre de Saint-Jean trouva, sans nul doute, une nouvelle occasion de déployer son zèle et sa charité envers les malheureux qui, sans asile et sans ressources, « couraient par la ville.

Avant de continuer le récit des faits qui se passèrent à la Collégiale ou qui intéressent le Chapitre, nous devons voir rapidement quels étaient ses revenus et ses charges à cette époque.

CHAPITRE NEUVIÈME

I. Comptes de la Collégiale. Revenus et charges. — II. Le feu de la Saint-Jean. Processions de 1694 et 1695 pour la solennité des prières des quarante heures. Grandes fêtes de la Collégiale. Fondations des chanoines d'Allard et Milliet. — III. Le rit lyonnais adopté à la Collégiale. — IV. Mort de Marie-Anne de Chevrières. Son oraison funèbre. Bertrand Bonne, doyen. Changements dans le personnel du Chapitre. Mort de Charles-Louis-Joseph de la Vieuville. Charles-Louis-Auguste de la Vieuville, nouveau seigneur.

I

Le 13 décembre 1689, le Chapitre avait dressé un état des biens qu'il avait acquis depuis 1642 : avec les comptes de 1693, 1694 etc., que nous citons plus loin, cet état nous apprend quelle était alors la situation financière du Chapitre ; le voici :

« 1° Un domaine appelé de la Pellonnière, paroisse des Hayes, dépendant de la rente de MM. les comtes de Saint-Jean de Lyon, cédé par contrat d'élection et relâché par Armand Mitte, héritier de son frère, Léon de Saint-Chamond ;

« 2° Un autre domaine, sis en la paroisse de Saint-Martin à Coalieu, de la rente de Saint-Chamond, acquis par le Chapitre de Hiérosme Guillermin, Antoine Girard et consorts, par contrat du 6 novembre 1662, reçu Dugas, au prix de 2,000 livres, sur lesquelles fut distraite la somme de

196 l. 10 s., pour les sols principaux de la pension due à la société des prêtres de Notre-Dame de Saint-Chamond, et à la prébende de Bompain ; ledit prix est encore provenu de la somme de 1,200 livres, de la vente des fonds de la prébende de la Salle, pays de Mâconnais, faite au sieur de Sénozan, suivant la quittance du 5 décembre 1664, reçue Dugas, lesquels fonds de ladite prébende de La Salle étaient compris dant la fondation dudit Chapitre et admortis par lettres patentes de sa Majesté ;

« 3° Item, prés, terre aussi acquis par ledit Chapitre de Julien Gillier, par contrat du 18 août 1653, reçu Colin, situés en la paroisse de Saint-Martin à Coalieu, au prix de 160 l. d'une part et 850 l. d'autre part ;

« 4° Item, autre pré situé en ladite paroisse, d'une métérée, acquis par ledit Chapitre d'André Bonnard, au prix de 110 l., suivant le contrat du 28 aoust 1679, reçu Gillier ;

« 5° Item, un pré et pasqueraiges de deux métérées, terres et bruyère, situés en ladite paroisse, acquis d'Antoine Pascal et sa femme et de Jean Thibaud, son gendre, au prix de 100 l., par contrat du 24 novembre 1679, reçu et signé Tardy, ledit prix acquitté d'une fondation de deux grandes messes et une messe basse, faite par sieur Jean-Baptiste Crupisson audit Chapitre, le dernier avril 1680, par-devant Me Colin :

« 6° Item, une maison sise en la forteresse dudit Saint-Chamond, ayant ci-devant appartenu à messire Masson, chanoine, pour tenir lieu de fondation de deux messes basses par semaine ;

« 7° Item, une maison, sise en ladite forteresse de Saint-Chamond et qui sert d'habitation au bâtonnier de ladite église, advenue au Chapitre par testament de Hiérosme Joyant, du 3 mars 1667 ;

« 8° Item, deux petites maisons aussi advenues audit Chapitre par le testament de Jeanne Perret, veuve d'Antoine Craponne, du revenu annuel de 30 livres;

« 9° Une autre maison servant à la Maîtrise des enfants de chœur de ladite église, sise auprès des degrés de Saint-Jean, acquise par ledit Chapitre de Claude du Boys et Marie Sabattier, par contrat des 2 et 25 octobre 1662, au prix de 270 livres, reçu Dugas;

« 10° Item, par contrat du 25 octobre 1687, reçu Antoine Dugas, notaire royal, messire Milliet, chanoine, a fait don audit Chapitre de la somme de 600 livres, pour le prix d'une maison acquise de noble Jean-François Philibert, ancien échevin de Lyon, scituée en la place de Saint-Ennemond de Saint-Chamond, dont il s'est réservé le service durant sa vie, d'employer les loyers d'icelle en acquittement de fondations et à la décoration de l'autel de Notre-Dame.....

« Lesquels biens ci-dessus exprimés, lesdits sieurs du Chapitre ont déclaré et affirmé être tout ce qu'ils possèdent et leur appartient d'immeubles, soit par acquisition, déclaration à leur profit, échange, donation depuis l'établissement du Chapitre. »

A cet état, nous pouvons joindre quelques détails sur l'ensemble des biens du Chapitre, détails que nous trouvons dans les comptes tenus pendant les années 1693, 1694, 1695 et 1696, alors que le chanoine Pierre Saignimorte était receveur. Un procès dans lequel ces comptes furent produits, en les enlevant aux archives de la Collégiale où les comptes des receveurs étaient toujours déposés, les a sauvés des flammes et nous les a conservés. (1)

---

(1) Voici, extraites de ces comptes, quelques notes sur le prix des

En 1693, les recettes générales, comprenant le revenu des domaines, des maisons appartenant au Chapitre et des pensions, s'élèvent à la somme totale de 4,915 liv. 19 s.

Les dépenses à. . . . . 3,538 liv. 0 s. 3 d.

Reste. . . . . 1,377 liv. 18 s. 9 d.

Il y eut donc, cette année-là, un excédant de 1,377 liv. 18 s. 9 d.

En 1694 :

Recettes.	4,608 liv.	11 s.	6 d.
Dépenses	3,120	18	»
Excédant	1,487	13	6

En 1695 :

Recettes.	5,194 liv.	
Dépenses	3,717	2 s.
Excédant.	1,476 liv.	18 s.

En 1696 :

Recettes.	4,479 liv.	18 s.	8 d.
Dépenses	2,846 liv.	6 s.	8 d.
Excédant	1,633 liv.	12 s.	

journées et de certaines denrées à ces années-là : une journée de maçon, 14 sols ; de manœuvre, 12 sols : une journée de cheval, 1 livre. Un quintal de charbon de bois, 27 sols ; un quintal d'huile de noix, 28 livres ; une charretée de foin, 7 livres, 4 sols ; une livre de truites, 8 sols, etc.

L'excédant des recettes sur les dépenses était, en grande partie, distribué entre les chanoines ; le reste était employé soit à réparer l'église, soit à éteindre quelques dettes, soit enfin à soulager les fermiers.

Les principales dépenses étaient, la distribution des messes, la distribution de la Saint-Jean, les dépenses pour les enfants de chœur, l'entretien de la sacristie, la portion congrue du curé de Saint-Martin, le traitement du bâtonnier, du souffleur d'orgue (il ne recevait que 6 livres) etc.

Dans les recettes, n'étaient pas compris les revenus des prébendes qui, sans doute, étaient touchés directement par les chanoines titulaires de ces prébendes. En 1642, ce revenu des prébendes se montait, on l'a vu, à 1,450 liv.

Il ressort de ces chiffres que les revenus du Chapitre étaient, en 1693 et années suivantes, bien inférieurs à ceux de 1642. Cela tient à une grande diminution dans les revenus des domaines ; à tel point que joints à ceux des prébendes et des domaines nouvellement acquis, aux loyers des maisons léguées à la Collégiale et aux pensions des anniversaires qui y avaient été fondés, ces revenus n'atteignaient pas la somme de 7,800 livres, total de la rente constituée au Chapitre en 1642. Nous donnerons plus loin, en étudiant les états présentés au directoire du district par les chanoines, en 1789, le tableau comparatif des sommes auxquelles chacun des domaines était affermé, en 1642, 1693 et 1789.

Si cette diminution dans les revenus des domaines est évidente, il est plus difficile d'en préciser la cause : on ne peut, en présence de l'état dressé en 1689, accuser d'inhabileté la gestion des chanoines. Il faut, plutôt, se rappeler que les dernières années du dix-septième siècle furent particulièrement désastreuses à l'intérieur. Les guerres et les immenses travaux que l'on avait exécutés avaient obéré les finances, et les victoires de nos armées ne comblaient pas le déficit des caisses publiques. Mais, surtout, on doit se souvenir que les récoltes furent peu abondantes et la disette grande en France, en 1693 et 1694. Les archives municipales de Lyon (1) nous en fournissent des preuves trop certaines, et à Saint-Étienne le poète Chapelon en a tracé, en son langage imagé, un saisissant tableau (2) : sans nul doute, les revenus du Chapitre se ressentirent de la misère générale. Un siècle plus tard, au moment où notre Chapitre fut atteint par les lois de proscription et dispersé, nous verrons la proportion inverse se produire et nous constaterons une forte augmentation dans les revenus, qu'avaient accrus, à la fois, une habile et économe administration, et les legs, les donations, les fondations pieuses des chanoines eux-mêmes et des particuliers : les domaines aussi avaient acquis une plus-value considérable ; les revenus, en 1791, s'élevèrent, en effet, à 16,649 livres.

II

Si le Chapitre était toujours présent aux grandes solen-

---

(1) *Archives de Lyon*, BB, 251.
(2) ...Rai d'argen, rai de blat, rai de pey, rai d'avena,
Rai d'hiolou, rai de vin, qu'o n'en vaut pas la pena ;
Dempeu que lou bon Dio créait lou père Adam,
Lengun s'ai aït veu ce qu'o veut iquet-an.
Voüey un mâl general què sio touta la Francy,
Que la pay pot guari jointi à l'abondancy,
Chacun zo zattend bien, saù pas que n'en sara,
Nous coumençons ben l'an, sat-on qui l'assura ?
(Chapelon, La misera de Santetiève, l'an 1693 et 1694).

nités religieuses, s'il était le premier dans les prières publiques et les cérémonies générales, il aimait aussi à se mêler d'une façon plus intime aux habitants de la ville et à prendre part à leurs fêtes. Or, une fête éminemment populaire en nos pays était celle du *feu de la Saint-Jean.*

Cette coutume d'allumer un feu la veille de la fête de Saint Jean, si ancienne qu'on ne saurait peut-être en trouver l'origine sans remonter aux traditions mythologiques, s'est conservée à Saint-Chamond jusqu'en 1789 : la Révolution l'y a tuée comme tant d'autres bons et vieux usages ; seul a survécu le *caramentrant*, ce feu du mardi gras ou du dimanche des *brandons* et encore il tend à disparaître.

Mais jadis dans toute la France et même en Italie s'élevaient les feux de la Saint-Jean. A Paris, les échevins eux-mêmes allaient l'allumer.

A Lyon, c'était plus solennel encore. En 1584, le Consulat, « désirant remettre sus les bonnes et louables costu-
« mes que de toute antienneté ont esté observées en ladicte
« ville, et entre autres celle de faire un feu de joye par les
« eschevins sur le pont de Saosne toutes les vigilles de la
« feste nativité Sainct Jehan Baptiste, comme il s'observe
« par toutes les bonnes villes de France et comme l'on fai-
« soit icy auparavant les premiers troubles de l'an 1562,
« despuis lesquels cette tant belle costume a esté disconti-
« nuée..... (1) », avait rétabli cet usage et fixé l'ordre que

---

(1) En 1573 cependant, le feu de la Saint-Jean avait été allumé à Lyon par le fils du duc de Nemours, « venant en ceste ville tant pour raison de la feste Sainct Jehan, que pour assister aux allégresses et réjouissances qui se debvoient faire pour raison du royaulme de Poloigne advenu à Mgr le duc d'Anjou, frère du Roy, esleu Roy audit pays....... » (Archiv. de Lyon, BB. 91.) Le feu, dressé sur la Saône, en l'honneur de Saint Jean-Baptiste, le 24 juin 1666, a été décrit dans

l'on devait observer dans cette fête. Voici quel était le cérémonial prescrit : on élevait deux feux, l'un « monté sur le pont de Saosne par la ville, » et l'autre devant l'église de Saint-Jean, par le Chapitre de la Primatiale. Chaque année, le gouverneur du roi à Lyon, prié par les échevins de « faire à la ville l'honneur d'allumer le feu », se rendait sur le pont de la Saône en grand apparat, tandis qu'y arrivaient de leur côté « les échevins en habitz consulaires accompai-
« gnés des officiers de la ville, de plusieurs notables et
« grand nombre de soldats, les ungs arquebousiers et les
« autres hallebardiers cuyrassés » : là le gouverneur, le prévôt des marchands et chacun des échevins « ayant en main un flambeau ardent » allumaient le feu..... (1).

Suivant l'exemple des chanoines de Lyon et se conformant à l'usage du pays, le Chapitre de Saint-Jean à Saint-Chamond s'empressait d'allumer un feu la veille de la fête du saint patron de la Collégiale.

En 1693, nous voyons les chanoines faire venir de leur domaine de Luzernod un arbre pour ce feu, « lequel feu coûta trois livres, douze sols, six deniers. » Il était dressé sur la place actuelle de l'Observatoire : entouré du Chapitre qui sortait en corps de la Collégiale et descendait en procession l'escalier circulaire qui conduisait à la place, le doyen venait le bénir solennellement et l'allumer. Une tradition, qui semble certaine et bien établie, rapporte que, au sommet de l'arbre autour duquel était bâti le feu, on attachait un chat vivant qui figurait le démon. Si ce chat était brûlé, c'était l'image de l'anéantissement du péché, de la purifica-

---

une relation intitulée « *Le temple de la Gratitude, Lyon, chez Antoine Jullieron.* »

(1) Archives de Lyon, B. B. 112.

tion par le feu : s'il échappait aux flammes, c'était le symbole de l'expulsion du démon du corps de l'homme.

Cet usage de brûler des chats aux feux de la Saint-Jean n'était pas particulier à nos pays : l'abbé Lebeuf (1) le rapporte et le montre pratiqué ailleurs, notamment à Paris, où, en 1573, un certain Lucas Pommereux, commissaire des quais de la ville, recevait cent sols parisis « pour avoir fourni durant trois années, les chats qu'il fallait audit feu. »

Aujourd'hui le diable n'est plus brûlé en place publique, les chats dorment en paix sur leurs gouttières et les feux de la Saint-Jean ne brillent plus que dans quelques campagnes : cependant, dans le Lyonnais, le Bugey, le Vivarais, le Dauphiné, la Bretagne, etc., on les voit encore scintiller au loin dans la nuit, et il est tel village du Perche où le feu, béni par le curé, est entouré par les paysans qui s'appliquent à traverser la fumée pour se purifier et se préserver des maladies futures, et ensuite est démoli par ces mêmes assistants avides d'emporter dans leurs demeures un tison qui doit continuer cette préservation et les garantir de la foudre.

Après nous être ainsi laissé entraîner à la poursuite de ces vieux souvenirs, revenons à la Collégiale, où nous rappellent les processions solennelles ordonnées le 8 août 1694 et le 31 juillet 1695, par Mgr l'archevêque de Lyon « pour la plus grande solemnité des prières des quarante « heures qu'il avait establies en son diocèse. » Les saintes Reliques y furent portées par les chanoines avec le cérémonial suivi en 1681, et la procession, à laquelle assistait tout le clergé de la ville, partit de la Collégiale. Mais, pour que la fête fût plus belle et plus complète, sur la demande des

---

(1) Journal de Verdun, 1749, 1751.

chanoines, cette procession, au lieu de se séparer sur la place de Saint-Pierre, comme cela s'était observé jusqu'alors, revint à l'église collégiale pour accompagner les saintes Reliques et recevoir la bénédiction du Saint-Sacrement.

Tous les chanoines y assistèrent. Nous trouvons parmi eux deux chanoines nouvellement promus : André Saignimorte, prébendier, nommé chanoine en 1694, et Jean-Baptiste Favre, fils de Jean Favre, marchand de Saint-Chamond et de Catherine Dumaine ; Jean-Baptiste Favre, clerc tonsuré en 1688, acolyte en 1694, titulaire d'une prébende fondée par Antoine Bonnard dans l'église de Saint-Pierre, avait en effet, en 1695, été reçu docteur en théologie et était entré au Chapitre.

L'année suivante, le 1er mai 1696, mourut Jean d'Allard, précenteur de la Collégiale depuis 1675. Par son testament du 23 décembre 1681, il avait institué « les doyen, chanoines et Chapitre et leurs successeurs, » ses héritiers, à la condition de dire à perpétuité quatre messes basses par semaine pour le repos de son âme ; la première le dimanche, la seconde le lundi devant les saintes Reliques, la troisième le vendredi, la quatrième le samedi à l'autel de N.-D. de Bon-Secours, en l'église de Saint-Jean ; de distribuer chaque année 100 livres aux pauvres de la ville ; de blanchir l'église de Saint-Jean et d'acquitter les legs considérables qu'il faisait à ses neveux et à l'hôpital de Saint-Chamond, auquel il donnait son domaine de l'Arzalier. Le Chapitre, héritier de Jean d'Allard, eut pour sa part le domaine de Paradis, sur la paroisse d'Izieu (1).

---

(1) Ce domaine avait été acquis, vers le 30 juin 1579, par Denys Allard, marchand de Saint-Etienne de Furan, de Eléonor Meilhan,

Simon Desgrand, sacristain, succéda à Jean d'Allard dans la charge de précenteur, et fut remplacé comme sacristain par le chanoine Pierre Saignimorte, le 4 septembre 1696.

Ce même jour, prenait place au Chapitre un des prêtres sociétaires des églises Saint-André-d'Izieu et N.-D. de Pontcharrat, Lambert Bayard, déjà chanoine honoraire de la Collégiale. C'est le premier que nous voyions revêtu de ce titre honorifique, qui fut ensuite accordé par le marquis de Saint-Chamond à quelques chanoines démissionnaires, ou même conféré directement à des prêtres étrangers : les chanoines honoraires, par leur nomination même unis à la Collégiale, prêtaient au seigneur et au Chapitre un serment dont voici la teneur :

Au seigneur fondateur : « Je N. jure à Dieu et à la « bienheureuse Vierge Marie, et à Saint Jean-Baptiste, « patron de cette Eglise, et vous promets, Monseigneur, « en qualité de chanoine honoraire, d'observer tous les « règlements, statuts, usages et cérémonies de votre Cha- « pitre quand j'assisterai aux offices divins, processions et « autres cérémonies ecclésiastiques, comme aussi d'ac- « croître de tout mon pouvoir les biens, droits et revenus « du Chapitre duquel je vous reconnais le seul et unique « fondateur et vous promets fidélité. »

Au Chapitre : « Je N. jure à Dieu..... et vous pro- « mets, monsieur (le doyen), en qualité de chanoine ho- « noraire pourveu par monseigneur notre fondateur, « d'observer tous les règlements, statuts et cérémonies de « votre Chapitre quand j'assisterai aux offices divins, pro-

---

veuve de Vital Pascal qui l'avait lui-même acheté de « noble Loys Arenc, dict de la Condamyne. »

« cessions et autres cérémonies ecclésiastiques, comme
« aussi d'accroître de tout mon pouvoir, les biens, droits
« et revenus dudit Chapitre et découvrir le plus tôt qu'il
« me sera possible tout ce que je saurai lui être important
« et de vivre en bonne paix et union avec vous tous. »

Les chanoines honoraires ne furent pas nombreux ; peut-être aussi leurs noms ne nous sont-ils pas tous parvenus.

Le 6 novembre de cette même année 1696, fut un jour heureux pour la Collégiale : le Chapitre eut l'honneur de recevoir Mgr Claude de Saint-Georges, archevêque de Lyon, qui, étant à Saint-Chamond, voulut vénérer les saintes Reliques et officier à la Collégiale.

On lui « dressa un trône dans l'église » et les cérémonies furent célébrées avec beaucoup de solennité.

La visite des grands personnages ou des dignitaires de l'Eglise, celle surtout des archevêques de Lyon, lors de leurs visites pastorales, honorait et flattait singulièrement le Chapitre : pour témoigner leur joie et leur reconnaissance de cette haute faveur, les chanoines, ces jours-là, comme aux grandes fêtes religieuses, décoraient la Collégiale le plus somptueusement qu'il leur était possible. Les murs étaient tendus avec les tapisseries du château qui, ainsi que toutes les grandes demeures d'alors, était riche en tentures de toute sorte : tapisseries d'Auvergne, de Flandre, de Feletin, tapis de Turquie ou « façon de Turquie », étoffes de soie et de velours, tout était mis par les seigneurs à la disposition du Chapitre pour orner la Collégiale et ajouter par la richesse de ces belles tentures à l'éclat de ces fêtes.

Quatre ans plus tard, au mois de janvier 1700, un des chanoines, Jacques Milliet, fit don à l'église de Saint-

Pierre d'une rente annuelle de 12 livres, à la charge, pour les prêtres sociétaires de cette église, de donner tous les mardis la bénédiction du Saint-Sacrement : déjà, il est vrai, depuis 1670 environ, cette bénédiction devait être donnée chaque semaine le mardi : mais ceux qui avaient l'obligation de payer la rente affectée à cette fondation ayant négligé de le faire, le chanoine Milliet rétablit cet usage qui s'est continué jusqu'à nos jours.

Ce n'était point la première libéralité de ce chanoine : dix-huit ans auparavant, le 14 mai 1682, il avait donné au Chapitre, pour servir de « terrasse et de plateforme, une « place ruinée, située au bas des degrés de l'église, proche « le pont de la boucherie », qu'il avait acquise de Jean-Armand Mitte de Chevrières ; et, le 25 octobre 1687, il avait encore donné au Chapitre, sous la condition de célébrer un office annuel et deux messes basses par mois, une maison « sise en la plattière de Saint-Ennemond, devant l'é- « glise dudit lieu », acquise par lui, au prix de 621 livres, de Marc-Antoine Philibert, bourgeois de Lyon.

III

Vers cette époque, parmi les délibérations du Chapitre, nous en trouvons une qui apporta une modification importante au cérémonial observé à la Collégiale, et, à ce titre, présente un intérêt réel.

Le 21 octobre 1705, Mgr Claude de Saint-Georges, archevêque de Lyon, enjoignit par une ordonnance synodale à tous les Chapitres de son diocèse « de se conformer « dans la célébration des messes solennelles et offices pu-

« blics à l'usage de Lyon » (1). Jusque-là, les chanoines de notre Collégiale avaient, aux termes des statuts de 1642, célébré dans leur église les offices divins suivant le rit romain. L'ordonnance de Mgr l'archevêque de Lyon les atteignait donc ; le 28 novembre 1705, après en avoir entendu la lecture, ils décidèrent de faire auprès du marquis de Saint-Chamond, alors à Paris, les démarches nécessaires pour obtenir l'autorisation de modifier les statuts, de manière à se conformer aux prescriptions de Mgr l'archevêque.

Mais ce fut seulement le 24 juillet 1706, que, par une délibération où était rappelée leur première décision, ils demandèrent formellement cette autorisation au seigneur de Saint-Chamond : voici leur supplique :

« Nous soussignés doyen, chanoines et Chapitre de l'é-
« glise Collégiale de Saint-Jean-Baptiste de Saint-Cha-
« mond, capitulairement assemblés dans la sacristie de la
« dicte église, à la manière accoutumée, déclarons, qu'au
« Chapitre tenu le 28 novembre mil sept cens cinq, après
« lecture faicte des statuts, ordonnances et règlements sy-
« nodaux faicts par Monseigneur l'archevesque de Lyon,
« lesquelles ordonnent à tous doyens, chanoines et Chapi-
« tres du diocèse, de se conformer dans la célébration des
« messes solennelles et offices publics à l'usage de Lyon,
« il fust délibéré d'en escrire à Mgr le comte de Vienne,
« marquis de Saint-Chamond, nostre fondateur, pour en
« avoir son agrément, parce qu'à la forme de nostre fonda-
« tion, statuts et règlements, les offices divins avaient esté
« jusques alors célébrés en nostre église et devaient l'estre

---

(1) Ordonnance synodale, chapitre IV, article XV.

« suivant l'usage romain, et ne pouvant rien estre innové
« ni changé en nostre dicte fondation, sans la permisssion
« expresse de nostre fondateur, nous avons, comme nous
« faisons par le présent acte capitulaire, supplié Mgr le
« comté de Vienne, nostre fondateur, veu l'ordonnance de
« Mgr l'archevesque de Lyon diocésain et règlements sy-
« nodaux, nous permettre de faire l'office divin et célé-
« brer les messes solennelles suivant l'usage de l'Eglise de
« Lyon. Déclarons au surplus ne vouloir rien innover ni
« contrevenir aux statuts et règlements de nostre fondation
« et qu'au contraire en tous les autres poincts et clauses,
« nous voulons comme nous devons continuer de les sui-
« vre et exécuter ponctuellement, n'y estant dérogé en ce
« qui regarde ledict usage de Lyon, que soubs le bon plai-
« sir de Mgr nostre fondateur et pour déférer aux dictes
« ordonnances synodales. C'est ce que nous déclarons vou-
« loir observer par ce présent acte que nous avons signé,
« le Chapitre assemblé, ce vingt-quatre Julliet, mil sept
« cens six. »

> REYROLLES, doyen; DESGRAND, précenteur;
> SAIGNIMORTE, sacristain; VACHIER, FAVRE,
> A. SAIGNIMORTE, MILLIET, CHADEL, BAYARD,
> DE LA ROCHETTE, FAILLY.

Le marquis de Saint-Chamond répondit aussitôt à cette requête : voici l'acte officiel par lequel il accorda l'autorisation demandée :

« Par-devant les notaires soussignés fut présent haut et
« puissant seigneur Messire Charles-Emmanuel de la Vieu-
« ville, comte de Vienne, marquis de Saint-Chamond, patron
« et fondateur du Chapitre de Saint-Jean-Baptiste de Saint-

« Chamond, demeurant à Paris en son hôtel, quai des Cé-
« lestins, paroisse Saint-Paul, lequel après avoir pris com-
« munication de l'acte capitulaire à lui présenté par MM.
« les doyen et chanoines dudict Saint-Chamond en date du
« 24 julliet de la présente année, d'eux signé, contenant à
« ce qu'il plut audict seigneur fondateur leur permettre de
« se conformer dans la célébration des messes solennelles
« et offices publics à l'usage de l'Eglise de Lyon leur mé-
« tropole, en conséquence des statuts, ordonnances et rè-
« glements synodaux de Mgr l'archevêque de Lyon, décla-
« rant en outre et reconnaissant par ledict acte, lesdicts
« sieurs doyen, chanoines et Chapitre, ne pouvoir rien
« changer dans les statuts, règlements et fondation de leur
« Chapitre, sans la permission expresse dudict seigneur
« comte de Vienne leur fondateur, qui, après avoir re-
« connu que le changement par eux demandé ne pouvait
« faire aucun préjudice au Chapitre et au contraire que la
« célébration des messes solennelles et offices publics à
« l'usage de Lyon avait quelque chose de plus auguste
« dans les cérémonies et de plus édifiant pour le public, à
« cause de l'usage qu'ils ont de porter la mittre en célé-
« brant, ledict seigneur fondateur a bien voulu de sa pro-
« pre authorité leur permettre ledict changement d'of-
« fice, sans que ladicte permission puisse tirer à consé-
« quence pour les autres statuts et règlements de leur fon-
« dation, auxquels il ne prétend déroger à l'avenir pour
« quelque cause et prétexte que ce soit et aux conditions
« que le présent acte et permission soit inséré dans le re-
« gistre des actes capitulaires dudict Chapitre, pour y avoir
« recours avec l'acte capitulaire à lui présenté par les sieurs
« doyen, chanoines et Chapitre de Saint-Jean-Baptiste de
« Saint-Chamond, portant demande de permission de se

« conformer à l'usage de Lyon dans la célébration des mes-
« ses solennelles et offices publics, en date du 24me julliet
« de la présente année, promettant, s'obligeant, renon-
« çant..... Fait et passé à Paris en l'hôtel dudict seigneur,
« comte de Vienne, le 17me jour d'aoust mil sept cens six
« et a signé, la minute des présentes est demeurée à Le-
« tourneur, notaire. »

Du Sort Le Tourneur.

Nous ne trouvons plus au nombre des chanoines qui signèrent la requête adressée au comte de Vienne, les noms d'Esprit Tourre, décédé en 1699 et d'Hiérosme Vachier, décédé en 1705; mais, à côté des chanoines que nous avons vus nommer en 1694, 1695, 1696, nous trouvons en 1706 les noms de noble Jean-Joseph de La Rochette, pourvu d'un canonicat en 1698 et installé le 6 juin (acte reçu Tardy), et ceux de Jean-François Feuly et Failly, reçus l'un en 1701, l'autre en 1705. Qualifié dans ses lettres de provision, datées du 18 mai 1698, de « clerc tonsuré au diocèse du Puy », Jean-Joseph de La Rochette était fils de « noble Jacques de La Rochette, sieur de Villedemont, gendarme de la défunte Reyne mère du Roy et aide-major de la ville et citadelle de Valence. »

Quelques jours après la délibération de 1706 que nous avons rapportée plus haut, le 17 août, prenait place au Chapitre, Simon Gayot, de Saint-Chamond, fils de Jean-Baptiste Gayot et de Lucrèce Crupisson. Par une exception très rare, ainsi que nous l'avons déjà observé, Simon Gayot avait été nommé chanoine, avant d'avoir été ordonné prêtre : deux ans plus tard, en 1708, il n'était encore que diacre; en 1713, il était prêtre, mais il le fut sans doute bien avant cette époque.

En 1708, mourait un prêtre sociétaire de N.-D. de Pontcharrat et de Saint-André d'Izieu, Jean-Baptiste Chavignol, chanoine honoraire de Saint-Jean, fondateur d'une prébende sous le vocable de Saint-Jean-Baptiste, à la chapelle de N.-D. du Rosaire, dans l'église de N.-D. de Pontcharrat, et, de plus, titulaire de la prébende de Saint-Nicolas dans l'église d'Izieu. Le Chapitre devait une pension de trois livres à cette dernière prébende : par un accord conclu avec les héritiers de Jean-Baptiste Chavignol, il fût déclaré quitte de cette dette, à la condition qu'il ferait célébrer, chaque année à perpétuité, un service solennel pour le repos de l'âme de ce dernier : une délibération du 13 août 1708, signée de Reyrolles, Desgrand, Saignimorte, Vachier, Favre, A. Saignimorte, Milliet, Chadel, Bayard, de La Rochette, Failly, Gayot, sanctionna cette transaction.

C'est à la même date que nous trouvons au nombre des administrateurs de l'hôpital de Saint-Chamond deux des chanoines de Saint-Jean, Jean Vachier et Matthieu Chadel ; ce dernier était même économe de l'Hôtel-Dieu, donnant ainsi aux pauvres et aux malades le temps qui n'était pas consacré aux offices du Chapitre et aux devoirs de son canonicat. Chaque jour, dans ces œuvres de charité, se manifestait l'affection des chanoines pour leurs concitoyens, chaque jour aussi, grâce à leur bienfaisance et à leur dévouement, devenait plus intime l'union qui existait entre eux et les habitants de Saint-Chamond.

Deux ans plus tard, une nouvelle fondation était faite à la Collégiale par l'une des plus anciennes familles de Saint-Chamond (1) : Marie-Antoine Palerne, en son nom et au

---

(1) Les Palerne originaires, dit-on, de Bourg-Argental sont, dès le XVe siècle, mentionnés à Saint-Chamond, où l'on trouve : maître Mat-

nom de Charles Palerne, son frère, bourgeois de Lyon, fit don au Chapitre d'une somme de 300 livres, à la condition de célébrer chaque année, pour le repos de l'âme de feu Zacharie Palerne, leur père, un office solennel avec Vêpres, Libera me, six cierges à l'autel, etc. Ce don fut accepté, et la fondation reconnue, par une délibération du 18 octobre 1710, à laquelle assistaient les chanoines, Reyrolles, doyen; Desgrand, précenteur; Saignimorte, sacristain; Vachier, Favre, A. Saignimorte, Milliet, Chadel, Bayard, de La Rochette, Failly, Gayot. Quelques jours après, mouraient deux des signataires de cette délibération, le chanoine Failly et Pierre Saignimorte, sacristain, que son frère André remplaça dans sa charge.

La famille Palerne, qui venait de témoigner ainsi de son attachement envers le Chapitre, voyait l'année suivante

---

thieu Palerne, fondateur de la chapelle Sainte-Barbe, décédé vers 1490, laissant : 1º Pierre, héritier pour moitié avec Philibert qui suit : 2º Philibert, docteur ès-lois : 3º Claude, prêtre à la Fouillouse, décédé en 1512 ; 4º Agathe, veuve, à la même date, de Jean Bompain, marchand de Saint-Héand ; 5º Clément, notaire à Saint-Chamond. Pierre Palerne, bourgeois de la Fouillouse (fils aîné de Matthieu), eut pour fils Pierre et Clément, qui héritèrent de leur oncle Claude et de leur père, en 1514. — Et encore, à Saint-Chamond : en 1533, Antoine Palerne « appotiquaire » ; Me Guillaume Palerne, maître ès-arts, « prébendier de la prébende de Saint Jean l'Evangéliste, dans l'église de Saint-Martin Acoaillieu ; Claude Palerne « notaire publicq et juré de la jurisdiction et baronie de Saint-Chamond en 1553 » ; Loyse Palerne, femme de Jean Perret, dit Barolier, notaire, décédée en 1568 ; Jeanne Palerne, fille de Clément Palerne de la Fouillouse, femme de Me Catherin Montaigne, notaire à Saint-Chamond, décédée en 1587 etc.

En 1632, demeurait à Saint-Chamond, Gabriel Palerne, secrétaire de la Reine mère du roi: En 1649, Jean Marie Palerne, maître fileur de soye à Izieu, etc., etc.

un de ses membres prendre rang parmi les chanoines. Jean-Marie, fils de sieur Antoine Palerne, maître chirurgien juré de la ville de Saint-Chamond, et de Marie Court, avait été baptisé à Saint-Pierre, et, le 25 septembre 1702, avait été reçu, comme sociétaire honoraire et surnuméraire, en la société des prêtres des églises de Saint-Julien et Sainte-Barbe, pour remplir la première place vacante, et, alors, participer aux revenus de la société. Il était, à cette époque, à Paris, au séminaire des Bons-Enfants, rue Saint-Victor. En 1711, il fut nommé chanoine de Saint-Jean. Cette année-là, mourut le chanoine Milliet dont nous avons vu déjà les pieuses et généreuses fondations.

IV

Le 22 novembre 1714, mourut à Paris, dans l'hôtel de Soissons, à l'âge de 57 ans environ, dernière de sa race, Marie-Anne de Chevrières, femme de Charles de la Vieuville, seigneur de Saint-Chamond. Elle fut inhumée à Paris dans l'église des PP. Minimes de la place Royale, et son oraison funèbre fut prononcée, le 1er février 1715, dans l'église collégiale de Saint-Jean, à Saint-Chamond, par le P. Fleury Métayer, « religieux Minime. » Ce discours est un long panégyrique, très louangeur et sans aucune valeur historique ou littéraire.

Les années qui vont suivre verront se renouveler presque entièrement le Chapitre de Saint-Jean.

En 1717, décéda Jean-Joseph de la Rochette qui fut, le 9 décembre, remplacé par Pierre-Auguste Royer, fils de Me Joseph Royer, procureur fiscal de la ville et marquisat de Saint-Chamond, et de demoiselle Marguerite Charpeney.

L'année 1718 fut surtout malheureuse : le Chapitre perdit, le 25 mars, le chanoine Chadel; le 24 mai, son doyen, Jean-François Reyrolles, qui, pendant quarante-cinq ans, l'avait sagement administré; le 22 juin, Jean-François Feuly; le 4 juillet, Lambert Bayard. Ce dernier avait, par son testament daté de la veille de sa mort, légué au Chapitre une maison « sise Grande-Rue », valant 950 livres. La charge de doyen resta trois ans vacante; pendant ce temps-là, le précenteur, Simon Desgrand, en exerça les fonctions.

Dans cette année 1718, marquée par tant de deuils pour le Chapitre, une seule nomination avait été faite par le seigneur de Saint-Chamond, celle de Claude-Joseph Gayot, nommé chanoine le 10 octobre. Fils de Hiérosme Gayot, marchand de Saint-Chamond, il était, depuis 1708, sociétaire des églises de Saint-Pierre et Sainte-Barbe.

Ce fut le dernier acte de patronage que Charles-Emmanuel de la Vieuville accomplit envers le Chapitre. Il mourut à Paris, le 17 janvier 1720, sans avoir manifesté le désir de recevoir la sépulture dans la Collégiale : il fut inhumé à Paris, au tombeau où reposait sa femme, dans l'église des Pères Minimes de la place Royale.

Son fils unique, Charles-Louis-Joseph de la Vieuville, marquis de Saint-Chamond, lui succéda. Colonel de dragons et brigadier des armées du Roi, il prit part à toutes les grandes guerres de l'époque et résida fort peu à Saint-Chamond où sa présence ne nous est presque jamais révélée. Cependant, après avoir reçu, comme nouveau seigneur, l'hommage et le serment de fidélité du Chapitre, Charles-Louis de la Vieuville s'empressa de lui donner un doyen, et nomma Bertrand Bonne à cette charge, le 27 mars 1721. Il s'occupa aussi de pourvoir aux nombreux canonicats vacants, car la mort frappait toujours dans les rangs du Chapitre.

Le dernier chanoine enlevé à l'affection de ses confrères avait été Jean Vachier, décédé le 17 juin 1720. Depuis cinquante ans membre du Chapitre, par un témoignage de suprême affection, il demanda, dans son testament du 8 juin 1720 (reçu Perrussel), d'être inhumé dans cette Collégiale, où il avait passé sa vie. Il donna au Chapitre la maison qu'il habitait, rue des Granges, que son frère lui avait léguée par son testament du 21 juin 1678 : le Chapitre dut, à raison de ce legs de Jean Vachier, faire dire quarante messes à perpétuité pendant le carême pour le repos de son âme. Par une clause spéciale, que l'on rencontre fréquemment dans les testaments des chanoines, Jean Vachier légua son bréviaire lyonnais à un de ses confrères, Simon Gayot, et son bréviaire romain, à l'archevêque de Lyon. Il légua aussi quarante livres aux PP. Capucins de Saint-Chamond. Jean et Hiérosme Vachier avaient été les bienfaiteurs de l'Hôpital de Saint-Chamond et avaient donné à cet établissement le domaine de la Pereillière (1).

Les premiers chanoines nommés par le nouveau marquis de Saint-Chamond, Charles-Louis de la Vieuville, furent Antoine Pernon, Balthazard Jacquier et Julien Mongirod. Ce dernier était fils de Jean-Marie Mongirod, lieutenant en la juridiction des traites et subdélégué de M. l'Intendant

---

(1) Leur portrait se trouvait jadis, a-t-on dit, à l'Hôpital (E. Richard, *Recherches historiques*) : il n'y est pas aujourd'hui. Ils étaient fils d'Hiérosme Vachier et d'Antoinette Sage. Un de leurs frères, Louis Vachier, était chanoine et doyen de l'église collégiale de Vienne : un autre, Georges Vachier, procureur à Vienne ; une de leurs sœurs, Françoise, épousa François Gallois, écuyer, sieur de la Chapelle et l'un des gardes du corps du Roi de la Compagnie Ecossaise, etc.

à Saint-Chamond, et de demoiselle Antoinette Terrasse.

L'année même où il fut nommé doyen, en 1721, Bertrand Bonne bénit la cloche de la chapelle des Pénitents du Saint-Sacrement : déjà, nous l'avons vu, un membre de notre Chapitre, Pierre Beyssac, avait, en 1691, béni cette chapelle.

L'année suivante, 1722, mourut un des chanoines, Claude-Joseph Gayot ; il ne figurait au Chapitre que depuis peu d'années.

Le 22 février 1726, deux chanoines, André Saignimorte sacristain et Pierre Royer, furent témoins de l'hommage que les Pères Minimes rendirent au seigneur de Saint-Chamond, Charles-Louis-Joseph de la Vieuville. Cette même année, Simon Clapeyron fut nommé chanoine à la place de Jean-Baptiste Favre, décédé. L'année suivante mourut André Saignimorte.

En 1728, malgré les décisions de 1681 et 1682, la question des processions de la Fête-Dieu fut, de nouveau, soulevée entre le Chapitre et les curés et les sociétaires des églises paroissiales de Saint-Chamond. Ceux-ci, redoutant, paraît-il, une nouvelle demande des chanoines, adressèrent à l'archevêque de Lyon, Mgr François-Paul de Neufville de Villeroy, en leur nom et au nom des habitants de la ville, une pétition signée de MM. Dugas, curé de Saint-Ennemond, Sibert, curé de Notre-Dame, et Vincent, curé de Saint-Pierre, pour obtenir de conserver l'usage des processions paroissiales de la Fête-Dieu, et s'opposer aux chanoines, qui, disaient-ils, « avaient le dessein de demander de faire une procession générale et unique partant de la Collégiale. » Le 31 août 1728, on donna aux pétitionnaires acte de leur opposition, et le règlement de 1682 fut maintenu.

Voici, rapidement énoncés, les changements qui vont avoir lieu au Chapitre pendant les vingt dernières années de l'administration du doyen Bertrand Bonne.

En 1728, paraît un nouveau chanoine, Pierre Merle, qui, en 1737, ne figure plus au Chapitre.

En 1731, fut pourvu d'un canonicat Jean-Baptiste Buyet alors âgé de vingt-cinq ans ; originaire de Saint-Chamond, où sa famille occupait depuis déjà longtemps une place des plus honorables, Jean-Baptiste Buyet devait faire partie pendant trente ans du Chapitre ; vers 1759, il remplit, pendant quelque temps, les fonctions de précenteur.

L'année suivante, le 26 février 1732, le chanoine Royer, sacristain, bénit dans la chapelle du château, en présence du marquis de Saint-Chamond, le mariage de son frère, Jean-Baptiste Royer, procureur fiscal de la ville et marquisat de Saint-Chamond, avec demoiselle Angélique de la Lande, fille d'Adrien, secrétaire des dépêches de la Cour au bureau général des postes à Lyon et de demoiselle Jeanne Clapeyron.

Deux ans après, le Chapitre perdit Simond Desgrand, précenteur depuis 1696. En 1735, Jean-Marie Palerne lui succédait, et Jean-Blaise Bavière était reçu chanoine ; en 1736, mourait Simon Clapeyron.

Neuf ans plus tard, en 1745, le 30 mars, mourut, à l'âge de quatre-vingt-deux ans, Antoine Pernon qui, depuis vingt-quatre ans, faisait partie du Chapitre.

Le 5 juin, une difficulté nouvelle s'éleva entre le Chapitre et le clergé des paroisses, à l'occasion des inhumations à la Collégiale et de l'administration des sacrements ; mais comme en 1728, elle fut aussitôt réglée par l'officialité.

Cette année 1745, vit se compléter le nombre des chanoines ; quatre nouveaux chanoines furent promus, Jean-Louis Fulchiron, Grégoire Favre, Joseph Hervier et Louis-Joseph de Ricquier de Rochefort. Les trois premiers étaient de Saint-Chamond, et l'un d'eux devait bientôt être nommé doyen. C'est ainsi que chaque jour se réalisait la promesse faite par Melchior de Chevrières aux consuls et habitants de Saint-Chamond, lors du contrat de fondation de la Collégiale : « Vos enfants se prévaudront des bénéfices du « Chapitre lorsqu'ils vacqueront et que vous les aurez par « votre bonne éducation rendus capables de succéder aux « vertus de ceux à qui je viens de les conférer..... » Cette parole devait rester vraie jusqu'au jour de la dispersion du Chapitre, et presque toujours les chanoines furent choisis parmi les prêtres originaires de Saint-Chamond.

L'un des nouveaux promus, Grégoire Favre, était fils de Marc-Antoine et de demoiselle G. de la Font ; le mariage dont il était issu avait été béni, trente-deux ans auparavant, le 15 septembre 1713, par son oncle Jean-Baptiste Favre, alors receveur ou trésorier du Chapitre.

Joseph Hervier avait un frère nommé Jacques qui avait, comme lui, embrassé l'état ecclésiastique : tous deux, alors « clercs tonsurés et étudiants dans le collége de Thoissey en Dombes », avaient été reçus, le 17 mars 1731, sociétaires de Saint-Pierre et Sainte-Barbe. Jacques Hervier vint plus tard rejoindre son frère Joseph à la Collégiale, où il fut nommé chanoine en 1748. Ils étaient fils de Jérôme Hervier, marchand de Saint-Chamond et de Jeanne Vachier.

En 1746, mourut Simon Gayot, chanoine de Saint-Jean depuis quarante ans. En 1722, il avait été nommé prébendier de la prébende de Saint-Matthieu et de Saint-Marc en l'église de Notre-Dame, à la place de l'un des sociétaires de Saint-Pierre, Benoît Vialis ; le 11 janvier 1734, à raison de cette prébende, il avait prêté foi et hommage au roi pour son fief ou rente noble d'Urgel, qui comprenait le fief de Torrepana situé en la paroisse de Chaignon et quelques autres terres et vignes situées au territoire de la Violière, Colenon, etc.

En 1747, décéda le chanoine Mongirod qui, pendant longtemps, avait rempli à la Collégiale les fonctions de syndic.

Depuis de longues années, Charles-Louis-Joseph de la Vieuville ne présidait plus les assemblées du Chapitre de Saint-Jean. Toujours dans les camps ou à la Cour, il semblait avoir abandonné son château de Saint-Chamond et la Collégiale. Il avait, le 1er février 1724, épousé Geneviève Gruyn, fille de Pierre Gruyn, conseiller d'Etat et garde du Trésor royal, et de Catherine de Benoize. Vers 1748, après une brillante carrière militaire, il mourut à Paris, où il fut inhumé dans l'église des PP. Minimes de la place Royale, au tombeau des la Vieuville. Sa femme, qui mourut quelques années après, y reçut aussi la sépulture.

Son fils, Charles-Louis-Auguste de la Vieuville, âgé de vingt-trois ans, lui succéda. Comme son père, il séjourna peu dans nos pays. Il reçut cependant l'hommage du Chapitre, et en 1750, donna un successeur au doyen Bertrand Bonne, qui était mort en 1749, après avoir pendant vingt-huit ans administré le Chapitre. Ce fut le chanoine Jean-Louis Fulchiron. En 1751, Charles de la Vieuville, revint à Saint-Chamond, et fit alors, avec la marquise de Custine, sa sœur, reconstruire et agrandir le couvent des PP. Capucins, ainsi que l'atteste l'inscription suivante, qu'on lit encore au-dessus d'une porte :

ILL^{us} D^{us} CA^{us} LUD^{us} AUG^{us} DE LA VIEUVILLE, MARCHIO DE SAINT-CHAMOND LEGIONIS SUI NOMINIS PRŒFECTUS ET D^{na} MARCHIONA DE CUSTINE SOROR EJUS CH^{ma} HUJUS ŒDIFICII LAPIDEM PRIMUM POSUERUNT ET DOTIBUS SUIS DECORAVERUNT. ANNO D^{ni} 1751 DIE 20 APRILIS.

Quelques années plus tard, Charles-Louis de la Vieuville devait aliéner cette belle terre de Saint-Chamond, héritage des Jarez, des Saint-Priest, des Mitte de Chevrières!

CHAPITRE DIXIÈME

I. Jean-Louis Fulchiron, doyen. Son administration. Grandes réparations à la Collégiale. Améliorations. — II. Le marquis de Montdragon, acquéreur de la terre et seigneurie de Saint-Chamond. Nominations. — III. Décret de suppression des Chapitres en France. Requête adressée par le marquis de Montdragon aux directoires du district et du département de Rhône-et-Loire. Décisions contraires de ces directoires et du comité des affaires ecclésiastiques.

I

Prêtre de savoir et de mérite, Jean-Louis Fulchiron, lors de sa nomination à la première dignité du Chapitre, était licencié en droit civil et en droit canon. Malgré les nombreux devoirs de sa charge, poursuivant ses études, il reçut le titre de docteur à la Faculté de Paris.

Administrateur habile, il vit, sous son active direction, le Chapitre subvenir, avec des ressources restreintes, à l'entretien de l'église, ajouter à sa décoration intérieure, faire les réparations devenues nécessaires et entreprendre même de grandes restaurations.

Jean-Louis Fulchiron ne se borna pas à diriger sagement ces importants travaux : il y contribua généreusement. Son temps, ses soins, sa fortune furent consacrés à embellir et orner l'église de Saint-Jean. Et après quarante années d'une administration pleine de zèle et de sollicitude, il devait assister à la dispersion du Chapitre, à la profanation de la Collégiale, et voir se consommer la ruine de cette église! Mais avant de raconter ces tristes évènements, rappelons les améliorations qui furent exécutées à la Collégiale par le nouveau doyen.

Le maître-autel était en bois et en mauvais état; il fut, en 1752, remplacé par un autel de pierre et de marbre, dont l'exécution fut confiée au sculpteur Perrache, « le même qui a fait construire, près de Lyon, la chaussée qui portera éternellement son nom. » Cet autel coûta deux mille francs (1). La grille de fer, placée derrière le maître-autel, « sous laquelle était fermée la statue de Saint-Jean-Baptiste » fut enlevée et la statue placée contre un pilier, près de la chapelle des Saintes Reliques. « L'appui de communion » qui était en bois « dans le goût des balustres des tribunes » fut remplacé, ainsi que les balustrades semblables des chapelles latérales, par des balustrades de fer aux armes du seigneur de Saint-Chamond. Tout autour du maître-autel on fit faire un « parquet en pierre noire et blanche » qui coûta 600 francs. Peu après, on remplaça les carreaux du chœur par « des dalles en pierre de taille. »

Les saintes Reliques, on s'en souvient, avaient été placées dans la chapelle du château, mise en communication avec la Collégiale : « Et sera ladite église Collégiale jointe à la chapelle dudit château, en laquelle reposeront lesdites Saintes Reliques, et par le moyen d'une grille de fer au travers de laquelle on les verra certains jours de l'année, le peuple y pourra plus facilement faire ses dévotions... » (2)

---

(1) Cet autel existe encore à Saint-Chamond; il se trouve actuellement dans la chapelle des Pénitents, sur la place de Notre-Dame.

(2) Contrat de fondation de 1634. *Pièces Justificatives.* I.

La voûte en forme d'abside, que l'on aperçoit encore creusée dans le

Cette chapelle « ayant été dégradée, » on transporta, « pour plus de décence », les Reliques dans la Collégiale, sur l'autel de la petite chapelle de gauche. Les dépenses occasionnées par cette translation s'élevèrent à 900 livres environ.

En 1760, on fit faire la chaire, qui, avec son escalier e^t la rampe en fer, coûta 1,500 livres. A la même époque, les autels des saintes Reliques et de Saint Jean-Baptiste furent aussi réparés et les dépenses s'élevèrent à 1,000 livres.

Il y avait alors à la Collégiale huit autels : un au centre, le maître-autel; deux à gauche, l'un dans la chapelle de l'Ange-Gardien, qui occupait l'abside, et l'autre à côté dans la chapelle des Reliques; deux à droite, l'un dans la chapelle de la Sainte-Vierge dite N.-D. de Bon-Secours placée dans l'abside, l'autre dans la chapelle de Saint-Jean-Baptiste, faisant face à celle des Reliques. Dans les tribunes, il y avait un autel dans la chapelle située au-dessus du chœur, un dans la chapelle de Sainte-Elisabeth au-dessus de celle de l'Ange-Gardien et un autre enfin dans la chapelle où était le tableau de l'adoration des Rois Mages, au-dessus de celle de la Sainte-Vierge.

En 1762, le doyen Jean-Louis Fulchiron donna à la Collégiale l'horloge que les dessins du temps (1) nous montrent placée sur le clocher au-dessous de la plate-forme; lors du pillage de la Collégiale, cette horloge fut transportée à l'hôtel de ville de Saint-Chamond.

---

rocher sur la colline, appartenait à cette chapelle du château, et non à la Collégiale qui ne s'étendait pas jusque-là. Après le transport des reliques à la Collégiale, cette chapelle qui tombait en ruine, fut sans doute démolie.

(1) *Vues de la Collégiale.* Bibliothèque de Lyon. Fonds Coste, n°s 884 et suivants.

II

Quelques années plus tard, le Chapitre était le témoin d'un évènement qui touchait à ses intérêts les plus intimes.

Peu attaché à un pays qu'il n'avait jamais habité, Charles-Louis-Auguste de la Vieuville, brisant une possession de plusieurs siècles, vendait, le 24 mars 1768, à Jean-Jacques Gallet, marquis de Montdragon, sa terre et seigneurie de Saint-Chamond, au prix de 644,000 livres. Ainsi changeaient de seigneur la ville de Saint-Chamond et les paroisses qui dépendaient de ce marquisat, Saint-Julien-en-Jarez, Izieu, Saint-Martin Acoaillieu, Doizieu, Saint-Just, les Farnanches, la Valla, etc. Ainsi passait en d'autres mains le droit de patronage sur le Chapitre de Saint-Jean ; ce droit qui donnait au nouveau propriétaire le pouvoir de nommer aux canonicats et dignités de l'église collégiale, avait été, en effet, formellement mentionné et compris dans l'acte de vente. En aliénant la terre de Saint-Chamond, Charles de la Vieuville se réservait le titre du marquisat et était nommé gouverneur de la ville de Saint-Chamond, dont le marquis de Montdragon devenait le seigneur.

Le marquis de Montdragon, conseiller d'Etat, maître d'hôtel ordinaire du Roi, et secrétaire des commandements de feu Madame la Dauphine, succéda donc à tous les droits des la Vieuville sur la Collégiale et à tous leurs devoirs de protection et de haut patronage envers le Chapitre. Nul plus que lui n'était digne de recevoir une semblable mission. Il sut, en des jours difficiles, s'en acquitter, sinon avec succès, au moins avec fermeté et dévouement.

Les chanoines, nommés désormais par le marquis de Montdragon, continuèrent à vivre pieusement dans leur Collégiale, aimés de tous et occupés à réparer toujours et à orner leur église.

Le 20 septembre 1774, ils reçurent une nouvelle fondation. Julien-Benoît Touard, de Saint-Julien-en-Jarez, ancien commandant d'un bataillon des milices du Forez, chevalier de l'ordre royal et militaire de Saint-Louis, mourut en laissant au Chapitre, par testament, une rente annuelle de 20 livres, à la condition de célébrer chaque année une grand'messe pour le repos de son âme ; instituant dans son testament le marquis de Montdragon son héritier universel, il légua tous ses meubles au Chapitre.

En 1752, en élevant un nouveau maître-autel, on n'avait pas modifié la position que lui avaient assignée les statuts : le devant de l'autel avait été laissé en face du chœur, « le prêtre qui célébrait ayant le visage tourné vers le peuple : » on continuait à donner la bénédiction du Saint-Sacrement de l'autel de la chapelle des Saintes Reliques. En 1779, le Chapitre changeant cette disposition, plaça le devant du maître-autel en face de la nef. Il fit alors agrandir le sanctuaire et réparer différentes parties de l'église.

Pour faire face à ces nouvelles dépenses, les chanoines, tous profondément attachés à leur Collégiale, s'empressèrent d'ouvrir entre eux une souscription ; ils s'inscrivirent : Fulchiron, doyen, pour 144 livres ; — Favre, précenteur, 36 l.; — Brun, sacristain, 36 l.; — Hervier, l'aîné, 24 l.; — Hervier, cadet, 30 l.; — Gayot, 30 l.; — Regnault, 30 l.; — Mottin, 18 l.; — Terrasson, 6 l.; — Faujat, 24 l.; — Mongirod, 24 l.

Si nous trouvons dans cette souscription plusieurs noms nouveaux, nous voyons aussi combien de nos anciens chanoines ne figurent plus au Chapitre. A défaut de faits intéressants ou dignes de remarque, voici la liste des chanoines promus depuis 1750 ; ils devaient être témoins des derniers jours de splendeur et de fête de la Collégiale.

L'année même où le nouveau doyen était entré en fonction en 1750, un des membres du Chapitre, Louis de Ricquier de Rochefort, avait quitté la Collégiale pour aller occuper la cure de Saint-Martin-Acoaillieu, à la place de Charles-Joseph Dugas, décédé. Il reçut sa nomination de Charles-Louis de la Vieuville ; les seigneurs de Saint-Chamond avaient, en effet, depuis longtemps, le droit de nommer à cette cure, droit qui avait jadis appartenu à l'église du Puy. En s'éloignant du Chapitre, Louis de Ricquier lui restait uni par le titre de chanoine honoraire, qui lui permettait d'assister aux offices de la Collégiale.

L'année suivante, Jean-Marie Palerne, qui avait, pendant seize ans, occupé la seconde place au Chapitre, mourut le 17 septembre et la charge de précenteur, laissée vacante par sa mort, ne fut confiée que trois ans plus tard au chanoine Royer, sacristain depuis 1727. En prenant, en 1754, possession de cette dignité, celui-ci céda la place de sacristain à Jean-Marie Buyet. La même année, Claude Durand fut nommé chanoine.

En 1755, Philibert Gayot, fils de Pierre Gayot, devint membre du Chapitre : c'était le quatrième chanoine de ce nom, et comme ceux qui l'avaient précédé, il était originaire de Saint-Chamond. Avec lui fut reçu Benoît Corréard et l'année suivante, Pierre-Marie Mottin. En 1755 aussi, décéda le chanoine Bavière.

Pierre Royer n'exerça pas longtemps les fonctions de

précenteur. Il mourut vers le 4 mars 1758. Le chanoine Buyet, sacristain, fut nommé précenteur à sa place, mais ne lui survécut que trois ans. Il mourut le 8 mai 1761 ; son frère, noble Gabriel Buyet, avocat au Parlement, assista à ses funérailles. Le chanoine Favre fut alors nommé précenteur.

En 1760, nous trouvons mentionné, comme chanoine, un prêtre nommé Jacquin ; il n'est cité qu'une fois.

Trois ans après mourait, à l'âge de soixante-cinq ans, Antoine Ravachol, qui était membre du Chapitre depuis 1754. Ses obsèques furent célébrées le 17 décembre 1763. Cette même année avait été reçu Dominique Terrasson ; l'année suivante Jean-François Boiron et Antoine Chaland furent pourvus de deux canonicats vacants. Marc-Antoine Delaval, fut nommé en 1767.

En 1768, Jean-Pierre Regnault, frère de M. Jean-Louis Regnault, négociant à Saint-Chamond, fut nommé en remplacement de Claude Durand, décédé. Ce fut la première nomination que fit à la Collégiale le nouveau seigneur de Saint-Chamond, le marquis de Montdragon. L'année suivante, on trouve le nom du chanoine Romain, qni n'est mentionné que cette année-là.

Quelques années après, en 1773, Benoît Corréard, nommé chanoine du Chapitre de Saint-Nizier à Lyon, donna sa démission ; mais il n'oublia point l'église de Saint-Jean à laquelle le liait encore le titre de chanoine honoraire : cette distinction lui était bien due pour le soin qu'il avait mis à rédiger l'histoire si intéressante et si précieuse des saintes Reliques de la Collégiale.

Cette année-là, le 26 novembre, le chanoine Pierre-Marie Mottin fut nommé à la cure de Saint-Martin-Acoaillieu, en remplacement de Louis de Ricquier de Rochefort qui venait de mourir; mais un an après (décembre 1775), cédant cette cure à M. Deluvigne, Pierre Mottin rentra au Chapitre.

En 1775, Michel Faujat, fils de Jean-Baptiste Faujat, fut reçu au Chapitre.

Le Chapitre qui, bien souvent, avait vu les sociétaires des églises de Saint-Chamond venir à lui et prendre place à la Collégiale, allait à son tour donner un curé à l'une de ces églises. Le 6 juin 1775, le chanoine Antoine Chaland fut nommé à la cure de Saint-Pierre et Sainte-Barbe, vacante par la résiliation de Jean-Catherin Bertholet. Il se démit de son canonicat, mais le marquis de Saint-Chamond lui conserva le titre de chanoine honoraire. Antoine Chaland reçut sa nomination du recteur du collège de Notre-Dame à Lyon, qui avait la collation de cette cure, comme prieur de Saint-Julien. Depuis la sentence d'union, un seul curé administrait les deux églises de Saint-Pierre et de Saint-Julien; il résidait à Saint-Pierre, et un vicaire était à Saint-Julien.

Antoine Chaland appartenait à une ancienne et notable famille de Saint-Chamond. Baptisé le 12 mars 1732, il était fils d'Antoine Chaland, marchand de soie de Saint-Chamond, et de Marguerite Bouchet (1). Prêtre instruit,

---

(1) Antoine Chaland et Marguerite Bouchet eurent huit enfants, savoir :

1º Jean Benoît, décédé le 15 pluviôse an IX.

2º Antoine, le chanoine.

3º Marie-Anne, baptisée le 22 juin 1733, religieuse de l'abbaye royale de Chazeaux, dite de Saint-Ambroise.

4º Marie-Julienne, mariée à Ennemond Montagnier.

5º Marie-Etiennette, mariée à Pierre Gayot.

6º Benoîte, décédée le 14 juin 1756, mariée à noble Antoine Dugas

licencié en droit civil et canon, il porta le titre d'archiprêtre de Jarez : il fut aussi titulaire d'une prébende, dite « des Fourniers », fondée, le 17 avril 1552, dans l'église de Saint-Ennemond, par messire Jean Fournier, curé de cette paroisse. Il devait occuper le poste de curé de Saint-Pierre jusqu'à la Révolution, et voir alors son église profanée par de tumultueuses assemblées et le culte impie de la Raison ! (1) Il mourut, le 26 messidor an XII, léguant, par son testament mystique du 24 prairial an XI, mille francs à l'Hôpital de Saint-Chamond.

En 1776 fut nommé chanoine Julien Mongirod. Deux ans après, mourut Jean-François Boiron et, la même année 1778, Balthazard Jacquier qui, depuis cinquante ans, faisait partie du Chapitre et exerçait, depuis 1763, les fonctions de sacristain. Il fut remplacé dans cette charge par un chanoine nouvellement promu, Sébastien Brun, docteur en droit civil et canon, originaire de Saint-Chamond.

En 1779, le Chapitre perdit le chanoine Jacques Hervier ; trois ans plus tard, le 22 novembre 1782, mourut son frère Joseph (2).

En 1781, Jean-Marie Fleurdelix et en 1783, Camille Burlat, furent reçus au Chapitre.

(veuf de Jaqueline Ravachol), chevalier, trésorier de France, recteur de l'hôpital de Saint-Chamond, décédé le 10 avril 1766, dont Antoine-Marie-Charles Dugas des Varennes.

7º Léonard, marié à demoiselle Françoise Balmont, dont Antoinette-Barthélemie, mariée à noble Etienne F. Philibert de Fontanès.

8º Marguerite, baptisée le 5 février 1731, mariée à J.-F. Flachat. (Note communiquée par M. W. Poidebard).

(1) *Archives de la Loire*. Biens nationaux.

(2) C'est par erreur que l'*Almanach du Lyonnais* les mentionne encore comme chanoines en 1784.

Deux ans après, mourut le second dignitaire du Chapitre, Grégoire Favre, précenteur. C'était un homme instruit et studieux qui, en 1784, était voyer de la ville de Saint-Chamond où il était très aimé. Philibert Gayot qui lui succéda dans sa charge, fut le dernier précenteur de la Collégiale.

Cette même année 1785, le chanoine Fleurdelix, qui, lui aussi, devait occuper cette place jusqu'en 1789, fut nommé sacristain, en remplacement de Sébastien Brun, démissionnaire. Celui-ci, nommé alors chanoine de Saint-Paul à Lyon, conserva le titre de chanoine honoraire de Saint-Jean ; à peine arrivé à Lyon, il fit partie, comme membre associé, de la Société Royale d'agriculture de la Généralité de Lyon.

En 1786, M. Pasquier fut nommé chanoine.

En 1787, mourut Michel Faujat ; son neveu Piney fut nommé à sa place ; la même année arrivèrent au Chapitre, les chanoines Mathé et Gaillard qui devaient être les derniers chanoines nommés.

Tels étaient les changements survenus, pendant ces dernières années, dans les rangs du Chapitre qui se trouvait alors ainsi composé : doyen, Fulchiron ; précenteur, Gayot ; sacristain, Fleurdelix ; chanoines, Burlat, Delaval, Gaillard, Mongirod, Mottin, Pasquier, Piney, Regnault, Terrasson. Prévoyaient-ils l'ère de désolation qui allait s'ouvrir pour leur chère Collégiale !

III

Déjà la tempête approchait : l'heure qui devait voir se disperser les chanoines de Saint-Jean était arrivée et notre

Chapitre n'échappa point aux décrets d'abolition portés contre tous les Chapitres de France par l'Assemblée nationale, le 30 octobre 1789.

Le décret du 2 novembre 1789 qui confisquait les biens du clergé, et celui du 12 juillet 1790 qui supprimait définitivement les Chapitres, achevèrent sa ruine et marquèrent la date dernière de son existence.

Le directoire du district de Saint-Etienne ordonna de procéder à l'inventaire des meubles de la Collégiale. Cet inventaire fut dressé, le 2 décembre 1790, par sieur Jean-Henri-Joseph Royer, président du district de Saint-Etienne, en présence des « ci-devant chanoines » Jean-Louis Fulchiron, Philibert Gayot, Fleurdelix, Regnault, Mottin, Burlat, Pasquier, Pleney, Mathé. Me Etienne Basset, notaire, fit, au nom du marquis de Montdragon qui lui avait remis une procuration générale pour défendre ses intérêts, toutes les réserves de droit : acte lui fut donné de son opposition. Cet inventaire, presque semblable à celui de 1643, présente peu d'intérêt : pour l'argenterie, il mentionne deux calices de plus. Pour les ornements, pas de changements, sauf un ornement complet en étoffe de soie et or donné vers 1785 par le marquis de Montdragon. Le linge, les nappes, les surplis, etc., sont en plus grand nombre. Dans les autres objets inventoriés, il n'en est aucun de précieux ou de remarquable. L'inventaire des reliques et des reliquaires ne fut pas établi.

On laissa alors aux chanoines, sous leur responsabilité, deux calices, sept chasubles, onze nappes, six petites aubes et trente-cinq essuie-mains. Les autres ornements, vases sacrés, etc., furent placés dans des meubles sur lesquels les scellés furent apposés ; on scella de même les portes de l'église, et les clefs furent confiées au sieur Royer.

Le marquis de Montdragon intervint et tenta de défendre les droits des chanoines et les siens.

En présence des décrets de l'Assemblée nationale qui frappaient le Chapitre et le dépouillaient lui-même, il s'adressa au directoire du district de Saint-Etienne et au directoire du département de Rhône-et-Loire, demandant qu'on laissât subsister le Chapitre de Saint-Jean. Mais, craignant de ne pouvoir obtenir ce premier point, il formulait une demande subsidiaire où il réclamait : — 1° l'ancienne chapelle du château, et par suite l'église ; — 2° les reliques, vases sacrés et ornements ; — 3° le maintien de quatre chapelains et leur dotation en biens-fonds ; — 4° le retrait de divers héritages donnés en engagement et mentionnés dans l'acte de dotation du 24 décembre 1642 ; il offrait de payer une rente de 3,840 livres, représentant les revenus de ces fonds.

Le directoire du district de Saint-Etienne donna, le 1er février 1791, son avis qui était de restituer au marquis de Montdragon les biens qu'il demandait à retraire ; le 19 février, le directoire du département de Rhône-et-Loire, sans discuter le quatrième point qu'avait accordé le directoire du district, fit droit à la demande du marquis de Montdragon sur les trois premiers points.

Considérant « qu'avant la fondation du Chapitre, il exis-
« tait déjà une chapelle dans l'enceinte du château de Saint-
« Chamond et que la fondation d'un Chapitre et la cons-
« truction d'une église collégiale dans la même enceinte
« devaient être regardées comme une augmentation de ser-
« vice dans cette chapelle, en même temps qu'un acte de
« munificence et de piété ; que cette fondation n'avait ni
« détruit ni remplacé la chapelle intérieure, attendu la ré-
« serve faite par le fondateur de quatre chapelains ou au-

« môniers particulièrement destinés à son service, et que
« l'église dont il s'agissait devait conserver sa qualité de
« chapelle intérieure, lesquelles sont formellement con-
« servées, » le directoire arrêta « que l'église du ci-devant
« Chapitre de Saint-Chamond, bâtie dans l'intérieur du châ-
« teau et servant de chapelle au propriétaire d'icelui, ensem-
« ble les reliques, reliquaires, vases, calices, linges et orne-
« ments servant au culte sont et demeurent distraits de la
« vente des biens nationaux, en faveur du sieur Gallet de
« Montdragon : arrête en outre qu'il sera distrait des biens
« servant de dotation au ci-devant Chapitre, une portion
« suffisante pour former le traitement de quatre chapelains
« ou aumôniers réservés par le fondateur, à raison, pour
« chacun d'eux, de la part et portion d'un chanoine et demi
« et du tiers d'une prébende, ainsi qu'il est expliqué dans
« l'acte du 24 décembre 1642 ; et attendu que ledit acte
« n'énonce point les fonds destinés et affectés à la dotation
« des quatre aumôniers dont il s'agit, il sera procédé à la-
« dite distraction et liquidation de traitement par des ex-
« perts qui seront nommés, l'un par le sieur de Montdra-
« gon, et l'autre par le directoire du district de Saint-
« Etienne, auxquels experts seront remis tous titres, livres
« de compte et autres qui pourraient faciliter leur opéra-
« tion, pour ensuite le procès-verbal qui sera dressé être,
« sur l'avis du directoire du district, homologué, s'il y a
« lieu. Arrête enfin que la présente délibération, ensemble
« la requête et autres pièces du sieur de Montdragon, se-
« ront adressées à l'Assemblée nationale pour recevoir son
« approbation.

« Fait au directoire, à Lyon, le 19 février 1791, et ainsi
« signé : IMBERT, BESSON, DUVAND, BACIER, JANSON, CHI-
« RAT, procureur général syndic, FOCARD, secrétaire. »

Le marquis de Montdragon était encore tenu, aux termes de cet acte, de laisser, comme par le passé, le public jouir de l'église.

Mais cet arrêté n'était conforme ni à l'esprit du législateur de 1790, ni surtout aux décrets de plus en plus oppressifs de 1791. Il fut soumis à l'approbation du comité des affaires ecclésiastiques et d'aliénation des biens nationaux à l'Assemblée nationale, qui, le 21 mai 1791, le réforma, et décida « que, d'après l'acte même de fondation de l'église
« Saint-Jean, en 1634, cette église était un établissement
« public (*en laquelle église l'accès sera libre et comme public*
« *à tous les habitants, etc.*); que, par conséquent, elle ne
« pouvait être regardée comme une chapelle *castrale*
« dont la conservation était maintenue par l'article 22
« du décret du 12 juillet 1790, concernant la constitution
« civile du clergé; que cet établissement était donc com-
« pris dans la suppression prononcée par les articles 20 et
« 21 et la première partie de l'article 22 du même décret,
« et que, tout étant public et national, tout devait être mis
« en vente. » Mais, s'appuyant sur l'article 25 du même décret, portant que, « à l'égard des autres fondations
« pieuses, les parties intéressées présenteront leurs mé-
« moires aux assemblées du département, pour, sur leur
« avis et celui de l'évêque diocésain, être statué par le
« Corps législatif sur leur conservation ou leur remplace-
« ment, » le comité pensa qu'on pouvait accorder à M. de Montdragon « l'église, les reliques, les vases sacrés et orne-
« ments à l'usage d'un prêtre seulement, lequel sera sti-
« pendié par la nation; mais cela ne se pourra faire que
« lors de la circonscription des paroisses, sur l'avis des mu-
« nicipalités et du directoire de district, qui jugeront si,
« pour l'utilité des habitants, il serait à propos de leur

« laisser l'usage de l'église comme d'un oratoire annexe ou
« chapelle de secours ».

Quant au quatrième point, il fut rejeté, car ce n'était pas une rente de 3,840 l., avec engagement des domaines comme garantie, qui avait été donnée en dotation au Chapitre en 1642, mais les domaines eux-mêmes ; le fondateur s'était bien réservé le droit de les retraire en payant annuellement, en représentation des revenus, une rente de 3,840 l., mais ce droit ainsi réservé ne pouvait être qu'une stipulation de faculté de rachat ou une clause de retour. Alors, d'une part, le rachat n'ayant pas été exercé dans le délai légal, le droit de l'exercer était prescrit; d'autre part, la clause de retour était formellement défendue par l'art. 23 du décret du 12 juillet. Et l'on concluait ainsi : « cette fa-
« culté de rentrer dans les biens n'ayant été réservée qu'au
« fondateur et *aux siens*, ce mot *siens* n'emporte la trans-
« mission du droit de retraire qu'à ceux de sa famille et
« non aux étrangers, comme le sieur de Montdragon ; que
« pour la faire passer à celui-ci, il aurait fallu ajouter et
« *ayant cause* (1). » Ces biens devaient donc être vendus comme les autres biens nationaux.

Mais ni les arrêtés des directoires du district de Saint-Etienne et du département de Rhône-et-Loire, ni la décision du comité d'aliénation ne reçurent d'application. Brisé par le décret du 30 octobre 1790, le Chapitre de Saint-Jean ne devait plus revivre.

---

(1) *Bibliothèque de Saint-Chamond*. — *Archives de la Loire. Biens nationaux.*

CHAPITRE ONZIÈME

I. Etat général des biens du Chapitre ; domaines ; rentes ; pensions ; maisons. — II. Dépenses annuelles. Décrets de 1792. Dispersion des chanoines.

I

Pendant le cours de ces instances qui se faisaient en dehors d'eux et auxquelles ils ne pouvaient prendre part, les chanoines avaient fait parvenir, le 18 février 1791, aux administrateurs du district de Saint-Etienne un état général de leurs revenus et de leurs charges. En confisquant tous les biens du clergé, en violant ainsi les intentions de tant de généreux donateurs, l'Assemblée nationale avait, le 10 décembre 1790, rendu plusieurs décrets relatifs au traitement du clergé ainsi dépossédé : aux termes de ces décrets, les membres du clergé qui désiraient recevoir leur traitement de la nation, devaient, avant tout, envoyer aux administrateurs du district un état de leurs revenus.

Voici donc, pour le Chapitre de Saint-Jean, cet état qui forme l'inventaire complet et exact de ses biens et de ses revenus au moment de sa suppression.

Revenus annuels.

Dîme de Saint-Martin Acoalieu (1), consistant en froment, seigle, orge, avoine et agneaux. . . . . 3757 l. 19 s. 3 d.

Domaines à moitié fruits.

Domaine Pacalon, paroisse d'Izieu : froment, seigle, orge, avoine et argent 1541   2   4
Domaine Roux, paroisse de Saint-Martin Acoalieu. 868   1   11

Domaines à grains abonnés.

Domaine Luzernod, paroisse de Lavalla : froment, seigle, avoine, argent 629   13   6
Domaine Vigilon, paroisse de Saint-Paul-en-Jarez : froment, seigle, avoine, argent 498   3   4

Baux à ferme.

Domaine Relave, paroisse de Chevrières. 800   »   »

---

(1) Nous avons jusqu'ici écrit *Acoaillieu* d'après quelques anciens titres, notamment le Pouillé du xiiie siècle (A. Bernard, *Cartulaire de Savigny et d'Ainay*, t. II, p. 902). Mais le plus souvent, surtout à partir du xviie siècle, on trouve *Acoalieu* : en *Coalieu* ne date que de la fin du dernier siècle.

Domaine Mazancieux, paroisse de Chevrières..................	500	»	»
Domaine Viricelle, paroisse de Viricelle	850	»	»
Domaine Berne, paroisse de Châtelus .	312	»	»
Les fonds de Rochepicot, paroisse de Farnay...................	100	»	».
Les fonds de la Merlenchonnière, paroisse de Saint-Paul-en-Jarez....	800	»	»
Domaine de la Pelonnière, paroisse des Hayes..................	200	»	»
Pré de la prébende Ravachol, paroisse de Saint-Martin Acoalieu.......	102	»	»
Pré de la Pale ou Part, paroisse de Chazelle..................	120	»	»
Moulin Brulard, paroisse de Chazelle, en rente perpétuelle	150	»	»
Moulin Cluzel, paroisse de Châtelus. .	115	»	»
Domaine Paradis, paroisse d'Izieu...	150	»	»
Moulin Barcel, paroisse de Chevrières .	250	»	»
Moulin Saint-Denis, paroisse de Saint-Denis, en rente perpétuelle.....	331	»	10
Moulin Grezieu, paroisse de Grezieu (1)	185	»	»

Moulin du Pas, paroisse de Saint-Christôt, vendu par acte reçu Me Hachette, notaire à Paris, sous la rente perpé-

---

(1) Ce moulin avait été vendu, depuis deux ans, sous la pension perpétuelle de 52 bichets de froment, mesure de Saint-Chamond ; cette pension devait commencer à l'expiration du bail à ferme, à la Toussaint 1790. Le 27 avril 1672, les chanoines (acte reçu Dugas) avaient reconnu devoir les droits seigneuriaux, pour ce moulin, à MM. les comtes de Saint-Jean, « à raison de leur rente noble de Chastillion. »

tuelle de	115	» »
Paquerages de la paroisse de Saint-Martin Açoalieu	36	» »
Rente noble de la Barge, paroisse de Serrières	750	» »
Pré de Limoni	575 (1)	»

Rentes perpétuelles en argent ou denrées.

Sur un pré, dont partie aujourd'hui en jardin	150	» »

---

(1) Voici l'état comparatif des revenus des domaines du Chapitre, aux différentes dates de 1642, 1693, 1791 :

	1642	1693	1791
Terre de l'Horme et la Barge	1200	»	750
Domaine à Montagny en Lyonnais	200	»	»
Domaine de la Merlenchonnière	400	250	800
Domaine de Vigilon	300	75	498
Domaine de Maxancieux	300	256	500
Domaine de Luzernod	300	95	629
Domaine de la Pacalonne	300	180	1541
Greffe civil et criminel de Saint-Chamond . .	500	108	300
Dîme de Saint-Martin Acoalieu	700	»	3757
Moulins Barcel et Paparel	450	275	400
La grange de Relave et le pré de la Palle . . .	410	404	920
Moulin de Grezieu	160	157	185
Domaine de Viricelle	400	340	850
Domaine du Cluzel	150	120	312
Moulins du Cluzel	150	115	115
Moulins de Saint-Denis	120	120	331
Moulin du Pas ou Part	120	115	115
Domaine de la Pelonnière	»	140	200
Domaine Roux	»	97	868
Domaine de Rochepicot	»	25	100

De 1775 à 1790, les années où, dans les domaines du Chapitre, le

Greffe de Saint-Chamond.	300	»	»
Rente sur les tailles de la ci-devant province de Lyon.	138	»	»
Rente par contrat reçu Mᵉ Royer, en 1724.	164	15	»
Rente pour l'anniversaire du fondateur du ci-devant Chapitre.	20	»	»
Rente pour les messes de la prison.	75	»	»
Rente pour les messes de sieur Jean-Armand de Saint-Chamond.	52	»	»
Rente de 20 bichets froment à 4 l. 14 s. 7 d.	94	11	8
Rente de 20 bichets seigle, à 3 l. 5 s. 8 d.	65	13	4
Rente de 12 ras d'avoine, à 1 l. 6 s. 7 d.	15	19	»
Rente pour l'anniversaire de M. Touard.	20	»	»
Rente sur la maison Bayard, due par le sieur Berne.	264	16	8

Pensions annuelles en argent.

M. le curé de Saint-Clair, en Vivarais.	40 l.		
M. l'abbé Sabot et dᵉˡˡᵉ Gardier, de Doizieu.	35		
M. Prévot, de Saint-Chamond.	9	6 s.	4 d.
Madame Dutreyve, de Saint-Chamond.	5	8	1
M. Palerne, de Saint-Chamond.	8	10	»

---

revenu en grains fut le plus considérable, furent, en commençant par les meilleures : 1775, 1785, 1780, 1789, 1784, 1788, 1790, 1787, 1783, 1781, 1782, 1778, 1777, 1776.

M. Mercier, d'Izieu.	25	»	»
M. Mercier, pour deux autres pensions.	7	8	»
M. Dugas de Chassagny, sur le domaine d'Izieu.	3	»	»
M. Jean-Baptiste Ravachol de Charman, paroisse de Saint-Martin Acoalieu.	13	»	»
Marguillerie de Saint-Julien-en-Jarez.	2	10	»
Antoine Grivol, pour Antoine Bonnard de Saint-Martin.	»	6	»
Etienne Lhospital pour Pierre Olagnier de Saint-Just-en-Doizieu.	1	11	3
Etienne Choretier pour Antoine Paire, de Doizieu.	10	»	»
Jean Choretier pour Beaufrère, de Saint-Just-en-Doizieu.	1	11	3
Jean Chirat de la Ravacholière.	»	7	9
Jean Damien Paire, de Saint-Just-en-Doizieu.	3	2	6

A Saint-Paul-en-Jarez.

M. Delafont.	1	5	»
Louis Bajard.	2	10	»
J. Marie Joubard.	3	»	»
Claude Paire.	1	10	»
Georges Sabot.	1	10	»
Veuve de J. Marie Savoye pour Jean Boucher.	2	10	»
Fleuris Coiset.	1		
Joseph Pascal dit Magnard.	»	12	6
Raphaël Albert.	»	12	6

Jacques Virieu.	»	15	»
Veuve de J. Marie Savoye pour Jacques Savoye.	5	»	»
Paul Joubard.	6	»	»
Nicolas Savoye.	3	5	»
Claude Toulieu, de la Brière et Etienne Toulieu.	4	10	6
M. Poidebard.	»	15	6
Vᵉ de J. Marie Savoye pour J. Jamet.	»	10	»
Antoine Chorel pour François Chataignon	»	12	»
M. Delafont pour vᵉ de Benoît Chorel.	2	10	»
M. Delafont.	1	10	9
Jean Paire.	»	15	6
Etienne Bourrin.	»	15	6
Jean Boucher de Farnay.	»	15	6
Claude Bourrin et Joseph Pascal.	»	14	9
Veuve d'Antoine Chataignon.	1	11	3

Millery.

Madame Gros de Montagny.	106	»	»
Jacques Delorme.	30	»	»
Jean Suc de Sourzy.	12	»	»
Sʳ Dervieux de Goiffieux.	30	»	»
Sʳ Antoine Commarmond.	6	»	»

Chevrières, etc.

Matthieu Jallabert.	2	15	»
J. Pierre Basson de la Fontanelière.	10	»	»
Pierre Guillerme, Jean Guyot, Antoine Dumas.	7	11	»

Gaspard Rivoirat, de Saint-Christôt...	15	»	»
J. François Bissi, de Serre.........	40	»	»
Jean Guillerme du Mazeau, Benoît Besson de Serre....................	10	17	6
Jean-François Valo...............	»	17	6
Marie Tissot femme de Jacques Niel et Jean Vacher de Chazelle.........	4	13	»
Pierre Vacher de Chazelle et Antoinette Vilan pour Pierre Vilan de Viricelle..	5	18	»
Jean Cador pour Jacques Vourlat de Grezieu.....................	1	11	»
M. Arnaud Tizon de Chazelle.......	2	10	»
Pupier pour Nicolas Poncet de Grezieu.	1	12	»
Les sœurs de Saint-Joseph, paroisse d'Izieu......................	1	10	»
M. Dugas de Chassagny pour son domaine de Grange-Neuve.........	10	10	»
M. Dugas de Chassagny pour les Fournas d'Izieu...................	7	10	»
Hôtel-Dieu de Saint-Chamond......	6	10	»
Maison Pleney de Saint-Jean à Saint-Chamond...................	1	»	»
M. Montagnier Fournas à Saint-Chamond.	1	10	»
Les héritiers de Mme Berchou, pour les voûtes sous l'escalier de Saint-Jean..	15	»	»
Total........	531	9	8

Maisons à loyer situées dans la ville de Saint-Chamond, dépendantes du ci-devant Chapitre.

Au Grand Fort :

Maison Masson. — Louée à Mme v^e Bonneton... 100

Maison Perret (1). — Louée à J.-B. Perret et
   Jeanne Teilhard.   39
Autre. — Louée à Louise Mazenod et François Mo-
   nier   27
Autre. — Louée à Laurent Staron.   18
Maison Saignimorte. — Louée à plusieurs. 200

   Au Petit Fort :

Maison Perceval. — Louée à plusieurs. 200
Maison Joyant. — Louée à MM. Fulchiron, Gayot,
   Regnault, Burlat ci-devant chanoines et plusieurs
   autres. 121

   A Saint-Ennemond :

Maison Millet. — Louée à l'abbé Fleurdelix. . . .   60
Maison Vachier.—Louée aux srs Perret et Perrellon. 248
                         TOTAL. 1013

Total général des revenus annuels : 16649 l. 6 s. 9 d.

II

Dépenses annuelles du Chapitre :

Pour les enfants de chœur. 200
Pour le bâtonnier, argent ou grains (2). 250

---

  (1) Maison léguée au Chapitre par Jeanne Perret, veuve d'Antoine Craponne.

  (2) Le bâtonnier jouissait, en outre, d'une maison et d'un jardin dépendant du Chapitre et recevait beaucoup d'étrennes dans l'année.

Pour la sacristie, ornements, linges, etc.	150
Pour la cire, l'huile pour la lampe, etc.	200
Pour la portion congrue du curé de St-Martin (1).	1200
Pour la rente Dareste.	60
Pour 12 messes acquittées par M. le curé de Saint-Paul-en-Jarez.	12
Pour une bénédiction donnée chaque mois dans l'église de Saint-Ennemond.	5
Pour assistance à l'anniversaire de M. Touard, aux PP. Capucins.	3
Pour différents servis (2)	221
TOTAL DES DÉPENSES.	2301

En retranchant ces dépenses de 2301 l. des recettes générales annuelles 16649 l. 6 s. 9 d. et en prélevant le vingtième pour les réparations, soit 717 l. 8 s. 4 d., il restait la somme de 13630 l. 8 s. 4 d., sur laquelle les chanoines demandaient que, conformément aux décrets, fut calculé leur traitement : or, la dix-huitième partie de cette somme (en comptant les chapelains), était de 757 l. 2 s. 6 d.

Cet état signé de Fulchiron, ci-devant doyen du Chapi-

---

(1) C'était la pension que devaient payer au curé ceux qui percevaient dans sa paroisse les grosses dîmes, blé, vin, bétail. Le Chapitre percevant ces dîmes dans la paroisse de Saint-Martin payait au curé du lieu la portion congrue.

(2) Ces servis étaient dus, savoir : à la rente du mandement de Saint-Chamond et de Lavalla 174 l. 16 s. 4 d., en argent, huile, gélines, pigeons, froment, seigle, avoine, vin (20 pots à 9 l. 6 s. l'ânée); à la rente du Prieuré de Saint-Julien-en-Jarez, 9 l. 16 s. 3 d.; à la rente du Prieuré d'Izieu, 14 l. 9 d.; à la rente du s^r Tissot de Lavalla, 22 l. 6 s. 9 d., en argent, froment, seigle, avoine, foin.

tre, et Fleurdelix, ci-devant chanoine, sacristain et trésorier, fut, le 18 février 1791, vu et certifié sincère par Guérin, maire, Praire et Bertholet, membres du conseil municipal de Saint-Chamond et envoyé aux administrateurs du district. Mais comme les réclamations du marquis de Saint-Chamond, les demandes des chanoines devaient être inutiles. Nulle réponse n'y fut faite et de nouveaux décrets (5 et 25 avril 1792), défendant le port de tout costume ecclésiastique ou religieux, et menaçant de la déportation tout prêtre qui refuserait de prêter serment à la constitution civile du clergé, forcèrent nos chanoines restés fidèles à se disperser. La plupart trouvèrent dans nos montagnes, chez des amis dévoués, des retraites assez sûres pour échapper à ces premières recherches et aux proscriptions générales de 1793.

CHAPITRE DOUZIÈME

I. Confiscation et pillage du château. Vains efforts de la municipalité et des directoires du district et du département pour arrêter ces désordres. Ordre de démolition du château, 3 frimaire an II. — II. L'église de Saint-Jean pillée, vendue. Annulation de la vente. Fin.

I

La marche des évènements se précipitait : le château et les terres de la seigneurie de Saint-Chamond avaient été confisqués : le désordre augmentait chaque jour et la nation qui venait de dépouiller le marquis de Montdragon dut bientôt songer à se défendre elle-même, et chercher à protéger ses nouveaux biens. Elle fit apposer les scellés pour sauver de la destruction et du pillage le château et les meubles qu'il renfermait ; mais les scellés furent rompus, les meubles volés, brisés ou brûlés. La municipalité de Saint-Chamond, le directoire du district de Saint-Etienne, et le directoire du département de Rhône-et-Loire tentèrent vainement de rétablir l'ordre et de s'opposer à ces dévastations : leurs délibérations des 7, 8 et 11 mai et du 6 septembre 1792 attestent leurs efforts, mais nous montrent qu'ils furent impuissants à arrêter ou réprimer les troubles ; le passage des bandes indisciplinées des volontaires de la Haute-Loire qui se rendaient à l'armée du Midi aggravait la situation : chaque jour de nouveaux attroupements se formaient, qui pillaient et démolissaient le château ; la garde nationale convoquée refusait de se réunir, quelques hommes seulement répondaient à l'appel. Les sommations réitérées des représentants du pouvoir et leurs derniers efforts restèrent sans résultat ; c'était d'une logique absolue, implacable : l'autorité leur échappait et d'autres plus avides prenaient leur place.

Peu de mois après, le 29 brumaire an II, un arrêté du conseil général de la Loire sanctionné, le 3 frimaire, par les représentants du peuple réunis en commission à Ville-Affranchie (Lyon), décidait que le château serait démoli « *comme insultant à la liberté.* » Et le château fut abattu.

II.

L'église de Saint-Jean, devenue propriété nationale, ne fut pas alors renversée. Elle était et resta fermée : l'heure des dernières profanations devait bientôt arriver. Déjà nous avons vu dresser un premier inventaire de ses meubles.

Le 28 février 1792, le directoire du district commit encore le sieur Detours pour procéder à l'inventaire des archives du Chapitre « déposées dans un cabinet voûté attaché à « l'église de Saint-Jean, situé à l'extrémité de l'escalier du « bosquet. » Ce délégué retira, le 5 mars, les clefs des mains de M. Royer, alors juge de paix à Saint-Chamond, et, accompagné de M. Fleurdelix « ci-devant sacristain de la Collégiale » tenta de pénétrer dans l'église sans pouvoir y réussir « par rapport aux corps étrangers, tels que des os « et des pierres dont les ennemis de l'ordre avaient rempli « l'entrée de la serrure. » Mais il y entra par le passage souterrain qui mettait la Collégiale en communication avec le clocher et il procéda à l'inventaire des archives.

Cet inventaire, peu détaillé, comprend 93 articles : il mentionne sommairement les titres de propriété des domaines du Chapitre, les baux à ferme, les titres de fondation déjà connus, des liasses de procédure et des terriers, tels que celui de la terre de la Barge ; un terrier couvert en parchemin, signé Colomby, de 1520 ; une copie du terrier Crotier de l'an 1566 ; une autre copie de terrier du mois d'août 1613 ; un cahier couvert en parchemin intitulé « carnet des actes capitulaires et autres du Chapitre de Saint-Jean-Baptiste de Saint-Chamond » ; un autre cahier en parchemin ayant pour titre : « Liste des actes capitulaires de l'église de Saint-Jean, » signé Vachon ; plusieurs rouleaux en parchemin, dont les titres et les dates ne sont pas indiqués, etc. (1). Tous les titres inventoriés furent déposés aux archives du directoire du district à Saint-Etienne, avec les clefs de la Collégiale dont ni M. Royer ni M. Fleurdelix n'avaient voulu se charger « attendu « le péril auquel l'un et l'autre s'exposeraient, attendu « les troubles qui règnent actuellement en la ville de Saint- « Chamond, occasionnés par quelques ennemis de l'or- « dre public et de la constitution. » Les titres qui avaient été laissés à la Collégiale, notamment ceux qui concernaient les Reliques furent brûlés avec les archives du château : ceux que l'on emporta à Saint-Etienne furent en partie perdus. Combien l'on doit regretter ces deux registres d'actes capitulaires qui nous auraient appris sur le Chapitre tant de détails intéressants ! Bientôt après, la Collégiale, comme le château, fut livrée au pillage. Les meubles

---

(1) *Archives de la Loire.* Biens nationaux.

furent vendus ou volés, les ornements, les vases sacrés, les reliquaires enlevés en exécution des décrets de l'Assemblée nationale : heureusement des personnes dévouées avaient sauvé le trésor des saintes Reliques ; pendant la Terreur, elles gardèrent avec un soin pieux ce dépôt précieux et, le danger passé, le remirent à l'autorité ecclésiastique.

Le pillage avait commencé par le mobilier de la Collégiale : il allait s'attaquer à l'église elle-même.

Le désordre sans exemple qui régnait partout alors permettait, moins encore qu'en 1791, à la nation d'exercer sur ses nouveaux biens une sérieuse et efficace surveillance.

Le 6 ventôse de l'an III « des malfaiteurs » s'introduisirent dans l'église de Saint-Jean, y volèrent les barreaux de fer des fenêtres et la plus grande partie des tuyaux de l'orgue ; la municipalité s'émut de ce vol et s'adressa au district pour « faire réparer le mur qui avait été dégradé, afin d'em-
« pêcher à l'avenir l'enlèvement des objets qui se trouvaient
« encore dans l'église. » Mais, le 29 brumaire de l'an IV, les mêmes désordres se renouvelèrent : un procès-verbal constata « que des *quidam* s'étaient introduits dans l'église
« par la porte qui conduisait au château ; qu'ils avaient
« forcé ladite porte et avaient enlevé les vitraux et ferrures
« qui étaient au-dessus ; que, s'étant ensuite introduits
« dans l'endroit où étaient les orgues, ils en avaient pareil-
« lement enlevé tous les tuyaux, tant en étaing qu'en
« ferblanc, ainsi que touttes les ferrures desdites orgues,
« ainsi que les vitres, les plombs et les ferrures de trois
« fenêtres (1). »

---

(1) *Archives de Saint-Chamond.*

La municipalité chargea le juge de paix de rechercher les voleurs. Mais ce fut sans effet et, le 16 nivôse an IV, des vols nouveaux ayant été commis, la municipalité décida « que l'on ferait surveiller l'église par la garde nationale et « un citoyen payé à cet effet; que tous les fers de l'église « seraient extraits et déposés dans la maison commune, « etc. » Cet ordre fut exécuté et, le 15 floréal an IV, ces fers furent vendus au prix de 134 livres, 8 sols (1).

Peu de temps après, l'église de Saint-Jean fut elle-même vendue avec l'église de Saint-Ennemond à un citoyen de Saint-Chamond; mais le 5 fructidor an IV, cette vente fut annulée par l'administration centrale du département de la Loire; l'officier de la gendarmerie fut chargé de surveiller ces édifices et d'empêcher de nouvelles dégradations. Cette protection tardive ne suffit pas à sauver la Collégiale et le temps mina peu à peu ce que la main de l'homme n'avait pas abattu. L'église de Saint-Jean menaçant ruine fut démolie au commencement de ce siècle et, maintenant, un mur resté debout en rappelle seul le souvenir. Ainsi, pillée par les uns, vendue par les autres, abandonnée par tous en ces jours néfastes, disparut l'église collégiale de Saint-Jean élevée à grands frais, cent cinquante ans auparavant, dans ces premières années du XVIIe siècle, marquées en nos pays par un réveil si vif de la foi catholique.

La demeure du fondateur avait été renversée comme « insultant à la liberté : » la demeure de Dieu que l'on avait proscrit, ne devait pas être respectée.

---

(1) *Archives de Saint-Chamond.*

DEUXIÈME PARTIE

———

LES RELIQUES

THRÉSOR

DE

L'ÉGLISE COLLÉGIALE

DE SAINT-CHAMOND

OU

EXPOSITION HISTORIQUE ET CRITIQUE

Des Reliques qu'on y conserve

INTRODUCTION [1]

« *Le Chapitre de Saint-Chamond doit son existence à messire Melchior Mitte de Chevrières, marquis de Saint-Chamond. Outre les motifs qu'il dit l'avoir déterminé à doter et fonder un Chapitre, il annonce qu'il a eu en vue de faire rendre un culte plus solennel aux saintes reliques dont il étoit en possession, et qui, depuis longtemps, étoient dans la chapelle de son château un objet de vénération pour les pays circonvoisins. Jouissant, entr'autres, d'une portion considérable de la mâchoire inférieure de*

---

[1] Nous reproduisons ici exactement la relation composée, vers 1760, par le chanoine Corréard : à la suite de l'histoire de chaque relique, écrite par ce chanoine, et en note pour les reliques qui n'ont pas

saint Jean-Baptiste, il crut devoir mettre l'Eglise et son Chapitre sous la protection de ce Saint, et ériger l'édifice sous son nom.

« Les chanoines de Saint-Chamond devinrent dès-lors, et par la fondation même, dépositaires de ce précieux thrésor et de la plus grande partie des autres reliques que les ancêtres du fondateur lui avoient religieusement transmises.

« Au reste, c'est sur les plus solides fondements qu'étoit appuyée la piété de M. de Chevrières, et que se maintient dans les cœurs des citoyens de Saint-Chamond le respect pour les Saints, dont les vénérables restes habitent avec eux le même séjour.

« Pour montrer combien leur culte est raisonnable, rationabile obsequium, pour les encourager à la vertu en leur proposant des modèles, en leur présentant des protecteurs, on va, dans différents articles, exposer à leur religion la richesse du thrésor qu'ils ont, si l'on peut ainsy dire, sous la main, et nourrir leur piété en mettant dans leur bouche les litanies que l'on chante et

---

d'histoire spéciale, nous avons placé la description des reliquaires anciens, et l'inventaire des titres concernant les reliques ; description et inventaire faits en 1643, lors de la translation des reliques à la Collégiale : « Tous les susdictz tiltres, est-il dit dans l'inventaire, ont esté « mis dans un armoire qui est dans le cabinet des sainctes reliques en « la saincte chapelle de Sainct-Chamond, le 23 décembre 1643. »
Ces pièces nous furent communiquées, il y a quelques années, par M. l'abbé Brun, chapelain de la Primatiale.

Nous avons ajouté pour certaines reliques quelques notes qui nous ont paru intéressantes, et nous avons inséré, à la fin, toutes les pièces de l'enquête faite, en 1811, par l'autorité ecclésiastique pour s'assurer de l'authenticité des reliques qui provenaient de la Collégiale, et qui sont aujourd'hui vénérées dans l'église de Saint-Pierre.

Nous n'avons point reproduit les prières et les litanies dont il est question dans l'Introduction : les litanies sont presque semblables à celles que l'on récite dans l'église de Saint-Pierre, et les autres prières sont les petits offices dont nous avons déjà parlé (pag. 89).

les prières que l'on fait tous les samedis dans leur église collégiale. Elles ont été instituées, ces litanies et ces prières, pour honorer les plus précieuses reliques, pour intéresser en faveur des habitants de Saint-Chamond, des saints qui sont en quelque sorte devenus leurs concitoyens. Autrefois, le peuple de cette ville se rendoit avec empressement à ce pieux exercice ; cette ferveur paroit aujourd'hui presque éteinte : puisse-t-elle se ranimer ! Du moins, tandis que les ministres du Dieu vivant sollicitent, sur la montagne, le salut de leurs frères, ceux-ci ne doivent-ils pas, dans la plaine, unir leurs voix à leurs accents, réciter les mêmes prières, et former ainsi, selon l'expression de Tertullien, comme une armée de suppliants ? Quasi manu facta oramus. De combien de faveurs spirituelles, temporelles même, cette cité ne se verroit-elle point comblée, si chaque chef de tribu, à la tête de ses enfants et de ses serviteurs, réclamoit, au moins une fois la semaine, la puissance de ceux que l'Eternel a préposés particulièrement à sa garde ! Glorieuse à juste titre de tant d'illustres dépouilles qui la décorent, qu'elle mette encore plus de gloire à les honorer, à imiter les vertus dont ses patrons lui fournissent les modèles : Summa religionis est imitari quod colimus, *dit saint Augustin.* »

DE LA RELIQUE DE SAINT JEAN-BAPTISTE

« Les historiens ecclésiastiques (1) nous apprennent que le chef du divin Précurseur fut d'abord enterré à Jérusalem, et de là emporté à Emèse, ville de Phénécie, sous le règne du grand Constantin ; il y étoit encore du temps de Constantin Copronime (2) ; et quoique cette ville fut soumise aux Sarrasins, les fidèles ne laissoient pas d'y aller révérer cette sainte relique dans l'église construite à son honneur. Ces pieux pélerinages durèrent jusqu'au commencement du neuvième siècle. Alors, il fut enlevé d'Emèse, et emporté à Camanes, où il demeura quelque tems caché par la crainte des iconoclastes, non moins ennemis des reliques que des images ; mais il parut vers l'an 856, du temps de Michel III, empereur catholique. Il fut alors transporté à Constantinople par les soins du patriarche saint Ignace, mis dans la chapelle du palais de l'Empereur, et de là dans le monastère de Stude (3). Au douzième siècle, l'empereur Alexis Comnène se vantoit de le posséder encore tout entier, avec les cheveux, la barbe et la peau.

« Depuis ce tems jusqu'en l'année 1204, ce chef fut divisé et dispersé dans divers palais et diverses églises de Constantinople. De là vient que, dans le pillage de cette ville prise par les Croisés vénitiens et françois ladite année

---

(1) « Anon. græc. ap. Du Cange, p. 208 et ss. — Marcell. com. chron. — Till., p. 109, 519. — Du Cange, 25, etc. »

(2) « Du Cange, p. 86. — Till., p. 113. »

(3) « Du Cange, p. 81. — Guibert novig., L. 1. *Gesta Dei per Francos.* »

1204, Galon de Sarton (1) trouva seulement (et cela dans les masures d'un palais joignant l'église de Saint-Georges de Mangane) les os de la face de saint Jean-Baptiste, depuis la bouche jusqu'au haut de la tête, relique que possède la ville d'Amiens. Le reste du chef étoit ainsy conservé par parties dans différents endroits de Constantinople.

« Cependant florissoient déjà les familles de Miolans, de Gadagne, de Chevrières, de Mitte, connue alors sous le nom d'Albin, lesquelles fournirent aux croisades plusieurs capitaines; florissoient surtout les comtes du Jarrêts, souche des marquis de Saint-Chamond; et ce fut dans les mains d'un d'entre eux qui se trouvoit au siége de Constantinople, que tomba, l'an 1204, une partie de la mâchoire inférieure de saint Jean. Le reliquaire, en effet, dans lequel cette mâchoire est renfermée, porte sur lui les preuves d'une antiquité de six siècles au moins. Il est d'argent doré, surmonté d'une boucle de même métal, parce que, dans ces tems reculés, les seigneurs chrétiens se faisoient gloire de porter pendus à leur col les monuments de leur piété. Sur une de ses faces, Jean-Baptiste est représenté en relief, tenant en sa main une croix de figure antique; les cheveux et la barbe du Saint sont cordonnés; et à ses côtés, on voit des caractères grecs, dont le sens est: *Voicy saint Jean précurseur*; sur la face opposée du reliquaire, on lit aussi quatre vers grecs :

Σὺ μὲν θεωρεῖς τῶν δρακόντων
Τὰς μύλας Βαπτιστὰ τοῖς ἰοῖσιν ἠλοημένας
Ἐγὼ δὲ τὴν εὐτυχῶν ταύτην μύλην
Ἐχθρῶν ὅλας θραύοιμι παντοίων μύλας.

---

(1) Walon de Sarton. — « Du Cange, p. 102 et ss. »

qui équivalent à ces mots : *Vous à la vérité vous voyez les mâchoires de [Jean] Baptiste, brisées par les petits des dragons : pour moi qui ai le bonheur de posséder cette mâchoire elle-même, puissai-je briser les mâchoires de tous les ennemis.* »

« Ces preuves d'authenticité frappèrent le cardinal de Marquemont qui, en qualité d'archevêque de Lyon, faisoit, en 1615, la visite de son diocèse, et il donna au seigneur de Saint-Chamond un témoignage solennel qui le confirmoit dans la possession dont ses ancêtres s'étoient glorifiés. L'examen scrupuleux qu'a fait depuis Monseigneur de Saint-Georges, n'a contribué qu'à donner à cette relique un nouveau degré de certitude.

« Au reste, sans parler ici de l'odeur singulière qu'elle exhale, odeur que les plus habiles parfumeurs n'ont pu définir, odeur qui, différente des autres, ne se communique point au bois; sans se prévaloir de la fraîcheur qu'elle présente aux yeux depuis tant de siècles, les miracles, ce langage puissant de la vérité, déposent en sa faveur: un acte public du 19 juillet 1615 (1) porte que les citoyens de Saint-Chamond étoient pénétrés de piété pour elle à cause d'une infinité de véritables miracles opérés par son intercession; depuis lors et vers l'an 1632, le R. P. Suarès, recteur du collége des Jésuites à Tournon, ayant entièrement perdu la vue, la recouvra en se vouant à cette relique, et vint aussitôt lui rendre ses actions de grâces. Sibille Noyer, citoyenne de Saint-Chamond, et veuve de Gabriel Mazenot, citoyen de Rivedegiers, obtint la même faveur. M. de Moncha, surpris à Saint-Rambert d'une fièvre con-

---

(1) « Acte de la translation du reliquaire de saint Jean dans la chapelle construite sous son nom dans le château neuf de Saint-Chamond. »

tinue avec des redoublements si furieux que les médecins l'avoient abandonné, jouit d'une santé parfaite au même instant qu'il se fut voué à ce précieux chef. M. Melchior Mitte de Chevrières, sujet en sa jeunesse à des maux de tête non moins violents que continuels, se vit délivré de cette incommodité, dès le moment qu'il eut appliqué sur sa tête la mâchoire de saint Jean, et pendant tout le cours de sa vie, il n'en ressentit plus aucune atteinte ; pour la même maladie, le cardinal Armand du Plessis de Richelieu se voua à la même relique, et il en éprouva le même succès. Après avoir expérimenté sur sa personne la vertu miraculeuse de cette mâchoire, Melchior de Chevrières n'hésita point à l'exercer sur son roy : Louis XIII, réduit à Lyon aux dernières extrémités l'an 1630, et n'espérant plus de la terre aucun secours, fut voué à cette relique et, dès ce jour, la santé lui fut rendue.

« Tels sont les traits éclatants par lesquels Dieu s'est plu à glorifier les restes précieux de son Précurseur : le doigt du Très-Haut s'y manifeste, et manifeste en même tems la solidité du culte dont Saint-Chamond honore le dépôt conservé dans son enceinte.

« Pour l'étendre ce culte de plus en plus, le pape Urbain VIII, le 10 avril 1644, envoya au Chapitre de Saint-Chamond une bulle que confirma l'archevêque de Lyon le 9 juin de la même année, par laquelle le Souverain Pontife accorde des indulgences à tous ceux qui s'associeront à la confrairie de Saint-Jean-Baptiste (1).

---

(1) Voici sur cette insigne relique les paroles de François de Saint-Chamond dans son discours sur les Reliques, en 1642 : « Il se trouve « bien deux chefs de sainct Jean-Baptiste, l'un à l'église cathédralle « d'Amiens, et l'autre dans l'église des Religieux de Sainct-Silvestre,

RELIQUAIRES. — « Un chef de saint Jean-Baptiste, dans un bassin d'argent doré, marqué aux armes desdictz seigneur et dame, dans lequel est enfermé un ancien reliquaire d'or, ayant sur le devant la figure de saint Jean-Baptiste avec la barbe et les cheveux cordonnez, et quelques lettres grecques qu'on n'a sceu expliquer, et sur le derrière, un épigramme en vieux grec, lequel a esté traduit mot-à-mot en latin comme s'ensuit : *Tu quidem cernis draconum maxil-*

« à Rome, et on dispute lequel est le véritable, mais la mâchoire man-
« que en tous les deux, ainsy que vous, Monseigneur, m'avés dict
« l'avoir veu et bien remarqué, oultre qu'il ne se trouve point d'église
« qui die et prétende d'avoir ceste saincte Relique..... »

Quelques années après, en 1665, du Cange, dans son *Traité historique du chef de saint Jean-Baptiste*, ouvrage de critique sévère qui fait autorité, prouvait l'authenticité de la relique d'Amiens, démontrait qu'en effet la partie inférieure de la mâchoire de saint Jean ne s'y trouvait pas, et s'exprimait ainsi (page 151) sur notre relique : « La chapelle de
« Saint-Chamond en Lyonnois conserve une partie notable d'une mâ-
« choire de ce saint, qui y a esté apportée du Levant, enchâssée dans
« un reliquaire d'or, qui porte cette inscription grecque, qui m'a esté
« communiquée par Monsieur de Chevannes, l'un des plus scavans de
« Dijon. » (*Suit l'inscription reproduite plus haut.*) — Les Bollandistes en reproduisant au sujet de notre relique (juin, t. IV) cet article de du Cange, y ont ajouté l'appui de leur grave parole. Dans l'inscription, remplaçant ιασιν par υδασιν, ils ont traduit ainsi :

Tu quidem maxillas draconum intueris,
Baptista, in aquis contribulatus :
Ego autem hac tua maxilla fortunatus
Maxillas hostium quorumcumque confringo.

En 1642, François de Saint-Chamond avait lu ιασιν et, dans son discours donnant en latin l'inscription telle qu'elle est reproduite dans la description du reliquaire, la traduisait ainsi : « O Saint Jean-Baptiste
« vous voyés les mâchoires des dragons abbattues par voz enfans ; et
« moy me réjouissant pour ceste vostre mâchoire, je blesseray par sa
« vertu toutes les mâchoires de mes ennemys. »

las, ô Baptista, a filiis subactas : ego vero tuam gaudens ob hanc maxillam hostium universas vulnerabo quorumcumque maxillas.

« Et dans ladicte boëtte d'or est enclose la plus grande partye de la mâchoire avec une dent et encor de la chair dudict glorieux saint Jean-Baptiste, laquelle sent merveilleusement bon, et l'odeur n'approche en rien de touttes celles du monde; ledict reliquaire d'or pèse trois onces, douze deniers. Et le chef, avec le bassin, pèse neuf marcs, dix deniers.

« Un reliquaire de cristal de Venise, garny d'argent doré, marqué des armes desdictz seigneur et dame, ayant un Saint Jean-Baptiste au-dessus, et au-dedans une petite phiolle dans laquelle il y a du sang dudict saint Jean, pesant deux marcs, deux onces, douze deniers. »

TITRE. — « Un acte en parchemin, scellé des armes dudict messire Melchior Mitte, et signé par luy et par plusieurs autres, faict par Marc Anthoine Ferriol, juge général du marquisat de Saint-Chamond, le 19me juillet 1615, par lequel il appert de la translation de la mâchoire du glorieux saint Jean-Baptiste, faicte du vieux chasteau dudict Saint-Chamond en la chapelle du chasteau neuf, qui estoit au bout de la galerie. »

DE LA RELIQUE DE LA CROIX

« Personne n'ignore que l'arbre de notre rédemption fut découvert par l'impératrice Hélène, vers l'an 327. Une moitié fut laissée à Jérusalem, et l'autre envoyée à Constantinople. Les évesques de Jérusalem gratifioient de quelques parties de ce bois sacré les pèlerins de qualité que la dévotion conduisoit à la Terre Sainte; leurs présents pouvoient être d'autant plus multipliés que, selon le témoignage de saint Cirille et de saint Paulin, cette libéralité ne diminuoit point le thrésor qu'ils possédoient : les empereurs de leur côté faisoient des distributions de la portion dont ils jouissoient. Chaque prince, chaque seigneur, chaque église, ambitionnoit d'acquérir ces richesses, et les possesseurs ne craignoient point de les répandre avec une espèce de profusion. La partie de la Croix qu'on conservoit à Jérusalem y resta jusqu'à l'an 614, auquel Chosroès, roy des Perses, s'empara de la ville et fit transporter la Croix dans son pays. Quatorze ans après, l'empereur Héraclius la retira par un traitté de paix des mains de Siroès, fils et successeur de Chosroès. On la rendit d'abord à Jérusalem ; mais avant l'an 633, pour qu'elle fut plus hors d'insulte, on la déposa dans Constantinople.

« Les empereurs d'Orient continuèrent à en disperser des parties dans les églises et les monastères de leur capitale, à la faire servir de récompense pour les services de leurs sujets les plus distingués, et de gage d'alliance avec les roys et les princes de l'Europe. On arrive ainsy jusqu'au commencement du treizième siècle, tems auquel les thrésors et les reliques de Constantinople devinrent la proye des Vénitiens et des François croisés.

« A voir le reliquaire d'or dans lequel est enchâssée une des portions de la Croix dont le Chapitre de Saint-Chamond est en possession, on ne peut douter qu'il ne soit de l'antiquité la plus reculée. Sa forme, les caractères qui y sont tracés, les figures à la mosaïque qu'il représente en relief, tout annonce qu'il existoit dès le sixième siècle, tems auquel la cupidité n'avoit point encore inspiré de mettre à profit la piété des fidèles, en proposant à leur vénération des reliques supposées. Le droit de la guerre fit échoir aux comtes du Jarrest ce sacré dépôt lorsqu'ils se trouvèrent à la prise de Constantinople : ardents à l'acquérir, ils méritoient d'avoir, comme ils les ont eu, des descendants soigneux à le conserver et empressés à lui procurer un culte solennel (1).

« Cette relique, ainsy que celle qui suit, a eu les suffrages et s'est attiré le respect de MM. de Marquemont et de Saint-Georges dans leurs visites pastorales. Elle a aussi donné lieu à une confrérie formée dans la Collégiale de Saint-Chamond et favorisée par le pape Urbain VIII des indulgences les plus étendues. La bulle du Souverain Pontife est du 9 avril 1644, et conçue dans les mêmes termes que celle qui est rapportée dans l'article précédent, avec la différence que l'indulgence plénière, attachée à la visite de la Collégiale de Saint-Chamond, se gagne par les confrères le jour de l'Invention de la Croix. M. l'archevêque de Lyon, le 20 août 1644, interposa son authorité pour donner vigueur à la bulle d'Urbain, et exhorta les fidèles à profiter d'un établissement si avantageux pour eux, si édifiant pour la religion, si capable de faire dignement révérer l'instrument du salut du monde (2). »

---

(1) D'après cette relation, ce fut Gaudemar 1, seigneur de Jarez, fils de Briand de Lavieu, qui reçut à la prise de Constantinople, en 1204, ces insignes reliques de saint Jean-Baptiste et de la vraie Croix.
Il existe en nos pays plusieurs autres parcelles de la vraie Croix rapportées de la Terre-Sainte au XIIIe siècle. Le prieuré de Saint-Thomas en Forez notamment, en reçut une qu'un prêtre forézien, Guy de Pressieu, lui envoya de la Terre-Sainte, en 1250, et qui aurait été, d'après La Mure, tirée du trésor de l'église de Nicosie, dans l'île de Chypre. (P. Gras, *Obituaire de Saint-Thomas*.)

(2) Cette précieuse relique, sauvée en 1793 par M. Jean-François Morel, fut, en 1811, laissée entre ses mains par l'autorité ecclésiastique. En 1870, Mlle Jenny Morel, sa petite-fille, en a fait don à

RELIQUAIRES. — « Deux reliquaires de la vraye Croix, portés sur un mesme pied d'argent doré cizelé. L'un desdicts reliquaires est d'argent doré couvert et entouré de feuillage de mesme estoffe, faict en croix ronde, sur un des costés duquel il y a un crucifix avec quatre rubis et quatre esmeraudes, et sur l'autre un agathe et quatre autres rubis et quatre esmeraudes, et en dedans il y a trois pièces du bois de la vraye Croix posées dans une croix pesant deux marcs six deniers.

« L'autre reliquaire est d'or faict en forme de portail ayant des lettres grecques tout autour qu'on n'a sceu lire, et sur le devant deux figures faictes à la mosaïque avec des lettres grecques qui disent que ce sont les figures de sainct Cosme et sainct Damien ; et sur le derrière une croix gravée de la plus ancienne forme qu'on puisse voir. Au dedans, il y a une croix du prétieux boys de la saincte Croix, ayant cinq petites au moins autour d'icelle, portant chacune une figure à la mosaïque. Celle d'en hault a un sauveur soubz lequel il y a de la saincte esponge ; une autre a la figure de

---

M. l'abbé Matthieu Bedoin qui la possède aujourd'hui. C'est de cette relique, sans doute, et probablement en 1811, que fut détaché le fragment qui se trouve à Lyon à la Primatiale, et qui provient, dit M. Meynis (*Notice sur les reliques des Saints de l'Eglise de Lyon*, p. 53), « de l'église de Saint-Chamond. » M. Meynis et, d'après lui, M. Rohault de Fleury ajoutent que cette relique aurait été donnée à l'église de Saint-Chamond, par le roi saint Louis. Nous n'avons pu, malgré de nombreuses recherches, trouver la preuve de ce fait ; nous croyons donc préférable de nous en tenir au récit très-sûr de M. le chanoine Corréard, récit confirmé par la tradition.

La parcelle insigne de la vraie Croix, qui est aujourd'hui vénérée dans l'église de Saint-Pierre, appartenait jadis à l'ancienne église de Saint-Ennemond ; elle a la même origine que la relique de la Collégiale. (*Voir plus loin le procès-verbal de vérification en 1811.*)

la Vierge, et au dessoubz il y a de ses habillemens; les trois autres figures sont si anciennes qu'on a peyne de les discerner, et il y a des fragmens d'habillemens soubz deux d'icelles et rien dans l'autre pesant une once, trois deniers. »

TITRE. — « Un acte concernant l'enchasseure du prétieux bois de la vraie Croix, signé par ledict seigneur et dame Ysabeau de Tournon, sa femme, et plusieurs autres, faict le 19 juin 1622. »

DE LA RELIQUE DE LA SAINTE ÉPINE

« Si l'on ignore comment, de quel endroit, et dans quel tems la couronne que portoit Jésus-Christ sur la croix parvint à Constantinople, l'on sçait du moins que plusieurs des Épines qui la composoient furent dispersées dans les Lieux Saints et dans divers pays de la Chrétienneté.

« Celle qu'on conserve dans l'église collégiale de Saint-Chamond, Melchior Mitte de Chevrières l'obtint, après bien des contestations, du couvent des Augustins situé dans la ville de Saint-Pierre-d'Albigny, diocèse de Grenoble en Savoye. Les pièces de la procédure à laquelle ce recouvrement donna lieu sont consignées dans le Sénat de Chambéry.

« D'abord il présenta sa supplique au cardinal Barberin, légat en France a latere du Pape Urbain VIII.

« Par cette supplique, messire Melchior de Chevrières représentoit que Jacques de Miolans (1) l'un de ses ancê-

---

(1) On attribue ici à Jacques de Miolans qui vivait au commencement du XVe siècle l'honneur d'avoir rapporté cette insigne relique de

tres, ayant visité les Lieux Saints avoit apporté trois Épines de la couronne de Notre-Seigneur et les avoit mises dans le château de Miolans : que, dans la suite, Claudine de Miolans, comtesse de Saint-Vallier, petite-fille de Jacques, obligée par les ducs de Savoye d'abandonner son château, avoit déposé ces Épines dans le couvent des Augustins de

---

la Terre-Sainte. D'après M. Ménabréa (*Origines féodales*, p. 508), cet honneur reviendrait à Geoffroy de Miolans. Il suivit Amé III, comte de Savoie à la seconde croisade et, au dire de la tradition, rapporta ces trois Saintes Epines de la couronne du Sauveur et les déposa dans la chapelle de son château, *in capella arcis Miolani*. On voit dans cette chapelle (ancienne église Saint-Etienne de Miolans), derrière l'autel, une niche en pierre où, dit-on, elles étaient placées. Peut-être plutôt est-ce entre les mains de Nantelme de Miolans qu'elles tombèrent en 1204, lors du pillage de Constantinople.

Ce qui semble hors de doute c'est qu'elles furent apportées de la Terre-Sainte par un seigneur de la maison de Miolans ; elles sont mentionnées à une époque fort ancienne dans les visites pastorales des évêques de Grenoble : M. l'abbé Trépier (*Recherches sur le Décanat de Saint-André*) a trouvé des visites de 1458 et 1494 où elles sont indiquées : « Le 22 avril 1458..... *In dicta ecclesia Miolani sunt pulchre reliquie, videlicet de ligno crucis et de spinis corone, ac de aliis pretiosis reliquiis in maxima quantitate.....* : le 19 octobre 1494..... *Sunt alie preciosissime reliquie de cruce Domini nostri et spinis corone, et plures alie quas ordinavit involvi in cerico novo ; et sunt in quodam reliquiario argenteo..... : ordinavit perfici armatrium et claudi cum barris ferreis in quo reponantur et tute serventur infra sex menses, sub pena 20 franchorum.* »
— Nous avons trouvé nous-même, en 1874, aux archives de l'évêché de Grenoble (Liasse cotée 1859, cahier de 55 pp. f° 35) le procès-verbal d'une visite pastorale où il en est question : le 21 juin 1609, Mgr l'évêque de Grenoble visita l'église du couvent de Saint-Pierre d'Albigny, et, « à l'honneur des trois vénérables Espines de Notre Sauveur qui sont dans le couvent desdicts frères Hermites, mondict seigneur a ordonné, à l'humble prière et supplication desdicts religieux, qu'à l'advenir la feste de saint Augustin, leur père et patron, sera faicte et chomée dans ladicte paroisse comme le sainct dimanche ; laquelle esglise mon dict seigneur auroit visité et auroit été receu, etc.....

Saint-Pierre d'Albigny, fondé par Jean de Miolans, père de Jacques (1); que lui, Melchior, avoit dans son château de Saint-Chamond une chapelle où il possédoit du bois de la Vraye-Croix et plusieurs autres reliques, ausquelles il souhaitteroit joindre les saintes Épines dont ses ancêtres maternels avoient été possesseurs et qui lui appartenoient comme leur unique héritier. Le Légat trouva légitimes les remontrances qu'on lui faisoit, et, au mois de juillet 1625, enjoignit à l'évêque de Grenoble de procurer par toutes sortes de voyes ecclésiastiques que le dépôt fut rendu à M. de Saint-Chamond.

« Le 2 septembre de laditte année, le Pape Urbain VIII lui-même envoya un bref à l'évêque de Grenoble, pour que, malgré les oppositions des religieux Augustins, il prit une des trois Épines que les seigneurs de Miolans avoient apportées de la Terre-Sainte, qu'il la remit à l'archevêque de Lyon ou à une personne par lui députée, et qu'elle fut ensuite déposée dans la chapelle du château de Saint-Chamond (2).

« Le 8 May 1627, Amédée, duc de Savoye interposa son authorité, et par une lettre écrite de sa main, adressée aux

---

(1) En 1381. (*Archives départementales de la Savoie*).

(2) Voir ce document aux Pièces justificatives, VII, 1. Les pièces de ce procès que nous insérons aux Pièces justificatives, prouvent la parfaite véridicité du récit du chanoine Corréard. Le 12 novembre 1764, Me Perrussel, notaire à Saint-Chamond, envoya aux PP. Augustins ces copies faites sur les pièces originales conservées dans les archives du château de Saint-Chamond. Avec ces archives, les originaux disparurent; ces copies sont heureusement restées; en 1874, nous les trouvâmes à Saint-Pierre d'Albigny. M. l'abbé Maillet, alors vicaire à Saint-Pierre d'Albigny, voulut bien les copier pour nous. M. Viboud, curé de cette paroisse, a bien voulu aussi dernièrement collationner cette copie avec soin.

religieux d'Albigny et donnée à messire Melchior de Chevrières, alors ambassadeur de France en Italie, il leur ordonnoit que, puisque les Saintes Épines qu'on révéroit dans leur église leur avoient été délaissées par les prédécesseurs de M. de Saint-Chamond, ils ne fissent aucune difficulté de lui en remettre une, dès qu'il notifieroit le consentement du Pape à cette translation (1).

« Le même jour, 8 may 1627, l'évêque de Grenoble, Pierre Scarron, en conséquence du bref qu'Urbain VIII lui avoit adressé deux ans auparavant, commit son official, M. Dufaure, précenteur et chanoine de sa cathédrale, pour faire l'extraction de la Sainte Épine (2).

« En vertu de cette commission, M. Dufaure et M. de Saint-Chamond arrivèrent à Saint-Pierre d'Albigny, le 12 may de la même année ; et le lendemain, fête de l'Ascension, à six heures du matin, ils supplièrent le prieur du couvent qu'il leur fut permis de voir et de baiser le reliquaire où étaient enfermées les Saintes Épines. Dès qu'il fut déposé sur l'autel par trois religieux revêtus de chapes, M. l'official fit lecture du bref du Pape et de la commission que lui avoit donnée Monseigneur de Grenoble : M. de Saint-Chamond lut aussi la lettre de Son Altesse Royale de Savoye ci-dessus mentionnée. Le prieur, loin de consentir à l'extraction qu'on exigeoit, se saisit du reliquaire et l'auroit emporté, si M. de Saint-Chamond avec M. l'official ne l'eussent arrêté : au moins le serra-t-il avec tant de violence, qu'il se brisa dans ses mains (3) : un autre religieux

---

(1) *Pièces justificatives*, VII, 2.
(2) *Pièces justificatives*, VII, 3.
(3) « Procès-verbal fait à Saint-Pierre d'Albigny par Pierre Bailly, juge de Miolans, le 13 may 1627. — Procès-verbal fait à Grenoble le 20 may 1627. »

alla sonner le tocsin, et ensuite criant aux voleurs frappa de plusieurs coups le maître d'hôtel, les pages et les domestiques de M. le marquis : lequel, crainte d'un plus grand scandale, contint dans la modération et lui-même et tout son monde.

« Cependant M. l'official et lui s'emparèrent du reliquaire rompu, en tirèrent une des Saintes Épines, et la mirent avec le plus de révérence qu'ils purent dans un étui d'ivoire qu'ils emportèrent.

« Sur leur passage se trouva une grande multitude de peuple, attirée par le son du tocsin, qui fit mine de s'opposer à l'enlèvement de cette relique; mais M. le marquis ayant déduit toutes les raisons qui l'avoient engagé à la démarche qu'il venoit de faire, il eut la satisfaction de voir le tumulte s'appaiser.

« La boëte d'yvoire fut à l'instant remise par M. l'official (1) à M. Jean Chamberon, chanoine et aumônier de l'église séculière et collégiale de Saint-Pierre et Sainte-Barbe qui avoit été député, le 2 janvier 1626, par Mre de Meschatin la Faye, chamarier et comte de Lyon, official et grand vicaire de Mgr de Marquemont, pour recevoir la Sainte Épine, et la porter au château de Saint-Chamond. Elle y fut en effet déposée et mise dans un reliquaire de cristal, le vingt-un may 1627 (2).

« Cependant M. de Saint-Chamond, irrité du refus indécent que lui avoient fait les religieux d'Albigny, et des mauvais traittements que ses domestiques en avoient essuyés, en poursuivit la réparation au souverain Sénat de Savoye, et demanda en outre la restitution des deux autres

---

(1) « Procès-verbal fait par M. l'official » : *Pièces justif.* VII, 4.
(2) « Acte de réception par Me Ravachol, notaire royal. »

Épines. Les religieux poursuivis fondèrent de procuration le commissaire provincial supérieur de leur couvent pour transiger avec M. de Saint-Chamond.

« L'accord en effet, fut passé au mois de juillet 1634. Les religieux s'abandonnèrent à la clémence de leur seigneur; et le seigneur de son côté leur justifia d'abord ses prétentions, en ce que ses prédécesseurs les comtes de Miolans étant employés par les Roys de France et les Papes dans la Terre-Sainte, l'Italie et autres lieux, ils en avoient receu des Saintes Épines et diverses reliques qu'ils avoient apportées à Miolans, et qui y étoient restées jusqu'à l'aliénation de ce château par la dame Claude de Miolans, épouse du seigneur de Saint-Vallier (1); qu'alors laditte dame s'étoit retirée dans la ville de Saint-Pierre d'Albigny avec ses meubles, joyaux et surtout avec les Saintes Épines, malgré l'opposition de son frère Gabriel de Miolans, protonotaire apostolique, et curé de l'église de Saint-Etienne size dans la forteresse du château de Miolans, comme il appert par la requête dudit curé présentée et appointée au parlement de Chambéry, le 21 novembre 1551; que laditte dame voyant ensuite la Savoye troublée par les guerres, et voulant assurer ces précieuses reliques, elle les avoit, à la réquisition des Augustins de Saint-Pierre d'Albigny, mises en dépôt chès eux, lesquels après le décès de laditte dame s'en étoient rendus possesseurs; possession ou plutôt usurpation qui ne pouvoit préjudicier à ses droits bien fondés. Cependant, non moins généreux que ses pères, ledit Mel-

---

(1) Transaction du 21 novembre 1523, entre le duc Charles de Savoie et dame Claude de Miolans, femme de Guillaume de Poitiers, par laquelle celle-ci céda au duc le château et mandement de Miolans. (*Arch. dép. de la Savoie* : Inventaire vol. 2. M. f. 196).

chior consentit à oublier les injures qu'il avoit reçues, et poussa la grandeur d'âme jusqu'à faire à ces religieux don des deux autres Épines dont une étoit rompue, à condition qu'elles ne pourroient être sous aucun prétexte diverties et aliénées du couvent d'Albigny (1).

« Ainsy fut définitivement laissé dans la chapelle du château de Saint-Chamond le thrésor précieux apporté de Savoye sept ans auparavant; au reste la vérité et la vertu de cette Sainte Épine s'étoit déjà déclarée et se déclara dans la suite par des miracles authentiques. Comme la couronne de Notre-Seigneur transportée de Venise à Paris préserva de la pluye pendant ce long trajet les personnes chargées de ce dépôt, ainsy, dans le transport de cette Épine de Miolans à Saint-Chamond, la pluye qui, toutes les nuits, tomboit en abondance, cessoit à l'instant que M. de Saint-Chamond et son escorte montoit à cheval, et demeuroit suspendue jusqu'au moment qu'il interrompoit sa route. N'est-ce pas encore un prodige subsistant que cette Épine, depuis plus de dix-sept siècles, porte toujours empreintes les traces du sang du Rédempteur, et en paroisse teinte aux yeux des spectateurs! Finissons cet article par un prodige qu'elle opéra, le 27 aoust 1658.

« Louis-Gabriel d'Evras, fils aîné de Mre Antoine d'Evras, seigneur de Venterol et de dame Louise Morgas de Lamotte, fut à l'âge de dix ans extrêmement incommodé d'une fluxion sur les deux yeux à la suite de laquelle s'étoit formée une maille qui lui couvroit tellement la prunelle de l'œil gauche qu'il n'en voyoit rien du tout : son cousin, Mre Gabriel de Fay, baron de Virieu, le conduisit à la cha-

---

(1) Voir aux Pièces justificatives VII, 5, cette transaction importante.

pelle du château de Saint-Chamond, d'où, après que le reliquaire de la Sainte Épine fut appliqué sur ses yeux, il retourna totalement guéri de son infirmité. On trouve ce fait extraordinaire confirmé par des lettres originales et des attestations en forme, conservées dans les archives du Chapitre. »

Reliquaire. — « Un reliquaire de cristal de roche gravé, fermant à deux cadenats et garny d'argent doré, à trois pieds sur lesquels sont les armes et les chiffres de messire Melchior Mitte de Chevrières, fondateur, et de dame Ysabeau, son espouse, dans lequel il y a une des Espines de la coronne de Nostre Seigneur, toutte sanglante jusques à la moytié, et sur le bas il y apparoit encore des rejallissemens du pretieux sang de Nostre Sauveur, pesant deux marcs, trois onces, vingt deniers. »

Titres. — « 1° Une commission de M. le cardinal Barberin, légat en France et nepveu du pape Urbain 8me, adressante à l'evesque de Grenoble pour informer du droict que préthendoit ledict seigneur sur les trois sainctes Espines qui estoyent gardées en l'esglise des Augustins de Sainct-Pierre d'Albigny, en Savoye, ladicte commission de l'année 1625, signée par ledict légat, scellée de son sceau en cire rouge dans une boëtte de fer blanc, et contresignée par les officiers de la légation.

« 2° Une lettre de l'archevesque Volpi, secrétaire des Brefs, du 16me d'août 1625, adressante à M. le légat Barberin, par laquelle il l'advertit que le pape a accordé audict messire Melchior Mitte la demande qu'il luy a faicte pour luy d'une desdictes sainctes Espines.

* (1) « 3° Un bref du pape Urbain huictiesme, en datte du 2me septembre 1625, adressé à M. l'evesque de Grenoble, par lequel Sa Sainteté luy ordonne d'aller ou d'envoyer une personne constituée en dignité ecclésiastique audict couvent de Sainct-Pierre d'Albigny, pour y prendre une des trois sainctes Espines à son choix et la remettre ez mains de l'archevesque de Lion, pour estre par luy ou par une personne constituée en dignité ecclésiastique portée en la chappelle du chasteau de Sainct-Chamond, et y estre à jamais gardée avec les autres sainctes reliques qui y estoient.

« 4° Commission de M. le comte de Meschatin la Faye, grand vicaire de Lyon, au sieur Jean Chamberon, prêtre, chanoine et aumosnier de l'église Sainct-Pierre et Saincte-Barbe de Sainct-Chamond, pour porter ladicte saincte Espine en la chappelle du chasteau dudict lieu, en datte du 22me janvier 1626.

* « 5° Lettre du duc Emmanuel de Savoye, du 8me may 1627, portant ordre au prieur des Augustins de Sainct-Pierre d'Albigny, d'obéir au bref du pape.

* « 6° Commission de M. Scarron, evesque de Grenoble, au sieur du Faure, son official général, pour aller à Sainct-Pierre d'Albigny exécuter ledict bref du Pape, en datte du 8me may 1627.

« 7° Acte de la réception en la chappelle du chasteau dudict Sainct-Chamond de ladicte saincte Espine, escript en parchemin avec plusieurs seings, et receu par Ravachol, notaire royal, le 22me mai 1627.

---

(1) Les actes marqués d'un astérisque sont insérés aux Pièces justificatives.

« 8° Copie des susdicts brefs du pape, lettre du duc de Savoye, du procès-verbal de l'official de Grenoble * et de celluy du juge de Myolans, contenant la rébellion des Augustins au commandement du pape.

« 9° Plusieurs lettres, tant du cardinal Barberin que de M. Marini, ambassadeur de France à Turin, et de quelques religieux Augustins, sur le procez par eux intenté au Sénat de Chambéry, contre ledict seigneur M. Mitte, pour raison de ladicte saincte Espine.

« 10° Sommation faicte au prieur des Augustins de Sainct-Pierre d'Albigny sur les désordres arrivés en leur couvent, faicte à Paris le 11ᵐᵉ juillet 1634, signé Moussino, notaire apostolique de l'archevesché de Paris.

« 11° Procuration des Augustins de Sainct-Pierre d'Albigny au P. François Truchet, leur supérieur, pour traicter d'accord dudict procès avec ledict seigneur, en datte du 23ᵐᵉ de mars 1634.

* « 12° Accord dudict seigneur avec les Augustins, du 9ᵐᵉ de juillet 1634.

« 13° Traicté faict par mondict seigneur avec les R. R. Pères Augustins Deschaussez, pour le couvent de Sainct-Pierre d'Albigny, faict le 11ᵐᵉ juillet 1634. »

DE LA RELIQUE DE SAINT JUST

« Lorsque les Lyonnois rapportèrent d'Egypte le corps de saint Just, les seigneurs de Tournon qui se glorifioient d'être les parents de cet archevêque (1), en obtinrent quel-

---

(1) « ..... L'Eglise de Saint-Just n'en continua pas moins de jouir
« d'une grande célébrité, jusques là que Jacques, seigneur de Tournon,

ques reliques qu'ils avoient à Tournon en singulière vénération.

« En 1618, Just Henry de Tournon, pour témoigner l'amitié qu'il portoit à messire Melchior Mitte de Chevrières, son gendre, lui donna une partie d'une côte du saint archevêque, avec un témoignage en forme, datté du 20 septembre de laditte année, signé de M. de Tournon et contresigné de son secrétaire. »

Reliquaire. — « Un reliquaire de boys doré, faict en forme de portail à deux costés, ayant au-dessus une résurrection et deux anges portant les armes dudict seigneur et dame, dans lequel il y a plusieurs os des saincts..... Au-dessus dudict reliquaire, saint Just. »

Titre. — « Une attestation de messire Just Henry de Tournon d'avoir donné audict messire Melchior Mitte, une coste de saint Just, en date du 20 septembre 1618. »

« chevalier conducteur de la reine Anne de Bretagne, s'y fit recevoir
« chanoine d'honneur, le 4 avril 1494, après Pâques, en présence de
« l'évêque de Mirepoix. Cette famille, l'une des plus puissantes du Vi-
« varais, était en possession de ce privilége de tems immémorial : elle
« prétendait avoir donné naissance à saint Just; aussi, pour appuyer
« cette tradition, tous les aînés de la maison de Tournon avaient
« adopté le prénom de Just. » (Cochard. *Notice sur Saint-Just*, p. 9.)

Le cardinal de Tournon, archevêque de Lyon « qui se glorifiait d'être
« de la famille de saint Just, donna, en 1549, cinquante sous d'or pour
« une couronne destinée *au chief* de M. Saint Just. » (Meynis, *Notice sur les reliques*..... p. 5, note 3.)

DE LA RELIQUE DE L'APOTRE SAINT PHILIPPE

« Les Jésuites, ces hommes savants sans irréligion, pieux sans superstition, se flattent de conserver la tête de cet apôtre dans le prieuré de son nom, situé sur la terre de Miolans (1). L'an 1624, le R. P. Louis de Serre, de la Compagnie de Jésus, recteur du collége de Chambéry, auquel ce prieuré est uni, donna au R. P. Blaise Jarrige, prêtre de ladite Compagnie, une dent à trois racines tirée de la mâchoire supérieure de saint Philippe, pour la remettre à messire Melchior Mitte de Chevrières. Par ce don auquel avoit consenti Mutius Vitelesque, général des Jésuites, le recteur prétendoit reconnoître les bienfaits dont les seigneurs de Miolans avoient autrefois comblé ledit prieuré, et l'affection singulière que M. de Saint-Chamond portoit lui-même à la Société. L'acte de donation est daté de Chambéry, le 16 septembre de la susdite année 1624.

---

(1) Ce prieuré existait jadis, en effet, à une faible distance de Saint-Pierre d'Albigny, sur le territoire de la paroisse actuelle de Saint-Jean-de-la-Porte. Il datait du XIe siècle et dépendait de l'abbaye bénédictine de Saint-André-le-Bas, à Vienne, qui, à la fin du XVIe siècle, le céda aux Jésuites.

Un château remplace aujourd'hui ce prieuré, dont la chapelle fut détruite vers 1850. Le portail de cette chapelle, de style ogival, orne maintenant la façade de l'église paroissiale de Saint-Jean-de-la-Porte. (*Arch. dép. de la Savoie. — Notes à Saint-Pierre-d'Albigny.*)

La présence de la relique du chef de saint Philippe dans ce prieuré, qui, tour à tour, se nomma prieuré de Saint-Ours, de la Porte et enfin de Saint-Philippe, est mentionnée dans des visites pastorales des 17 avril 1468, 11 septembre 1470, 2 novembre 1474, 21 juin 1609. (M. Trépier, *Hist. du Décanat de Saint-André*, p. 253.)

« En conséquence de cette donnation, la relique fut reçue à Saint-Chamond avec une pompe extraordinaire, un dimanche 6 octobre de la même année (1); elle avoit été apportée la veille par les RR. Pères Jacques Georges, Antoine Chausse et Pierre-Louis Monnot (2). »

Reliquaires. — « Deux chefs d'argent doré cizelé, avec leur bust, marquez aux armes desdictz seigneur et dame, dans lesquelz il y a deux cristaux de roche et, dans l'un d'iceux, est une dent de sainct Philippe l'appostre, et dans l'autre une dent de sainct Christofle, pesant les deux ensemble onze marcs, sept onces. »

Titres. — « 1° Une attestation du R. Père de Serre, recteur du collége des Jésuites à Chambéry, en datte du 16me septembre 1624, par laquelle il appert qu'il a tiré du chef de sainct Philippe, qui est en Savoye, une dent pour l'envoyer audict seigneur Melchior Mitte, par la licence de son R^{me} Père Général. »

« 2° Un acte de réception de ladicte dent de sainct Philippe dans la ville et chasteau de Sainct-Chamond, et des solemnités qui y ont esté gardées, signé desdicts seigneur et dame et de plusieurs autres, en datte du 16me octobre 1624. »

---

(1) « Acte de la réception par Me Julien Vachon, notaire royal. »
(2) Le P. Monod, né à Bonneville en 1586, confesseur de Christine de France, femme de Victor-Amédée, duc de Savoie, mourut en prison, dans le château de Miolans, le 31 mars 1644, « sacrifié au ressentiment du cardinal de Richelieu. »

DE LA RELIQUE DE SAINT ARNOUL ET DE SAINT PATIENT

« Saint Arnoul étoit évêque de Metz (1). Goerie, son successeur, le fit enterrer dans l'église des Apôtres, située hors des murs de la ville, et de là l'église prit le nom de Saint-Arnoul. En 1552, son corps fut transféré dans l'église des Frères Prêcheurs qui est dans l'enceinte de la ville : il y eut dans la suite une abbaye de Bénédictins de la congrégation de Saint-Vanne, et qu'on appelle l'abbaye de Saint-Arnoul.

« En 1633, messire André Valledier, abbé de ce monastère, ayant assemblé le prieur et les religieux en présence de M. Beschamps, chanoine et chantre de la cathédrale, tira de la châsse du saint un fragment très-considérable de l'os tibial, et le donna à Mre Melchior de Saint-Chamond aussi présent (2), et de tous tems intime ami de Mre Valledier : cette extraction se fit le 6 may, seconde feste de la Pentecôte. En même tems, M. l'Abbé tira de la châsse de saint Patient, que l'Evangéliste saint Jean avoit envoyé prêcher la foy à Metz quarante ans après la mort de Jésus-Christ, une partie de l'épine du dos, appellée l'os sacrum et en gratifia le même Mre de Saint-Chamond. L'incrédulité la plus hardye pourroit-elle suspecter des reliques ainsi authentiquées ! »

RELIQUAIRE. — « Un grand reliquaire, faict de forme de

---

(1) « Moréri. »
(2) « L'acte se voit dans les archives du Chapitre de Saint-Chamond. »

châsse d'argent doré cizelé, pesant vingt et trois marcs deux onces, dans lequel il y a les reliques suivantes.... :

« Os sacrum de sainct Patient, disciple de sainct Jean l'Evangéliste, qui alla prescher la foy chrestienne à Metz, quarante ans après la mort de Nostre Seigneur.

« Un grand os de sainct Arnoulf, évesque de Metz, de la maison royale. »

TITRES. — « Deux attestations en parchemin de messire André Valadier, abbé de Sainct-Arnoulf à Metz, pour les reliques dudict sainct Arnoulf et de sainct Patient, qu'il donna audict Mre Melchior Mitte, en date du 6me may 1633. »

DE LA RELIQUE DE SAINTE HÉLÈNE.

« En 1633, Mre Melchior de Chevrières commandoit en chef l'armée que le Roy de France avoit en Allemagne. Étant à Coblents, ville de l'Electorat de Trèves, il visita une communauté de filles de la règle de Saint-Augustin. L'abbesse, nommée Sizxirger, du consentement de ses religieuses et de l'aumonnier appellé Bernard, voulant récompenser et nourrir la piété de M. le Marquis, lui donna, le 2 juin, une partie du bras de sainte Hélène, que le couvent possédoit tout entier (1). Le corps de cette pieuse impératrice avoit été transporté à Rome (2), où l'empereur Constantin lui avoit fait faire de magnifiques

---

(1) « L'acte se trouve dans les archives du Chapitre de Saint-Chamond. »

(2) « Eusèbe, l. 3, ch. 46. — Moréri. »

funérailles. Il y étoit resté jusqu'au neufvième siècle, tems auquel un prêtre du diocèse de Reims, nommé Tetgis (1), l'apporta à l'abbaye de Hautvilliers en Champagne : et c'est de là que les religieuses de Coblents tenoient le bras qu'elles possédoient. »

RELIQUAIRES. — « Deux figures d'argent doré, assises chacune sur un piédestail d'esbaine où sont les armes dudict seigneur, portant chacune une boëtte avec un cristal, dans l'une desquelles est un os de saincte Hélène, et dans l'aultre un os de saincte Catherine pesant, les deux ensemble, neuf marcs, six onces, douze deniers. »

TITRE. — « Certificat de l'abbesse des religieuses de Sainct-Augustin à Coblents, dans l'Estat de Tresves en Allemaigne, qui a donné un os de saincte Hélène, audict Mre Melchior Mitte, signé par elle et deux de ses religieuses, en datte du 2 juing 1633. »

DES RELIQUES DES THÉBÉENS DE LA LÉGION DE SAINT MAURICE

« Sur la fin du troisième siècle, l'empereur Maximien, surnommé Herculius, fut envoyé par son collègue Dioclétien pour appaiser les troubles excités dans les Gaules par différentes troupes de Barbares (2). Mais, craignant que l'armée romaine ne fût trop faible contre eux, Dioclétien

---

(1) « Flodoard, liv. 2, ch. 8. Hist. »
(2) « Moréri. — Fleuri, *Hist. eccl.*, T. 2, p. 405. »

fit venir d'Orient la légion Thébéenne, composée de 6,000 hommes ayants à leur tête Maurice, Exupère et Candide. Cette légion n'ayant pas voulu obéir aux ordres impies de Maximien et servir sa fureur contre les chrétiens, fut décimée deux fois et ensuite passée au fil de l'épée. Cette exécution se fit à Agaune, lieu situé dans le Chablais, au pied de la montagne qu'on nomme aujourd'hui Saint-Bernard ; quelques-uns des soldats de cette légion étoient dispersés dans diverses villes de l'Allemagne : on en compte cinquante qui souffrirent le martyre à Cologne, soit avant, soit après leurs camarades : à Trèves, Rictiovare, gouverneur de la Gaule Belgique, fit sa cour à l'empereur par les supplices que sa cruauté inventa contre les soldats thébéens qui s'y rencontroient et contre les autres chrétiens : aussi la ville se vit bientôt enrichie de corps saints. L'abbaye de Notre-Dame des Martirs, ordre de Saint-Benoit, située près de Trèves sur la Moselle, en possède une quantité extraordinaire. Le 19 juin 1633, l'abbé Egide tira de ce trésor trois ossements, l'un du bras, les deux autres de la tête, et les donna à M. de Saint-Chamond(1), lui recommandant que, puisque c'étoient des reliques des Saints, il les honnorât et les fît honnorer, ainsy que le devoient être ces précieuses dépouilles. »

Reliquaire. — « Un grand reliquaire faict de forme de châsse d'argent doré cizelé, pesant vingt-trois marcs, deux onces, dans lequel il y a..... deux parties de deux chefs et l'os tout entier d'une jambe des martyrs de la légion des Thébains. »

---

(1) « L'acte se voit dans les archives du Chapitre de Saint-Chamond. »

TITRE. — « Attestation de l'abbé de Saincte-Marie aux Sainctz Martirs, près de Trèves en Allemaigne, des reliques des martirs de la légion des Thébains, qu'il a données audict Mre M. Mitte, signée de sa main et scellée de son sceau, en datte du 19me de juing 1633. »

DE LA RELIQUE DE SAINT BLAISE

« Saint Blaise fut fait évêque de Sébaste sous l'empereur Dioclétien. Il fut martirisé dans cette ville au commencement du quatrième siècle, sous l'empereur Licinius, par les ordres d'Agricola, gouverneur de Cappadoce et de la Petite Arménie.

« Depuis qu'on s'empressa à transporter les reliques des saints de l'Orient en l'Occident, le culte de l'évêque de Sébaste devint très-célèbre dans beaucoup d'églises de France, d'Italie et d'Allemagne, où l'on se glorifioit de posséder ses reliques. Vers l'an 1636, la cathédrale de Lubec conservoit une partie de sa mâchoire dans un vieux reliquaire doré : ce fut là qu'elle tomba entre les mains de M. Jean Chamberon, prêtre, chanoine de Saint-Chamond, lequel, craignant qu'elle ne vînt au pouvoir des luthériens, la donna à Mre Melchior de Chevrières, le fléau des protestants, pour qu'elle parvînt plus sûrement à la nouvelle église que ce seigneur faisoit construire auprès de son château de Saint-Chamond. L'acte est datté de Hambourg, le 29 janvier 1636. On le conserve, avec la mâchoire du Saint, dans la Collégiale de Saint-Jean, audit Saint-Chamond. Saint Blaise est surtout invoqué pour les maladies des enfants et des bestiaux. »

RELIQUAIRE. — « Deux reliquaires d'argent doré en forme d'ovale garny chacun de deux cristaux, dans l'un desquels est une grande partie de la maschoire de sainct Blaise, martir.... »

TITRE. — « Attestation pour la maschoire de sainct Blaise, prinse dans l'église cathédrale de Lubec en Allemaigne, signée par messire Jean Chamberon, à Hambourg, le 29ᵐᵉ janvier 1636. »

DE LA RELIQUE DE SAINT THÉODORE

« Saint Théodore, natif d'Euchaïtes, dans la province de Pont, est l'un de ces martirs appelés chez les Grecs, par excellence, les GRANDS MARTIRS.

« Il mourut pour la foy dans la ville d'Héraclée, le 7 février 319, et fut enterré au lieu de sa naissance, dans le tombeau de ses ancêtres (1). Les Vénitiens trouvèrent son corps au treizième siècle, le portèrent dans leur patrie et le déposèrent dans l'église de Saint-Sauveur. Le 12 avril 1636, M. Martin Striverius, chanoine de Sainte-Croix, dans l'évêché de Hildesheim, missionnaire apostolique et chevalier du Saint-Sépulchre, donna à Mʳᵉ Melchior de Saint-Chamond une partie du bras de ce saint martir qu'il avoit tirée, disoit-il, d'un lieu non suspect dans lequel depuis longtems elle étoit fidellement conservée. »

« Non enchâssée séparément. »

---

(1) « Baillet. — Sansouin, l. 13. Hist. »

TITRE. — « Attestation pour le bras de sainct Théodore, martir, donné par un chanoine de l'évesché d'Hildesheim en Allemaigne, commissaire appostolique et chevalier du Sainct-Sépulchre, en datte du 12me avril 1636. »

DE LA RELIQUE D'UNE DES COMPAGNES DE SAINTE URSULE

« L'opinion la plus sûre touchant les compagnes de sainte Ursule, est celle qui les réduit à onze, ce qui les présente comme une communauté de filles consacrées à Dieu, dont sainte Ursule étoit la supérieure, qui vivoient à Cologne ou aux environs, et qui dans une irruption de Barbares idolâtres ou sans religion, préférèrent la mort à la perte de leur virginité et de leur foy : qu'elles ayent vécu dans le milieu du cinquième siècle ou sur la fin du quatrième, il est certain qu'il y avoit dès lors des monastères ou sociétés de filles retirées ensemble pour servir Dieu.

« Les irruptions des Barbares qui venoient ravager les extrémités de l'Empire Romain, étoient dans ce tems-là fort fréquentes, surtout aux environs de Cologne ; ils pilloient et brûloient les villes, et particulièrement les églises ; ils massacroient sans miséricorde des personnes de tout âge, de tout sexe et de toute condition ; on peut donc aisément se persuader qu'ils seront venus fondre sur le monastère gouverné par sainte Ursule ; qu'après y avoir satisfait leur avarice, ils auront voulu y assouvir encore leur brutalité, et que c'aura été l'occasion du martyre de cette Sainte et de ses compagnes. Quoiqu'il en soit, Gerlac, abbé de Duitz, qui, en 1156, avoit heureusement trouvé le corps de sainte Ursule, fut excité à chercher aussy ceux de ses compagnes : il employa neuf ans à cette pieuse perquisition, et ses recherches enrichirent plusieurs églises d'Italie, de France, d'Espagne, d'Angleterre, mais surtout d'Allemagne.

« En 1636, frère Gérard Lincen, prieur des Jacobins de Wesel, dans le pays de Clèves, donna du consentement de sa communauté à Mre Melchior de Chevrières (1), quelques ossements d'une de ces compagnes renfermés dans une étoffe pliée en forme de tête. Le motif de ce présent étoit la fondation que ledit M. Melchior avoit fait d'un couvent de Sainte-Ursule à Saint-Chamond, monastère le plus ancien qui ait été érigé en France à l'honneur de cette vierge.

« Au reste, M. le marquis de Saint-Chamond devoit les pieuses largesses qu'il recevoit des diverses églises d'Allemagne aux employs illustres qu'il y avoit longtems exercés, à sa piété pour les Saints, à son zèle pour la religion, au courage enfin avec lequel il avoit deffendu des ravages des protestants plusieurs temples catholiques de l'Allemagne. »

« Non enchâssée séparément. »

Titre. — « Attestation du Prieur des Jacobins de Wesel, dans le pays de Clèves en Allemaigne, pour partie des têtes de quelques-unes des onze mille Vierges, qu'il donna audict Mre Melchior Mitte audict Wesel, le 21me novembre 1636, signée de sa main et scellée de son sceau. »

---

(1) « L'acte se voit dans les archives du Chapitre de Saint-Chamond. »

RELIQUES DU CORPS DE SAINT LUCE MARTYR

« Le 22me décembre 1644 (1), le cardinal Ginetti, vicaire du pape Urbain VIII, donna par l'ordre du Souverain Pontife à Mre Melchior de Chevrières, alors ambassadeur de France à Rome, les ossements de saint Luce : ils furent déposés dans la chapelle des Reliques attenante à la Collégiale de Saint-Chamond. L'année suivante, une sécheresse extrême désola les campagnes voisines de cette ville : pendant près de huit mois, le ciel leur refusa ses rosées, la terre aride menaçoit d'une stérilité qui paroissoit inévitable (2) ; les prières publiques et particulières ne désarmoient point le Seigneur. On résolut enfin de porter processionnellement le reliquaire qui contient les ossements du saint martyr ; son intercession ne fut point en vain réclamée, la foy mérita des prodiges. Pendant la procession même, l'air se couvrit de nuages, et la terre fut arrosée ; la confiance des citoyens pour saint Luce augmenta toujours de plus en plus et, en 1652, les doyen et chanoines présentèrent requeste à Monseigneur l'archevêque pour qu'il leur assignât un jour auquel ils pussent faire l'office et la fête de ce glorieux martyr. Elle fut fixée au 3e octobre (3). »

---

(1) « L'acte se voit dans les Archives du Chapitre de Saint-Chamond. » Le Pape Urbain VIII était mort au mois de juillet 1644 : ce fut donc avant cette époque et lors de l'arrivée à Rome du marquis de Saint-Chamond que l'ordre de lui remettre cette relique fut donné : le marquis de Saint-Chamond, ayant quitté Rome pendant plusieurs mois, ne put recevoir qu'au mois de décembre ce don précieux.

(2) « Procès-verbal fait par Me Vachon, notaire royal. » (V. p. 90.)

(3) L'inventaire des reliquaires et des titres que nous reproduisons

DE DIVERSES AUTRES RELIQUES

« On n'entreprend point de faire un détail exact de toutes les richesses que possède en ce genre l'église de Saint-Chamond. On se borne à dire qu'un inventaire des reliques du château de cette ville, fait le 25 juillet 1606 par le R.-P. Aurélien Particelli, capucin, et signé de grand nombre de religieux et d'ecclésiastiques, énonce du sang de saint Jean-Baptiste, dans un cristal : des habits de la Sainte Vierge, dans une statue d'argent doré qui représente cette mère de Dieu (1); de la crèche et du sépulchre de Notre-Seigneur; de la colonne où il fut flagellé; de l'éponge avec laquelle il fut abreuvé, le tout dans un reliquaire où est une partie du précieux bois de la Croix; des os de saint Jean-Baptiste, que les chrétiens sauvèrent des flammes auxquelles son corps fut livré par les payens à Alexandrie sous Julien l'Apostat : du lieu de la naissance du Précurseur; des os de S. Pierre et S. Paul, de S. Jacques, de S. Luc (2) : des os et une dent de S. Christophle, mis

---

étant de 1643, les titres qui concernent la relique de saint Luce donnée en 1644, n'y sont pas mentionnés.

(1) « Une figure d'argent doré de la Saincte Vierge assise sur un piedestal d'esbaine, sur lequel sont les armes dudict seigneur, tenant d'une main Nostre Sauveur et de l'autre une boëtte ayant un cristal au-dessus, dans laquelle il y a des cheveux et des habillemens de ladicte Saincte Vierge, pesant cinq marcs trois onces douze deniers. » (*Inventaire de 1643*).

(2) « Un reliquaire de bois doré, faict en forme de portail à deux costez, ayant au-dessus une Résurrection et deux anges portant les armes desdictz seigneur et dame, dans lequel il y a plusieurs os des sainctz entre autres, d'un costé : de S. Jean-Baptiste, S. Pierre, S. Paul,

depuis dans un buste d'argent doré. Des os de S. Viator, compagnon de S. Just dans sa retraite en Egypte. Des os de S. Cosme et de S. Damien, de S. Barthélemi, de S. Blaise, de S. Honnoré, de S. Georges, de S. Pérégrin, de S. Martin, de S. Laurent, de S. Etienne, de S. Ambroise, de S. Irénée et de S. Bonaventure, qu'on possédoit avant que les calvinistes eussent fait périr à Lyon le corps de ces deux saints dans les flots ou dans les flammes. Des os de S. Léger, enchassés depuis dans un bras d'argent doré. Des os de S. Fabien, de S. Pancrace, de S. Domitien, de S. Ursin, de Ste Barbe, de Ste Béatrix. Du bras de S. Second. Du chef et des os de Ste Catherine, mis depuis dans une figure d'argent doré. Du sang de S. Maurice. Des reliques de S. Bernard, vulgairement appelé Barnard, archevêque de Vienne, de S. André, de S. Sylvestre, de S. Maxime et de plusieurs autres saints dont les noms ne sont pas marqués (1).

S. Jacques, S. Luc, S. Barthélemy, S. Martin, S. Pierre de Luxembourg, S. Irénée, S. Peregrin, S. Ursin, S. Estienne, S. Viateur, S. Fabien, S. Bonaventure, S. Dom, S. Basile, S. Cosme et S. Damien, S. Colombain, de la Ste Cresche, de la Ste Esponge, S. George, des onze mille Vierges, S. Pancrace, S. Honorat, S. Blaise, S. Léger, S. Laurent. De l'autre costé il y a des os de S. Luc, évangéliste, de S. Anastase, martyr, de S. Martin, martyr, S. Fabien, S. Timothée, martyr, S. Hercule, S. Machaire, martyr, S. Balthazar, S. Bon, S. Laurentin, S. Constance, S. Gaudens, martyr, S. Hilaire, S. Argentin, S. Félician, S. Estienne, S. Pasteur, Ste Bibiane, Ste Martine, Ste Appollonie, martyre, S. Hilaire, Ste Elisabeth, l'une des onze mille Vierges, Ste Colombe, vierge et martyre, Ste Coronne, vierge et martyre, Ste Aurèle. Au-dessus dudict reliquaire S. Just. (*Inventaire de 1643*).

(1) « Un grand reliquaire (voir page 225) dans lequel il y a ..... des reliques de S. Alexandre, de S. Constantin, S. Anthoine, S. Benoist, S. Léonard, abbé.

« Deux bras d'argent doré, ayant chacun un cristal, marquez aux

« Aux susdites reliques étoit annexé un parchemin (aujourd'hui colé dans l'un des reliquaires) datté de l'an 1066, sur lequel le nom des saints cy-dessus rappellés étoit écrit (1).

« Toutes ces reliques furent visitées, révérées et approuvées par Monseigneur Denis Simon de Marquemont, ar-

---

armes desdictz seigneur et dame, dans l'un desquelz il y a un doigt de S. Jean l'aumosnier, enchassé dans de l'or par les deux bouts, et dans l'autre un autre doigt de S. Léger, enchassé dans de l'or par un des bouts.

« Deux reliquaires d'argent doré en forme d'ovale garny chacun de deux cristaux (voir page 230), dans l'un desquels est une grande partie de la maschoire de S. Blaise, martyr, un os pétrifié de S. Célestin, martyr, un os de S. Anselme, un os de S. Grégoire martyr, et un os de S. Persée, martyr. Dans l'autre, il y a un grand os de S. Anastase, martyr, de S. Luc, évangéliste, de S. Estienne, proto-martyr.

« Deux croix de bois doré, ayant chacune quatre Agnus Dei au fonds, dans l'une desquelles il y a de la creiche de Nostre Seigneur, de la montagne de Sinaï, du mont de Sion où Jésus-Christ fut trouvé, du lieu où il monta au ciel, du sépulchre de la Vierge Marie, du torrent de Cédron, du chasteau d'Emaüs, du lieu où la Vierge visita saincte Elisabeth, du lieu où Nostre Seigneur fust flagellé, du lieu où on luy dict Ecce Homo, du mont de Calvaire, et plusieurs autres lieux saincts. »

« Reliques qui ne sont pas enchâssées. — Une partie du chef d'une des onze mille Vierges : un bras tout entier de S. Théodore, martyr. Un os du bras des onze mille Vierges. » (*Inventaire de 1643*).

(1) « Un autre reliquaire de bois doré, faict de la mesme forme que le précédent (voir page 234, note 2), hors qu'au lieu de la Résurrection, il y a une figure de Nostre-Dame au-dessus, dans lequel d'un costé il y a plusieurs reliques qui ont esté trouvées pliées toutes ensemble dans un petit coffret avec un vieux parchemin datté de l'an mille soixante-six, dans lequel sont escripts ces mots : *Hac in arca habes reliquias de sancta Maria, et sancti Petri, Pauli, Andree, Jacobi, Joannis, Stephani, Martini, de ligno sancte Crucis, de sepulchro Domini, de terra ubi Dominus pedes tenuit, de sanguine sancti Mauritii et sancti Laurentii, de sancto Bernardo, Sylvestro, Maximo, sancta Cella, Urbano, Domnino, Vincentio, Desiderio, Remigio, sanctorum duodecim Apostolorum, Lamberto,*

chevêque de Lyon, le 5ᵐᵉ octobre 1615 (1). Elles étoient encore alors renfermées pour la pluspart dans des bourses de soye, ainsi que l'étoient autrefois les reliques pour la commodité des princes et des seigneurs qui les portoient sur leurs personnes dans leurs expéditions militaires.

« Le 13 septembre 1625, le cardinal François Barberin, légat en France a latere du pape Urbain VIII, grossit le thrésor de M. de Saint-Chamond en lui donnant des reliques de S. Luc, de S. Etienne, de S. Argentin, de S. Gaudence, de S. Fortunat, de S. Isidore, de S. Hilaire martyr, de S. Célestin, de S. Pasteur, de S. Macaire, de S. Fabien, de S. Just, martyr, de S. Pierre, martyr, de S. Anselme, martyr, de S. Constance, de S. Félicien, de S. Celien, de S. Persée, de S. Bon, martyr, de S. Appollonius, martyr, de Sᵗᵉ Aurélie, de Sᵗᵉ Bibiane, de Sᵗᵉ Nile et

---

Simeone, Felice, Fortunato, Achilleo, sanctorum beatorum martyrum et diaconorum Pantaleonis, Gervasii et Pothasii, et aliorum sanctorum quorum nomina nescimus. Et puis escript d'une autre lettre : *Sancta Catherina, sancta Magdalena, sancta Cecilia,* et quelques autres noms qu'on ne peut lire, et ledict parchemin a esté colé dans ledict reliquaire entre les deux faces d'icelluy.

« De l'autre costé dans le mesme reliquaire, il y a une figure de Nostre-Dame et deux Agnus Dei, faictz avec des cendres des sainctz et outre cela des os de S. Celian, S. Isidore, Sᵗᵉ Faustine, vierge et martyre, Sᵗᵉ Nile, S. Ither, S. Just, martyr, S. Jule, martyr, du sang de S. Charles Borromée, du sépulchre de Nostre-Dame et de la châsse de sainct Anthoine. » (*Inventaire de 1643*).

(1) « Attestation de messire Denys Simon de Marquemont, archevesque comte de Lion, et despuis cardinal, des reliques qu'il a trouvé dans ladicte chappelle du chasteau neuf, faisant sa visite le 5ᵐᵉ octobre 1615, scellée de ses armes, signée de sa main, et contre signée par son secrétaire, nommé Basset.

« Un inventaire des reliques qui estoyent dans ladicte chappelle du chasteau le 13ᵐᵉ février 1622, signé par ledict seigneur et par plusieurs autres. » (*Inventaire de 1643*).

de Ste Martine, martires, reliques tirées des églises et des cimetières de Rome (1).

« Outre cela, un second inventaire, fait le 5 aoust 1634 (2), apprend que messire Mitte de Chevrières, dans le voyage qu'il avoit fait en Allemagne l'an 1633, où il étoit général des armées de Sa Majesté très-chrétienne, avoit été gratifié du bras de S. Magnol, et d'un os de S. Léonard.

« En considérant cette multitude prodigieuse d'ossements sacrés réunis dans l'église de Saint-Jean de Saint-Chamond, on ne peut s'empêcher d'appliquer à ce temple les paroles avec lesquelles d'anciens martyrologes célèbrent la montagne de Saint-Irénée de Lyon : *In quo tot martires requiescunt ut terra sanctorum et requies martyrum cum summa omnium veneratione merito debeat appellari* : c'est un lieu où sont les cendres de tant de martyrs, qu'il mérite à juste titre, et la plus profonde vénération, et le glorieux nom de terre des saints, de repos des martyrs » (3).

FIN.

---

(1) « Attestation de M. le cardinal Barberin, légat en France, contenant le nom des sainctz dont il a baillé des reliques audict messire Melchior Mitte, signée de sa main et scellée de son sceau, à Fontainebleau, en date du 13me septembre 1625. » (*Inventaire de 1643.*)

(2) Le msst. porte « 1644 », évidemment par erreur : il faut lire « 1634 », date indiquée dans l'inventaire de 1643 où cet acte est mentionné en ces termes : « Un inventaire signé dudict seigneur et plusieurs « autres des reliques et reliquaires acquis par luy, faict à Sainct-Cha- « mond, le cinquiesme aoust mil six cent trante quatre. »

(3) « Rédigé par M. Corréard, chanoine aumônier de la Collégiale de Saint-Chamond : transcrit par E. Joseph Miotte, M^e écrivain à Saint-Chamond, le 1er aoust 1760. »

Que sont devenues les reliques insignes dont on vient de lire l'histoire ? Telle est la question importante à laquelle nous allons répondre. Mais auparavant, il nous a semblé intéressant, après le curieux récit que l'on a lu plus haut de la revendication opiniâtre des saintes Epines au xviie siècle, d'apprendre au lecteur ce que sont devenues les deux saintes Epines laissées en la possession des P.P. Augustins de Saint-Pierre d'Albigny. L'on verra comment, si vaillamment disputées et si heureusement gardées, elles ont été conservées et sont encore vénérées en Savoie (1).

En 1634, les P. P. Augustins continuèrent à jouir du trésor que leur avait laissé Melchior de Chevrières. Et, pour mieux en assurer la conservation et le défendre, deux ans après la transaction de 1634, ils instituèrent avec les habitants de Saint-Pierre d'Albigny une sorte de garde d'honneur des saintes Epines. Ce fut la confrérie ou association, dite *de la Bazoche*, dont le souvenir seul existe encore et s'efface chaque jour. « C'était une association de jeunes gens, choisis parmi les familles les meilleures et les plus recommandables du pays : le plus digne d'entre eux était élu chef et prenait le titre d'*abbé de la Bazoche*. Vêtus

---

(1) Un érudit, M. l'abbé Trépier, que nous avons déjà cité dans une note précédente, vient d'ajouter à un travail important sur l'histoire religieuse de la Savoie, l'histoire des saintes Epines de Saint-Pierre d'Albigny. Les notes que nous donnons ici, écrites sur des pièces qui nous furent communiquées, en 1874, à Saint-Pierre d'Albigny, étaient prêtes bien avant la publication du travail de M. l'abbé Trépier. Nous n'y changeons donc rien, laissant indiquées avec soin les sources auxquelles nous avons puisé nos documents.

d'un costume qui rappelait celui des chevaliers du Moyen-Age, armés d'une hallebarde, ces jeunes gens montaient la garde autour des saintes Epines quand on les exposait, les accompagnaient lors de la procession, et, suivant un cérémonial déterminé, venaient à tour de rôle les vénérer avec de profondes marques de respect et des saluts d'honneur. La journée se terminait par un joyeux repas dont les P.P. Augustins faisaient en grande partie les frais (1). » Cette association disparut vers 1830.

A la Révolution, quand les Français envahirent la Savoie, les religieux Augustins furent chassés, les églises fermées : les vases sacrés, et avec eux le reliquaire de vermeil où étaient déposées les saintes Epines, furent livrés aux envahisseurs, et envoyés au directoire du district.

Mais les saintes Epines furent sauvées : les personnes pieuses qui les recueillirent les placèrent sur du coton dans une « boîte de fer blanc battu neuve préparée à ce sujet. »

Cette boîte, attachée « avec une chevillière rouge », scellée du sceau du citoyen Armand, maire de la commune, fut placée dans une brèche pratiquée à cet effet dans un mur, et cette brèche elle-même fut aussitôt murée en présence de la municipalité de Saint-Pierre qui, bien loin d'être auteur ou complice, protestait ainsi contre ces dévastations sacrilèges. Le 14 mars 1803, cette boîte fut retirée en présence des anciens témoins, Voisin et Armand, et du curé Jolivet, délégué par Monseigneur de Mérinville, évêque de Chambéry. Les sceaux furent reconnus intacts, et la boîte, transportée à l'église paroissiale, fut, le 24 mars,

---

(1) Notes de M. Bassat, curé de Saint-Pierre d'Albigny, aujourd'hui décédé. (Communiquées, en 1874, par M. le supérieur du séminaire, à Saint-Pierre d'Albigny.)

ouverte par M. le curé Jolivet, commis par Mgr de Mérinville. Les deux saintes Epines furent placées à l'église, dans une niche creusée dans un des piliers près du chœur, pour que l'on pût venir les vénérer, suivant l'autorisation donnée à la suite de ces diverses constatations par Mgr de Mérinville, le 25 mars 1803 (1).

De nos jours, le respect des habitants pour cette précieuse relique s'est toujours maintenu : dernièrement (en 1874), un legs pieux a permis d'élever dans l'église de Saint-Pierre d'Albigny en l'honneur des saintes Epines un autel de marbre, où elles sont déposées. Chaque année, le dimanche de la Passion, les habitants de la vallée de l'Isère et du plateau des Bauges viennent en foule les vénérer et entendre le récit qui leur est fait, du haut de la chaire, de l'origine de cette relique et des contestations auxquelles sa possession donna lieu. Aussi, cette histoire chacun la connaît-il, et les habitants de Saint-Pierre d'Albigny qui gardent leur trésor avec un soin jaloux et l'entourent d'une pieuse vénération, savent tous, que la ville de Saint-Chamond possède une des saintes Epines de la couronne du Sauveur.

Les reliques qui composaient le trésor de la Collégiale sont aujourd'hui vénérées à l'église de Saint-Pierre : plusieurs cependant furent profanées et perdues dans les dévastations sacrilèges de 1793. Mais le plus grand nombre et les plus insignes, telles que la parcelle de la sainte Croix, la sainte Epine, le fragment de la mâchoire de saint Jean-Baptiste, etc., furent sauvées. Lors du pillage de la Collégiale, des personnes pieuses qui connaissaient tout le prix du trésor offert à leur vénération, disputèrent aux délégués de la nation

---

(1) Notes de M. Bassat.

exécutant les ordres de spoliation, non les reliquaires d'or et d'argent si précieux cependant par les ciselures qui les recouvraient, par leur ancienneté et les souvenirs qu'ils rappelaient, mais les reliques elles-mêmes plus précieuses encore pour leur foi. Et peu après, elles s'empressèrent de faire reconnaître par l'autorité diocésaine les preuves de l'authenticité de ces reliques qu'elles avaient sauvées avec tant de dévouement. Plus tard, quand la tourmente fut passée, elles les restituèrent à un prêtre vénérable, M. Dervieux, jadis curé de Saint-Ennemond (1), et alors curé de Saint-Pierre, qui adressa une requête aux vicaires généraux du diocèse pour obtenir l'autorisation d'exposer ces restes sacrés à la vénération publique. Sa demande fut agréée, et voici les pièces qui établissent avec quel soin scrupuleux et quelle sollicitude, l'autorité ecclésiastique procéda à l'examen des reliques qui lui étaient représentées, pour s'assurer de leur authenticité.

Le 6 août 1810, M. Dervieux écrivit à MM. Courbon et Bouchard, vicaires généraux du diocèse de Lyon, au sujet des reliques conservées autrefois à Saint-Ennemond et à la Collégiale (2) :

---

(1) M. Dervieux, lors de l'émigration, s'était réfugié à Constance, en Suisse. Après la Terreur, le 20 août 1795, un grand nombre de ses anciens paroissiens le supplièrent de revenir parmi eux. Dans une lettre touchante où ils rappelaient la tyrannie « de ces hommes lâches « et féroces qui, après avoir couvert la France de ruines, avaient été « frappés le 9 thermidor par la justice éternelle, » ils lui disaient : « Vous fûtes notre ami, notre consolateur, notre père ; venez donc, « oh ! notre cher et digne pasteur, venez parmi nous jouir en paix de « vos vertus, nous édifier par votre conduite et nous diriger.... » M. Dervieux, répondant à leur appel, revint quelque temps après à Saint-Chamond.

(2) Ces pièces ont été copiées sur les originaux qui se trouvent aux

A Messieurs les Vicaires généraux du diocèse de Lyon.

Messieurs,

« Vous aviez bien voulu m'autoriser provisoirement à exposer à la vénération des fidèles les reliques de saint Ennemond et de saint Clair, que j'avois eu le bonheur de soustraire à l'impiété révolutionnaire ; mais je désirerois, pour la consolation de nos habitants et d'un nombre prodigieux d'étrangers qui viennent constemment les honorer, d'avoir une permission définitive. Plusieurs fidèles, dignes de la plus entière confiance, ont eu aussi la satisfaction de conserver les reliques de plusieurs saints révérées dans l'église collégiale de Saint-Chamond et renfermées dans le précieux trésor de ce Chapitre. Nous désirerions de les placer d'une manière convenable dans une des chapelles de notre église, pour satisfaire la piété de nos fidèles, qui, dès leur enfance, avoient été accoutumés à les honorer.

« Je vous prie, en conséquence, Messieurs, de désigner dans le canton de Saint-Chamond deux de Messieurs les curés pour en faire la vérification, entendre le dire des personnes instruites de l'authenticité desdites reliques et pour autoriser à les exposer à la vénération publique. Le suppliant continuera ses vœux pour votre conservation si nécessaire au bonheur de la religion et au bien du diocèse.

« A Saint-Chamond, le 6 août 1810.

« DERVIEUX, *curé de Saint-Pierre.* »

---

archives de Saint-Pierre ; des copies existent aux bibliothèques de Saint-Chamond et de Saint-Etienne.

MM. les vicaires généraux nommèrent immédiatement trois délégués pour procéder à l'enquête demandée :

« Nous vicaires généraux du diocèse de Lyon, assemblés en conseil le huit août 1810, lecture prise de la requête cydevant de M. Dervieux, curé de Saint-Pierre de Saint-Chamond, commettons ledit M. Dervieux, M. Lancelot, curé de Rive-de-Gier, et M. Montellier, curé de Notre-Dame de la même ville de Saint-Chamond, pour procéder à la vérification des diverses reliques autrefois exposées à la vénération des fidèles dans les églises collégiale et paroissiales de Saint-Chamond, et qui ont été conservées par diverses personnes pieuses, aux fins de constater, par voie d'enquête et toute autre manière possible, l'identité, recueillir les preuves qu'on auroit encore de leur authenticité, en dresser procès-verbal et nous le transmettre, toutefois après les avoir duement scellées, pour être ordonné par nous ce qu'il appartiendra.

« Lyon, les jours et ans que dessus. »

Courbon, vicaire général.
Bochard, vicaire général.

Un an plus tard seulement, les délégués se réunirent et, le 10 septembre 1811, dressèrent le procès-verbal de vérification suivant :

Procès-verbal de la vérification des reliques possédées en l'église paroissiale de Saint-Pierre et Sainte-Barbe de la ville de Saint-Chamond.

« Nous soussignés curés de Rive-de-Gier, Saint-Pierre et Notre-Dame de Saint-Chamond, pour nous conformer à l'ordonnance de Son Altesse E. Mgr le cardinal Fesch, archevêque de Lyon, en datte du 8 aoust, signée Courbon et Bochard, vicaires généraux, nous nous sommes rendus en l'église paroissiale de Saint-Pierre et Sainte-Barbe de la ville de Saint-Chamond, où, après avoir imploré les lumières de l'Esprit-Saint et fait les prières convenables, nous avons procédé à la vérification et à l'examen des reliques qui nous ont été présentées (1).

Sainte Croix. — « La première de ces reliques est celle de la Vraie Croix ; le morceau est gros, il est enchassé dans une croix d'argent qui avoit été dorée, elle peut avoir en tous sens un peu plus de deux pouces, au milieu de laquelle est une plaque d'argent qui a un Christ de la grandeur d'un demi-pouce, le tout d'un travail qui annonce l'antiquité (2).

« Cette relique étoit conservée à Saint-Ennemond ; elle avoit été donnée par un des seigneurs de la maison de Saint-Chamond (tout le monde en cette ville a entendu parler du zèle de cette famille à se procurer des reliques). On a toujours cru à Saint-Chamond que ce bois de la

---

(1) Chaque page de ce procès-verbal est ainsi visée : « Vu : Lyon, le 26 septembre 1811. Courbon, vicaire général. » — Nous donnons la partie du procès-verbal qui a trait aux reliques de l'ancienne église de Saint-Ennemond, parce que la relique de la Vraie Croix, qui y était jadis vénérée, est celle, comme nous l'avons vu plus haut, qui est aujourd'hui à l'église de Saint-Pierre.

(2) Cette croix, qui semble, en effet, fort ancienne, est formée d'une mince feuille d'argent ornée d'étoiles au repoussé (10 sur une face, 11 sur l'autre) et de quatre pierres précieuses, une sur chaque partie ; la pierre de droite a disparu. Cette feuille d'argent recouvre le bois de la Vraie Croix.

Vraie Croix y avoit été apporté de Constantinople, à l'époque d'un siége auquel assista ce seigneur.

« Cette précieuse relique fut divisée alors : une portion fut remise dans la chapelle du château que les seigneurs y firent construire à cet effet ; dans la suite, cette chapelle ayant été agrandie et convertie en église collégiale, cette sainte relique y fut honorée d'un culte spécial le jour de l'Invention. L'autre portion avoit été donnée à l'église paroissiale de Saint-Ennemond, avec l'obligation de l'exposer solennellement à la dévotion des fidèles, le jour de l'Exaltation, ce qui a été observé jusqu'à la suppression de ces deux églises : il n'y avoit de solennité que dans celle où étoit la fête ; il étoit défendu à l'autre église d'exposer sa relique.

« Cette précieuse croix fut mise dans un dépôt sûr par le curé de Saint-Ennemond, au moment (1791) où il fut obligé de s'éloigner de sa paroisse. Au retour de l'ordre, il la trouva intacte et telle qu'il l'avoit toujours vue dans son église : ce qui a été également attesté par M. Montelier, curé à Notre-Dame de cette ville, qui, pendant plus de vingt ans, à deux principales fêtes, avoit été chargé de la fonction de la présenter aux fidèles qui venoient l'honnorer : — par M. Célard, ancien prêtre de la mission, originaire de la ditte paroisse de Saint-Ennemond ; — par M. Delaval, ancien chanoine de la Collégiale de Saint-Chamond et aujourd'hui curé de la succursale de La Tour, paroisse de ce diocèse. Cette relique, scellée par nous pour nouvelle preuve de son authenticité, a été placée dans une croix en cuivre doré, faite exprès pour la recevoir.

SAINT ENNEMOND. — « La seconde relique de la ci-devant paroisse de Saint-Ennemond est celle de son saint Patron... »

Saint Clair. — « La troisième relique de l'église de Saint-Ennemond est celle de saint Clair, abbé ; il y était honoré comme un de ses protecteurs particuliers..... »

RELIQUES DE LA COLLÉGIALE DE SAINT JEAN-BAPTISTE DE LA VILLE DE SAINT-CHAMOND.

Portion de la machoire de saint Jean-Baptiste. — « M. Jean-François Morel, négociant de cette ville, a été introduit dans la sacristie au moment où nous nous occupions de la susdite vérification ; il nous a présenté une boëte dont la description est au procès-verbal cy-joint de feu M. Farge, alors vicaire général du diocèse : nous en avons fait aussitôt l'ouverture, et ainsi que ledit procès-verbal l'atteste, nous y avons trouvé les trois précieuses reliques y mentionnées : la vue de ces objets si propres à inspirer le respect a fait sur nous et sur les assistants l'impression la plus profonde, et, après avoir donné des marques de notre dévotion, nous avons assujetti la mâchoire de saint Jean-Baptiste avec deux cordons de couleur verte qui ont été passés par leurs quatre bouts à des trous faits au fond de la boëte, nous les avons scellés, ainsi que le cordon intérieur qui unit et assujettit les deux premiers : cette boëte est destinée à être dans un reliquaire en cuivre doré ayant la forme d'un bassin contenant la tête de saint Jean.

La sainte Epine. — « La sainte Epine de la couronne de Notre-Seigneur Jésus-Christ, décrite dans le procès-verbal mentionné en l'article précédent, a été placée dans un cristal rond d'environ trois pouces de hauteur et de deux de circonférence, lequel cristal n'est ouvert que d'un côté ; il est fermé de l'autre par un couvercle à charnière auquel avoient été adaptés des annaux propres à recevoir des cordons qui ont été entrelacés autour dudit cristal, de manière à ne pouvoir jamais être déplacés sans anéantir les sceaux que nous y avons apposés. Ce cristal, contenant la sainte Epine perpendiculairement sur un coussin de velours brodé en or, a été placé dans un reliquaire en cuivre doré, ayant la forme d'une espèce de pyramide avec un recouvrement qui l'assujettit.

BOIS DE LA VRAIE CROIX. — « Le morceau du bois de la Vraie Croix aussi décrit dans le susdit procès-verbal a été placé dans une boëte ovale de la longueur d'environ deux pouces ayant une glace d'un côté et un couvercle uni par les deux bouts à ladite boëte au moyen de deux ouvertures par lesquelles nous avons entrelacé un ruban de couleur rouge pour recevoir les scellés que nous y avons appliqués.

« Cette relique est entre les mains du sieur Jean-François Morel qui a désiré de la conserver pour en enrichir une autre église ; ce qui n'a pu lui être refusé, eu égard au zèle édifiant qui nous a procuré la conservation des plus précieuses reliques de notre ville (1).

DOIGT DE SAINT JEAN L'ÉVANGÉLISTE. — « On nous a ensuite présenté une relique honorée dans la même église du Chapitre sus-nommé, sous le nom de saint Jean l'Évangéliste.

« Cette partie du doigt de ce saint est renfermée d'une manière ostensible dans un doigt d'ivoire : cette relique fut soustraite au moment de l'enlèvement des reliques des

---

(1) Voir page 210, note 2.

églises par M. l'abbé Colin actuellement attaché à l'église de Saint-Pierre. Son témoignage qui mérite toute croyance est encore confirmé par celui de MM. Morel qui attestent l'existence de cette relique dans l'église dudit Chapitre : elle a été scellée et placée dans un reliquaire parfaitement semblable à celui qui renferme la sainte Epine (1).

Reliquaire sexagone. — « Le reliquaire sexagone destiné à être placé d'une manière stable dans la chapelle des saintes reliques a environ un pied à tous ses angles ; il renferme un crâne de la légion thébaine, des ossements de saint Blaise, de saint Persée, de saint Balthasar, de saint Philibert, de saint Benoît, et de sainte Eulalie.

« Toutes ces reliques sorties du thrésor du Chapitre de Saint-Chamond furent remises à M. Gayot précenteur du susdit Chapitre, reconnues véritables par lui, et il les déposa avec toutes leurs marques d'authenticité pour être honnorées dans l'oratoire célèbre qu'il avoit chez lui. Ce reliquaire a été également scellé par nous.

Deux reliquaires de la forme d'un tableau quarré long. — « Ces deux reliquaires ont tous deux la forme d'un quarré long d'environ un pied quatre pouces de large et d'environ six à sept pouces de hauteur ; ils sont destinés comme le précédent à être placés dans la chapelle des reliques d'une manière fixe et invariable.

---

(1) D'après de nouvelles constatations faites au nom de l'autorité diocésaine, cette relique, qui n'est pas « une partie de doigt renfermée dans un étui d'ivoire » mais bien un fragment du *radius*, doit être attribuée non à *saint Jean l'Evangéliste*, mais à *saint Jean l'Aumônier* : c'est, en effet, sous le nom de ce saint qu'une relique semblable est décrite dans l'inventaire de 1643, et S. Jean l'Aumônier et non S. Jean l'Evangéliste était invoqué dans les litanies de la Collégiale.

« Ils renferment des ossements de saint Célestin, de saint Précieu, de saint Caste, de saint Amand, de saint Laurent, martyrs, de saint Urbain et de sainte Vénuste, martyre. Les authentiques des reliques de ces sept saints ont été mises sous nos yeux ; elles sont signées l'une par l'évêque de Cydon, en datte du 15 février 1738, et l'autre par M. Navarre, vicaire général, en datte du 19 juillet 1762 qui en permettent la vénération publique.

« Ils renferment encore l'os sacrum de saint Patient, évêque de Lyon, deux gros os de la légion thébaine, un os de saint Théodore, de saint Victor et de saint Grégoire, martyrs. Ces cinq dernières reliques sont encore de celles qui étoient honnorées à Saint-Jean. M. Gayot qui les conservoit, les laissa à sa mort, en dépôt à Mlle Gayot, sa sœur, morte en odeur de sainteté ; elle les fit remettre en l'église de Saint-Pierre avec les notes propres à constater leur authenticité ; ces deux reliquaires en conséquence ont été scellés.

DEUX CHASSES. — « Nous avons enfin porté notre attention à l'examen de deux châsses en bois ayant la forme d'un quarré long représentant un tombeau, d'un pied et demi de longueur et d'autant de hauteur. Ces châsses sont vitrées en trois côtés et ont un recouvrement convexe aussi vitré, elles sont enrichies de divers ornements en cuivre doré.

« L'une de ces châsses renferme le crâne bien conservé et une grande partie du corps de saint Lucien, martyr, réduite en grosses parcelles placées de manière à former une pyramide ayant les mêmes dimensions que la châsse. La fête de ce Saint étoit célébrée en l'église du Chapitre par un office du rit double, en mémoire sûrement d'une grâce particulière obtenue en cette ville par son intercession, lorsque à la demande du clergé et des habitants, cette relique fut portée processionnellement dans un temps de calamité (il y a près d'un siècle).

« L'autre châsse contient : 1° l'os du bras et une partie considérable d'ossements d'une compagne de sainte Ursule ; 2° l'os du bras de saint Théodore, martyr; 3° plusieurs grosses particules d'ossements de sainte Euphémie martyre, renfermés dans un médaillon; 4° une grosse partie d'un bras de saint Judicial aussi renfermée dans un médaillon ; 5° enfin un médaillon placé au milieu de la châsse, dans lequel il y a du bois de la crèche de Jésus-Christ et de la terre du sépulcre du Sauveur.

« Ces deux châsses furent remises à Mlle Michalot qui a eu l'avantage de les conserver. M. Delaval, ancien chanoine de Saint-Chamond, les a reconnues intactes et telles qu'elles étoient dans l'église de son Chapitre où elles étoient honnorées; il rend le même témoignage à six médaillons en bois vitrés d'une forme ovale, d'environ cinq à six pouces de hauteur dont chacun renferme plusieurs parcelles de reliques de saints et saintes ; ce qu'ont également reconnu MM. Montelier, Dervieux curés actuels de cette ville, Célard prêtre, ancien missionnaire de Saint-Lazare et Morel frères. Ces deux châsses avec les six médaillons, pour confirmer et perpétuer la preuve de leur authenticité, ont été scellés par nous.

« Toutes ces reliques dont l'authenticité nous paroît indubitable, sont destinées ainsi que nombre d'autres déjà reconnues et approuvées par MM. les vicaires-généraux de ce diocèse, a être placées dans une arrière petite chapelle collatérale d'une des chapelles de l'église paroissiale de Saint-Pierre de la ville de Saint-Chamond. Dans cette chapelle chaque reliquaire a une niche particulière simplement mais très-décemment décorée. Au bas du rétable qui est de la forme d'un demi-cercle qui embrasse toute la chapelle et qui contient lesdites niches ou cases, est le tombeau de Jésus-Christ tenant lieu d'autel.

« Cette chapelle est fermée par une ballustrade en bois qui laissera apercevoir ces restes si précieux aux jours particuliers de la fête de ces saints et aux solennités pour lesquelles ces saintes reliques seront découvertes et exposées à la vénération des fidèles. Ils seront indubitablement excités à une nouvelle et sincère piété en voyant reparoître des objets qui avoient fait dans leur ville le sujet de leur dévotion et de leur confiance.

« Fait et clos à Saint-Chamond, le 10 septembre dix-huit cent onze : en foi de quoi nous avons apposé après chacune de nos trois signatures le même scel qui est à tous les susdits reliquaires reconnus, aux fins d'obtenir du conseil de son Altesse Eminentissime la permission définitive d'honorer et de faire honnorer publiquement, les restes de ces saints dont l'église de Saint-Pierre est enrichie.

« Nos trois signatures sont précédées de celles des personnes vivantes sus-nommées, et qui ont pu être présentes à toute la rédaction du présent procès-verbal, les autres ont fait leur déclaration et attestation qui lui est jointe. »

Colin, prêtre vicaire ; — Jean-Marie Fournas ; — Jean-François Morel ; — François Morel ; — Jeanne-Marie Michallot.

P. S. — « Ce cahier, contenant le présent procès-verbal, a neuf pages sans y comprendre celle où se trouvent nos signatures ; les quatre feuilles qui le composent sont liées ensemble par un ruban blanc cacheté par les deux bouts de nos trois cachets, pour qu'ils ne puissent pas être séparés. »

LANCELOT, curé de Rive-de-Gier ; — MONTELLIER, curé de Notre-Dame de Saint-Chamond ; — DERVIEUX, curé de Saint-Pierre de Saint-Chamond.

MM. les délégués adressèrent ce procès-verbal à l'archevêché avec le procès-verbal dressé en 1797 par M. Farge, vicaire général, et les deux attestations données par M. Delaval, ancien chanoine de la Collégiale, et M. Cellard, prêtre originaire de Saint-Chamond.

PROCÈS-VERBAL DE RECOGNITION DE RELIQUES POUR M. MOREL, PAR M. FARGE, VICAIRE GÉNÉRAL DE LYON

« Le vingt-un février mil sept cent quatre-vingt-dix-sept, pardevant nous, Dominique Farge, vicaire général du diocèse de Lyon, est comparu sieur Jean-François Morel, négotiant, demeurant en la ville de Saint-Chamond, lequel nous a présenté une boëte d'argent de forme ronde, de deux pouces et demi environ de diamètre sur un pouce de hauteur, dans laquelle nous avons trouvé un morceau de mâchoire humaine d'environ deux pouces de long où sont six alvéoles, dans l'un desquels est une dent molaire, les autres alvéoles vuides ; la hauteur de ladite mâchoire de dix-sept à dix-huit lignes sans y comprendre la hauteur de ladite dent. Nous avons fleré ladite mâchoire et avons respiré une odeur assez agréable que nous ne savons définir, et qui nous paroît tenir légèrement du musc.

« Dans ladite boëte, nous avons trouvé une Epine de la longueur de vingt une lignes, parfaitement ronde, blanche par le gros bout, très aigue, paroissant avoir été trempée par le petit bout dans quelque chose qui l'a colorée de la longueur d'un demi-pouce, comme le sang pourroit faire.

« Dans ladite boëte avons trouvé un morceau de bois de la longueur de neuf lignes, d'une figure informe de trois lignes d'épaisseur dans le milieu sur deux lignes.

« De suite, ledit sieur Morel nous a déclaré qu'aïant été autrefois emploïé au service divin dans l'église du Chapitre de Saint-Jean de Saint-Chamond, il en connoissoit parfaitement les reliques; qu'au moment où la nation fit prendre les reliquaires de ladite église, il s'y introduisit au moyen de son frère à qui la garde de cette église avoit été confiée; qu'il requit lui-même l'exécution du décret portant qu'en prenant les reliquaires, on veilleroit à ce que les reliques fussent étiquetées et replacées jusqu'à nouvel ordre; qu'il s'étoit empressé lui-même, pour arracher à la prophanation tout ce qu'il pourroit, de vuider le reliquaire contenant la relique exposée depuis plusieurs siècles à la vénération des fidèles, sous le nom de mâchoire de saint Jean-Baptiste; cacha et emporta la relique dans son sein; il en fit autant du reliquaire contenant la relique connue et vénérée sous le nom de la Sainte Epine de la couronne de Jésus-Christ, qu'il emporta aussi, ainsi qu'un morceau de la Vraie Croix de notre Sauveur; qu'il fit de suite faire la boëte d'argent cy dessus décrite, où il a renfermé précieusement lesdites reliques qu'il souhaite conserver pour les exposer à la vénération des fidèles dans des tems plus heureux et a requis que du tout nous dressions procès-verbal, et clausions ladite boëte, de manière à ne pouvoir plus être ouverte. Ce que nous avons fait pour valoir ce que de raison.

« Aux présentes est intervenu sieur Philibert Gayot, chanoine et précenteur de ladite église de Saint-Jean de Saint-Chamond, auquel nous avons présenté lesdites reliques, l'interpellant de déclarer s'il les reconnoissoit. Il nous a dit, serment prêté de dire vrai, que, par la longue habitude qu'il avoit de voir les reliques que possédoit l'église de Saint-Jean, dont il est chanoine depuis quarante ans, il reconnoît parfaitement ladite mâchoire pour être celle que son Chapitre possédoit sous le nom de mâchoire de saint Jean. Qu'il reconnoît de même la sainte Epine et le morceau de bois, lesquels son Chapitre possédoit sous le nom d'Epine de la Couronne de Jésus-Christ et bois de la Vraie Croix de Jésus-Christ et a signé avec ledit sieur Morel et nous, en présence de Benoit-Etienne Carre, garde du corps de Sa Majesté Louis Seize, et de sieur Pierre Gayot, négotiant à Saint-Chamond, soussignés.

Philibert GAYOT, précenteur dudit Chapitre.

F. MOREL, Benoit-Etienne CARRE, Pierre Gayot, FARGE, vic. gén.

« De suite nous avons attaché ladite boëte, sur le couvercle de laquelle est gravé un Saint Jean tenant une croix et un agneau à ses pieds, avec un ruban cramoisi incarnat dentelé de la largeur de quatorze lignes, croisé, cousu sur le couvercle avec de la soye cramoisi et cacheté sur la couture, aux armes de Monseigneur l'archevêque de Lyon de Marbœuf, avec de la cire rouge. Autour de la boëte est un fil de soye cramoisi faisant trois tours et attachant et cousant les quatre branches que forme la croix, de manière qu'elles ne puissent varier. Les deux bouts dudit fil de soye reviennent, par deux des branches du ruban, sous le cachet appliqué sur le couvercle, et au bout du ruban qu'on a laissé pendre sera attaché le présent procès-verbal par un cachet de cire rouge aux armes de mondit seigneur l'archevêque.

« Fait le 21 février mil sept cent quatre-vingt-dix-sept, pour servir et valoir ce que de raison.

« Farge, vic. gén.

« Vu : Lyon, le 26 septembre 1811.

« Courbon, v. g. »

CERTIFICAT SPÉCIAL DE M. DELAVAL, ANCIEN CHANOINE DE LA COLLÉGIALE DE SAINT-JEAN-BAPTISTE DE SAINT-CHAMOND, CURÉ SUCCURSALISTE DE LA PAROISSE DE LA TOUR (DIOCÈSE DE LYON)

« Je soussigné, curé de La Tour, diocèse de Lyon, et ancien chanoine de la Collégiale de Saint-Jean-Baptiste de Saint-Chamond, à la prière de monsieur Dervieux, curé de la paroisse de Saint-Pierre de la ditte ville, je me suis transporté à la sacristie de cette paroisse, aux fins d'examiner deux châsses en bois ayant la forme d'un carré long d'un pied et demi environ de longueur, lesquelles châsses sont vitrées et ont un recouvrement convexe, le tout enrichi de divers ornemens en cuivre doré; l'une de ces châsses renferme le crâne bien conservé et une grande partie du corps de saint Lucien, martyr, réduit en grosses parcelles placées de manière à former une pyramide d'un carré de la forme de la châsse.

« L'autre châsse contient : 1° un bras et une partie considérable d'ossements d'une compagne de sainte Ursule ; 2° le bras de saint Théodore, martyr; 3° plusieurs grosses particules de sainte Euphémie, martyre, renfermées dans un médaillon ; 4° une grosse partie d'un bras de saint Judicial, martyr, aussi renfermée dans un médaillon ; 5° enfin un médaillon placé au milieu de la châsse, dans lequel il y a du bois de la crèche de Jésus-Christ et de la terre du sépulcre du Sauveur.

« Ayant examiné soigneusement les deux dittes châsses que j'ai connues dès ma plus tendre enfance chez M. Joseph Hervier, mon oncle, chanoine dignitaire de la Collégiale de Saint-Jean-Baptiste, qui fut autorisé par qui de droit à faire à ces châsses quelques réparations, et les ayant constamment vues dans le trésor précieux de cette Collégiale, dont j'ai été membre pendant vingt-deux ans, je déclare et atteste qu'il n'y a eu aucune altération, qu'elles sont telles qu'elles étoient dans notre église ; que je dois le même témoignage en faveur de six médaillons en bois de la forme ovale d'environ cinq pouces de long, dont chacun renferme plusieurs parcelles d'ossements de Saints et Saintes. Ils sont aussi dans le même état et n'ont souffert aucune altération. Il est heureux pour la ville de Saint-Chamond d'avoir conservé ces restes si précieux qui, d'un temps immémorial, ont excité la piété et le zèle de ses habitants.

« Feu Monsieur Gayot, dignitaire de notre Chapitre avant la Révolution et chargé, par sa place, du soin des saintes reliques, a été le dépositaire de plusieurs qui furent enlevées par les catholiques au moment des malheurs de l'Eglise et qui, avant sa mort, avoient été sûrement confiées à des personnes dignes de confiance pour être de nouveau exposées à la vénération des fidèles.

« En foi de quoi, et pour affirmer la vérité cy-dessus, j'ai donné la présente attestation à Saint-Chamond, le 29 juillet 1810.

« DELAVAL, curé desservant de La Tour et ancien chanoine de Saint-Chamond. »

« Je me rappelle aussi que l'église de Saint-Ennemond avoit une relique de la Vraie Croix semblable à celle qui étoit dans le trésor de notre Chapitre. La tradition étoit que le morceau apporté de Constantinople par un des seigneurs de la ville de Saint-Chamond avoit été divisé par l'archevêque pour être révérée, l'une dans l'église collégiale de Saint-Jean et exposée le jour de la fête de l'Invention de la Croix, et l'autre dans celle de la paroisse de Saint-Ennemond, le jour de la fête de l'Exaltation, avec défense de l'exposer dans les deux églises en même temps les jours de ces deux fêtes, ce qui a été observé fidèlement et scrupuleusement jusqu'à la Révolution.

« DELAVAL. » « Vu : COURBON, v. g. »

CERTIFICAT SPÉCIAL DE M. CÉLARD, ANCIEN MISSIONNAIRE DE SAINT-LAZARE, DE LA MAISON DE VALFLEURY, NÉ A SAINT-ENNEMOND DE SAINT-CHAMOND.

« Je soussigné, comme témoin de la vérification des reliques de l'église paroissiale de Saint-Pierre de la ville de Saint-Chamond par messieurs les commissaires, le 10 septembre de la présente année, et n'ayant pas pu attendre la clôture du procès-verbal qui en a été fait, je déclare avec vérité que j'ai une parfaite connaissance de la croix d'argent contenant du bois de la Vraie Croix, que j'ai vu révérer pendan ttoute mon enfance et ma jeunesse à Saint-

Ennemond, ma paroisse natale, et qu'elle est intacte ; je rends le même témoignage à la relique de saint Ennemond et à celle de saint Clair, abbé.

« J'atteste encore, comme cy-dessus, que la partie de la mâchoire de saint Jean-Baptiste, celles renfermées dans deux châsses et six médaillons décrits dans le susdit procès-verbal, étoient renfermées au trésor de l'église collégiale de Saint-Jean-Baptiste de Saint-Chamond, et qu'elles sont absolument dans le même état.

« Je félicite bien sincèrement M. Dervieux, zélé curé de Saint-Chamond, d'avoir obtenu, par son zèle et sollicitude, le précieux avantage qu'il procure à son église qui méritoit ce droit, attendu que la paroisse de Saint-Ennemond lui est unie, et que l'église collégiale étoit sur son territoire : atteste et jure tout ce que cy-dessus.

« Valfleurie, 21 septembre 1811,

« Etienne CÉLARD, prêtre. »

Le 26 septembre 1811, l'autorité diocésaine, après avoir pris connaissance du rapport qui lui avait été adressé et des pièces qui y étaient jointes, accorda l'autorisation d'exposer les reliques à la vénération des fidèles :

« Nous vicaire général du diocèse de Lyon, après avoir vu, examiné, signé et scellé du sceau archiépiscopal le procès-verbal cy-dessus, en huit pages, et les pièces y annexées, signée l'une par M. Farge, vicaire général, et scellée du sceau de Mgr de Marbœuf, archevêque de Lyon, l'autre signée par M. Célard, prêtre de la maison de Valfleury, et la troisième par M. Delaval, reconnaissons l'identité des reliques y mentionnées et dont vérification a été faite par les commissaires nommés par nous ; permettons que les dites reliques soient déposées dans l'église paroissiale de Saint-Pierre de la ville de Saint-Chamond, dans les châsses et thêques mentionnées au même procès-verbal et scellées par les mêmes commissaires, qu'elles soient exposées à la vénération des fidèles comme elles l'étoient, avant la Révolution, dans les églises collégiale de Saint-Jean-Baptiste, paroissiale de Saint-Ennemond et autres.

« Fait à Lyon, le 26 septembre 1811.

« COURBON, v. g. »

Les reliques furent alors exposées dans l'église de Saint-Pierre : les plus précieuses sont aujourd'hui renfermées dans le trésor de l'église et sont exposées aux jours suivants :

La Vraie Croix : le premier dimanche de Carême, le Vendredi-Saint, le 3 mai et le 14 septembre.

La relique de saint Jean-Baptiste : le 24 juin, le dimanche qui suit les deux Fêtes-Dieu, et le 29 août.

La Sainte Epine, que l'on tenta de voler il y a quelques années, est restée longtemps sans être exposée; une des années dernières, cependant, elle a été offerte à la vénération publique un vendredi de Carême pendant la messe, mais aussitôt après elle a été replacée dans le trésor (1).

---

(1) Dans une note insérée dans les Petits Bollandistes (t. VII, p. 316), il est dit que la Sainte Epine, donnée jadis au Chapitre de l'église du Puy par le roi saint Louis, fut, lors de la Révolution, transportée à Saint-Chamond. Ce n'est pas exact : c'est à Saint-Etienne que cette Sainte Epine fut apportée, et elle y est encore vénérée à l'église de Notre-Dame.

PIÈCES JUSTIFICATIVES

PIÈCES JUSTIFICATIVES.

I

CONTRACT DE FONDATION DU VÉNÉRABLE CHAPPITRE DE LA SAINCTE CHAPPELLE ET ÉGLISE COLLÉGIALE DE SAINCT-JEAN-BAPTISTE A SAINCT-CHAMOND (1).

A tous ceulx qui ces presentes lettres verront, Louis Seguier, chevallier, baron de Sainct-Brisson, sieur des Ruaulx et de Sainct-Firmin, conseiller du Roy, gentilhomme ordinaire de sa chambre et garde de la prévosté de Paris, salut, sçavoir faisons. Que pardevant Jacques Roussel et Denis Camuset notaires garde-nottes du Roy nostre sire en son chastellet de Paris soubzsignez, fut présent en sa personne hault et puissant seigneur Messire Melchior Mitte de Chevrières, marquis de Sainct-Chamond, comte de Myolans et d'Anjou, chevallier des ordres du Roy, conseiller en ses conseilz et ministre de son estat, gouverneur de la ville et citadelle de Sisteron, et lieutenant général pour sa Majesté en Provence, demeurant en son hostel à Paris, rue Sainct-Denis, paroisse Sainct-Laurent, lequel, considerant les grandes et singullieres graces et assistances particullières qu'il a reçues de Dieu en plusieurs signallées occasions, rencontres et hazardz qu'il a courus pendant les grands et honnorables employs, ambassades extraordinaires et commandemens dont il a esté honnoré, pour le service du Roy et de la religion catholique tant dedans que dehors le Royaulme, mesmes trois fois en

---

(1) Copié sur le msst. de M. Gillier et collationné sur deux copies appartenant, l'une à M. V. Finaz, l'autre à M. I. Brun. Nous avons suivi l'orthographe de cette dernière qui est une pièce authentique écrite sur parchemin et signée des deux notaires Roussel et Camuset.

qualité de général d'armée contre les ennemys du Roy et de l'Estat, et ausquelles occasions il auroit courageusement exposé sa personne et répandu son sang sans aulcune craincte des dangers, desquels par une spécialle protection de Dieu, il a esté garanty jusques à présent, et dont il se recognoist particullièrement obligé de rendre de continuelles actions de graces à la divine Majesté. Et d'ailleurs voyant sa maison et chasteau de Sainct-Chamond honnorés du sacré depost de plusieurs sainctes et pieuses reliques, et que le peuple qui y a une très grande dévotion ne peult les visiter sy souvent qu'il désire, à cause qu'elles sont gardées dans la chappelle du chasteau dont l'accez ne peult et ne doibt estre commung à toultes sortes de personnes ny en tout temps. Et en continuant le zelle et la dévotion que ses deffunctz prédécesseurs seigneurs dudict Sainct-Chamond, ont tousiours eu et faict paroistre en plusieurs grandes et belles fondations, par le moyen desquelles Dieu a estendu ses bénédictions sur luy, ce qu'il espère devoir continuer en la personne de ses enfans et de leur postérité. A ces causes et pour aultres sainctes et pieuses considérations à ce le mouvans, ledict seigneur marquis a promis à Dieu, et s'est résolu avec le consentement, bonne grace et permission de Monseigneur l'Eminentissime Alphonse Louis Duplessis de Richelieu, cardinal archevesque et comte de Lyon, primat des Gaulles et grand aulmosnier de France, de faire bastir, doter et meubler de tous ses ornemens, vazes, linges, et aultres ustencilles necessaires pour la cellebration du divin service, une Eglise collégialle en l'honneur de Dieu soubz le vocable de sainct Jehan Baptiste, dans la seconde enceinte dudict chasteau; en laquelle eglise l'accez sera libre et commung à tous les habitans catholiques de ladicte ville, comme ès aultres eglises d'icelle. Et sera ladicte eglise joincte à la chappelle dudict chasteau, en laquelle reposeront lesdictes sainctes Reliques, et par le moyen d'une grille de fer au travers de laquelle on les verra certains jours de l'année, le peuple y pourra plus facilement faire ses dévotions. Et sera le grand autel de ladicte église pozé au milieu du chœur en telle sorte qu'il soyt veu de tous les costez et endroictz d'icelle. Et y seront les messes cellebrées à la romaine, le prestre ayant le visage tourné du costé du peuple. Et seront les bancs et sieges des chanoynes et chappelains derriere ledict autel des deux costez, et celluy des seigneurs et dames dudict Sainct-Chamond au fonds dudict chœur suivant le plan et modelle qui en a esté arresté par mondict seigneur.

Pour l'execution duquel desseing cy dessus et des devotions et fondations particullières de sesdictz predecesseurs, sy aulcunes s'en trouvent, ausquelles il entend donner une pleine et entiere execution par le moyen de la présente, dans laquelle lesdictes aultres preceddentes demeureront néantmoings comprises et confuses, ledict seigneur marquis a declaré et declare par ces presentes, que son intention a esté, et est telle de fonder, doter, et meubler, comme de faict il a fondé et fonde par ces dictes presentes, audict lieu et chasteau dudict Sainct-Chamond dans la seconde enceinte d'icelluy en l'honneur de Dieu et du bien heureux sainct Jehan Baptiste, une Eglise Collégialle soubz le vocable dudict sainct Jehan Baptiste, du bastiment, construction, dotation, et ammeublement de laquelle, il s'est chargé et se charge par ces dictes presentes : en laquelle eglise il y aura ung colleige et communaulté de chanoynes qu'il désire et entend estre composé d'un doyen, ung maistre de chœur, ung secretaire, cinq chanoynes et cinq chappelains tous prestres, quatre enffans de chœur, ung bastonnier, et ung secretaire ou greffier dudict Chappitre. Et pour la dotation ou fondation d'icelle eglise Collegialle, ledict seigneur marquis luy a donné et donne par ces présentes :

Premièrement tous et ung chacun les fonds et domaynes à luy appartenans dans la paroisse de Sainct-Paul-en-Jarrestz par luy acquis du Chappitre de Montbrison qu'il a dict estre de valleur de cinq cens (1) livres ou environ de rente ou revenu par chacun an. Et oultre a declaré que suivant les permissions et consentemens qu'il a cy devant obtenuz de Messieurs les archevesque et comte de Vienne, et evesque de Grenoble, et qu'il espère obtenir de Monseigneur l'Eminentissime Cardinal Archevesque de Lyon, chacun en ce qui les concerne, son intention estre telle d'unir, ennexer et incorporer au domayne d'icelle eglise et Chappitre les prébendes et chappellenies cy après declarées qui sont touttes de la fondation et au patronnage et pleine disposition dudict seigneur, et dont a present il n'y a aulcun qui en soyt pourveu sçavoir : la prebende ou messe fondée en la chappelle de son chasteau de Septème au dioceze de Vienne, de valleur de trois cens livres ou environ de rente. Celle fondée en sa chappelle de Dième audict dioceze de Vienne

---

(1) Le msst. porte ici *cinq*, évidemment par erreur, pour *quatre* : le chiffre de 3425 livres (total de la rente du Chapitre) l'indique et, en 1642, le revenu de ce domaine est estimé 400 livres.

de valleur de deux cens quatorze livres ou environ de rente. Celle fondée en la chappelle de la Magdelaine de Myolans au dioceze de Grenoble de valleur de cens livres de rente ou environ. Celle fondée en la chappelle du vieulx chasteau dudict Sainct-Chamond pour la cellebration d'une messe de revenu de quatre vingtz livres par chacun an. Plus trente livres de rente que estoient affectez et destinez pour le luminaire de Sainct-Pierre. Plus cens livres tournois d'aultre rente racheptables de seize cens livres qui avoient esté cy devant leguez et fondez par le testament de la damoyselle de Filain, en tant et pourtant que ledict seigneur en pourroit estre tenu au moyen du don à luy faict par le Roy des biens d'icelle damoyselle comme vacquans et acquis à sadicte Majesté par droict d'aubayne et deshérance et sans entendre approuver ny executer ledict testament ny faire préjudice en aultres choses au don à luy faict de ladicte aubayne.

Item tout ce qui est ou pourroit estre deub ou appartenir à la chappelle du Bessa en quoy qu'il puisse consister, dont la fondation ne s'est peu recouvrer jusques a present, à la reserve neantmoings de la somme de trente livres tournois qu'il veult et entend estre payée et perceue à l'advenir par chacun an sur le revenu de ladicte chappelle pour faire dire et cellebrer en icelle chappelle des messes pour la commodité des habitans dudict lieu. Plus une aultre prébende en l'eglise de Serrières au dioceze de Vienne de valleur de cent cinq livres tournois de rente ou pention annuelle par chacun an. Plus deux aultres prebendes ou chappelles fondées en l'eglise de Chevrières de valleur de cent livres tournois de rente. Une aultre prebende appellée des Ravacholles fondée en l'eglise de Sainct-Martin de Coallieu aussy de pareil revenu de cent livres de rente ou environ par chacun an. Plus une aultre prebende en l'eglise du Sauzy au dioceze de Lyon de valleur de cent livres tournois ou environ de rente annuelle par chacun an. Et finallement la prebende ou chappelle des Parests fondée en l'eglise de Sainct-Pierre et Saincte-Barbe audict Sainct-Chamond de valleur de six vingtz livres tournois de rente par chacun an. Touttes lesquelles chappelles sont comme dict est en la pleine collation dudict seigneur fondateur. Et parce que la perception et levée des fruictz et revenuz desdictes chappelles et prebendes de Septème, de Dième et de Myolans seroyt difficile et de frais audict Chappitre à cause de l'eloignement et distance des lieux, a ledict seigneur fondateur declaré et declare son intention et volonté estre elle pour le bien et commodité dudict Chappitre, et affin que les officiers d'icelluy ne soient poinct divertis du service assidu qu'ils doibvent rendre à Dieu en ladicte eglise et que leur revenu soyt plus certain et asseuré et plus à leur bienseance, de prendre à soy et reunir au domayne de sesdictes terres et seigneuries, les fonds, terres, domaynes, droictz et revenus desdictes fondations et prebendes de Septème, de Dième et de Myolans. Ensemble les quatre vingtz livres de rente destinez pour la cellebration de la messe fondée en la chappelle du vieulx chasteau dudict Sainct-Chamond d'une part. Et trente livres tournois d'aultre part destinez pour le luminaire de Sainct-Pierre audict Sainct-Chamond, montant touttes lesdictes prebendes et fondations cy dessus exprimées, à la somme de sept cens vingt et quatre livres tournois ou environ, et au lieux d'iceulx créer et assigner pareille rente de sept cens vingt quatre livres tournois de rente par chacun an, sur tous et ungs chacuns ses biens, et spécialement sur ledict marquisat de Sainct-Chamond. Laquelle rente avec les aultres cy dessus sera le vray fonds et domayne dudict Chappitre, rachetables neantmoings lesdictz sept cens vingt quatre livres tournois de la somme de treize mil trente deux livres dont lors du rachapt et admortissement sera faict l'emploi en aultres natures de fonds inalienables qui seront le vray fonds dotal dudict Chappitre. Et moyennant ce, sera et appartiendra audict seigneur fondateur tous les fondz droitz et aultres revenus qui appartenoient ausdictes chappelles et prebendes cy dessus. Lesquels demeureront reünis et consolidez au domayne desdictes terres et seigneuries de Septème, Dième, Myolans et Sainct-Chamond, pour en faire et disposer par ledict seigneur fondateur ses hoirs successeurs et ayans cause comme de sa propre chose.

Et oultre pour la mesme fondation et dotation dudict Chappitre, a ledict seigneur donné et donne par lesdictes présentes une somme de trente mil cent soixante-huict livres tournois à prendre sur tous et ungs chacuns ses biens présens et advenir et spécialement sur ladicte terre seigneurie et marquisat de Sainct-Chamond, appartenances et dépendances d'icelle qu'il en a pour ce chargez, affectez et hypothéquez, pour icelle dicte somme de trente mil cent soixante-huict livres tournois avec les treize mil trente-deux livres qui proviendront du rachapt des dictz sept cens vingt-quatre livres de rente ou prébende faisant en tout quarente-trois mil deux cens livres tournois employez et convertiz en achapt de fonds et héritages qui seront le vray fonds dotal et patrimoine de la dicte église jusques à la concurance d'icelle somme de quarente-trois mil deux cens livres tournois dont l'employ sera faict dans les dix ans d'huy prochains au plus tard. Et cependant icelluy seigneur marquis de Sainct-Chamond s'est chargé et charge par ces presentes de payer et continuer à ladicte eglise et colleige l'interest de la dicte somme au denier dix-huit suivant l'ordonnance, qui est par chacun an deux mil quatre cens livres payables par quartier au lieu de Sainct-Chamond par les receveurs ou fermiers dudict marquisat entre les mains de celluy qui sera commis par ledict Chappitre pour estre icelle distribuée ainsi qu'il sera dict cy après ; et à commencer du jour que ladicte église aura esté dédiée et consacrée ce qu'il promect faire faire dans la fin de l'année que l'on comptera mil six cens trente-huict. Et moyennant ce que dessus déclare icelluy seigneur fondateur qu'il veult et entend demeurer quicte et deschargé comme dessus de touttes les fondations d'offices, menus suffrages et aulmosnes quoy que non exprimées qui pourroient avoir esté faictes et non acquictées par ses prédécesseurs seigneurs de Sainct-Chamond dans touttes ses terres jusques à la somme de trois cens livres de rente sy tant il s'en trouve, comme icelles demeurans doresnavant ennexées et incorporées, et confuses en la présente fondation et dotation.

Et ainsy tout le revenu de ladicte église et colleige composé comme dict est se trouvant monter et revenir à la somme de trois mil quatre cens vingt-cinq livres de rente annuelle, ledict seigneur fondateur a declaré et declare son intention et volonté estre telle, moyennant le consentement et approbation de mondict seigneur le cardinal archevesque dudict Lyon, qu'il soyt distribué auxdictz chanoynes et chappelains en la forme et maniere qui en suict :

Sçavoir au Doyen, la prebende des Parests, celle des Ravacholles et la somme de deux cens livres en distribution quotidienne sur la rente que donne ledict seigneur, à la charge que ledict sieur Doyen sera tenu, accompagné des aultres chanoynes, chappelains, enfans de chœur et bastonnier, ung chacun jour de la Feste Dieu, de fournir à ses despens et de présenter audict seigneur et à ses successeurs audict marquisat, à l'entrée de ladicte eglise avant la procession, un cierge de cire blanche poysant deux livres, sur lequel sera empreint d'un costé un sainct Jehan-Baptiste et de l'aultre les armes dudict seigneur.

Au maistre du chœur, les fondz situez à Sainct-Paul-en-Jarrestz fors et excepté la part dont jouit à présent Mre Louis Rivoyre, prestre; et la somme de trois cens cinquante livres en distribution à prendre sur la rente que faict ledict seigneur, à la charge qu'il sera tenu de bien faire cellebrer les ceremonies de l'Eglise, de nourrir, habiller, entretenir, loger et instruire quatre enfans de chœur qui seront vestus chacun d'une robbe de drap et bonnet rouge, et le surplis ou aubbe au-dessus ; il sera maistre de la musique et prendra le soing de la faire chanter.

Au sacristain, oultre touttes les oblations de cire et bougies, les prébendes de Chevrières, du Sauzy et de Serrières, et la somme de cent livres tournois en distribution, sur la pention que faict ledict seigneur, a la charge qu'il sera tenu de fournir tout le pain, vin, luminaires, cierges et lampes perpétuellement ardantes, et de bien proprement entretenir les autelz de ladicte Église, et les parer selon les festes qu'il appartiendra, et de faire ballier et nettoyer le chœur de ladicte eglise comme aussy la sacristie. Et oultre ce aura en sa charge les meubles et argenterye dont il se chargera par inventaire qui sera faict par le secrétaire du Chappitre en présence des officiers dudict seigneur auxquels ils en donneront pour ledict seigneur un extrait collationné à l'original, suivant lequel inventaire les héritiers dudict sacristain seront tenus de les rendre, lesquels il sera tenu garder en ladicte sacristie sans les deplacer ny transporter hors d'icelle sinon pour la cellébration du service divin.

Au quatriesme chanoyne, une partie des fonds cy dessus énoncés qui sont dans la paroisse de Sainct-Paul-en-Jarrestz que possede aujourd'huy Maistre Louis Rivoyre, et la somme de cent livres en distribution à prendre sur la pention que faict ledict seigneur.

Aux cinq, six, sept, et huictiesmes chanoynes, la somme de deux cens livres à chacun, sçavoir cent livres à chacun de rente, et pareille somme de cent livres à chacun en distribution, à prendre le tout sur la pention dudict seigneur.

Aux cinq chappelains la somme de quatre vingtz dix livres tournois, sçavoir à chacun quarente cinq livres de rente, et pareille somme de quarente-cinq livres à chacun en distribution a prendre le tout sur la pention dudict seigneur.

Au secretaire, oultre les émolumens des actes et contractz qu'il recepvra la somme de cinquante livres de pention annuelle a prendre sur la fondation dudict seigneur, lequel luy donnera encor ung office de notaire public en sa terre et marquisat de Sainct-Chamond, à la charge de conserver et garder soigneusement les tiltres et papiers concernans ledict Chappitre et recepvoir tous les tiltres, actes, contractz et documens que lesdictz chanoynes feront en général ou en particullier pour les affaires dudict Chappitre et de leurs prébendes et revenus d'icelles dont il sera chargé de tenir registre, ensemble des dellibérations et resolutions d'icelluy Chappitre pour leur servir et à leurs successeurs. Sera tenu de faire le serment requis pour ladicte charge de secretaire entre les mains du Chappitre promettant de l'exercer fidellement et de tenir secrettes les resolutions et actes qui se feront esdictes assemblées ausquelles il sera tenu d'assister.

Au bastonnier, la somme de cinquante livres en distribution a prendre sur la fondation dudict seigneur et les servis et pentions contenus dans le terrier Depoids et les profficts et emolumens qu'il pourra tirer des cloches, a condition de bien et deuement faire servir desdictes cloches ledict Chappitre et habitans de ladicte ville de Sainct-Chamond quand besoing sera ; de faire bailler la nef et perron de ladicte eglise et d'en ouvrir et fermer les portes aux heures qui luy seront ordonnées par ledict Chappitre.

Item, ledict seigneur donne la somme de trois cens livres a prendre sur ladicte fondation pour les reparations et entretiens de ladicte eglise, comme aussy des ornemens et aultres fraiz commungs dudict Chappitre dont l'employ ne pourra estre faict que par l'ordre dudict seigneur fondateur et de ses successeurs.

Tous lesquels susdictz, doyen, chanoynes, chappelains, enfans de chœur, secretaire et bastonnier, résideront en ladicte ville de Sainct-Chamond et vacqueront a la cellebration du divin service ainsy qu'il s'ensuict.

Premierement ils seront obligez de chanter touttes les heures cannonialles et grandes messes selon l'ordre qui en suict : depuis Pasques jusques à la Toussainct ils commenceront les matines à cinq heures du matin après lesquelles immediatement ils chanteront Laudes, puis la messe basse laquelle estant finie ils chanteront Prime et Tierce, et precisement à neuf heures ils commenceront Sexte et incontinant après chanteront la grande messe avec diacre et soubzdiacre, laquelle estant finye ils chanteront None. A trois heures apres midy ils chanteront Vespres et Complyes tous les jours avec l'antienne de Nostre-Dame selon le temps et la forme du Concile de Trente qu'ils seront tenus d'observer et garder en tous leurs offices. Depuis la Toussainctz jusques à Pasques ils commenceront leurs offices du matin une heure plus tard et ceulx de l'apres-disnée une heure plus tost qu'il n'a esté prescript cy-dessus. Chacun desdictz chanoynes fera l'office sa sepmaine, excepté le doyen qui s'en pourra dispencer s'il veult et ne sera obligé d'officier qu'aulx quatre festes solempnelles, le jour des Roys en mémoire dudict seigneur fondateur qui porte le nom de l'un d'iceulx, la Feste Dieu, le Jeudy sainct, et les quatre festes de la Vierge, et le sacristain officiera le jour de la Circoncision, le vendredy et samedy de la sepmaine saincte, le jour de l'Ascension de Nostre Seigneur, le jour de la Trinité, de sainct Jehan Baptiste, de sainct Pierre et de sainct Paul, de saincte Croix en septembre et sainct Michel; et le jour du sacre de ladicte eglise, a touttes lesquelles solempnitez seront lesdictz doyen et sacristain tenus chacun à leur esgard faire l'office s'ils n'en ont legitime excuse et en leur absence la premiere dignité et ainsy de l'un a l'aultre. Et l'office sera faict solempnellement commenceant aux vespres de la veille et finissant a celles du jour en l'ordre suivant : deux enfans de chœur portans deux cierges sortiront du tresor et apres eulx les chappiers qui se mettront au milieu du chœur pour commencer Tierce, lesquelles estant finyes retourneront audict trésor puis en ressortiront, le bastonnier marchant devant pour leur faire faire place, lequel aura ung baston en main sur lequel seront gravez les armes dudict seigneur fondateur, et sera vestu d'une robbe bleue. Apres marcheront trois enfans de chœur, deux portans des chandelliers avec des cierges allumez, et le troisiesme au milieu tenant une navette a encens d'une main, et de l'aultre l'encensoir, deux diacres, deux chappiers et le doyen ou aultre qui debvra dire la messe, lesquels estans arrivez au grand autel preparé pour cella commenceront la messe et l'achepveront suivant les ceremonies ordonnées par le Concile de Trente. Aux vespres de la veille aussy bien comme du jour ils observeront les mesmes ceremonies portées par ledict Concile de Trente, et seront tous les chanoynes revestus de chappes; pendant lesdictz offices les chappiers ne porteront l'ensens apres l'avoir donné au Sainct-Sacrement au grand autel, qu'a l'autel des Reliques, puis en bailleront au seigneur et dame fondateurs, et apres se retireront en leur place ou leur porte-ensens leur en bailleront et a tous les chanoynes et chappelains et après par le chœur.

Seront tenus les chanoynes de venir tous les samedys apres complies devant l'autel desdictes Reliques (1) chanter par forme de Salut les lita-

---

(1) Dans les statuts donnés en 1610 aux chanoines de Saint-Pierre, ces mots « devant l'autel des Reliques » étaient remplacés par ceux-ci « dans la chappelle de Nostre-Dame de Lorette. »

nies des Sainctz dont il y a les reliques dans ladicte chappelle, avec les oraisons de la Croix, de Nostre-Dame, de Sainct Jehan Baptiste et celles pour la prospérité du Roy, et pour la santé de leur seigneur fondateur; et après la mort dudict seigneur fondateur adjousteront a icelles oraisons ung *De profundis* a basse voix avec l'oraison *Inclina* dans laquelle ils le nommeront a perpetuité avec ladicte qualité de fondateur pour en conserver la mémoire (1); et pendant ledict Salut on ouvrira les portes de la grille qui seront posées devant lesdictes sainctes Reliques affin que le peuple les puisse veoir et y faire avec plus de zelle leur devotion pendant l'advent et le caresme seullement; a la fin de none ou de vespres ils diront ung *De profundis* suivant l'ordonnance de mondict seigneur l'archevesque de Vienne pour le salut des ames des predecesseurs dudict seigneur fondateur.

Quand au son des cloches le Chappitre les reiglera ainsy qu'il advisera. Pour les messes basses nul chanoyne ny chappelain ne pourra aller dire messe basse en quelque chappelle que ce soit qu'il ne sorte de la sacristie revestu et devant luy le clerc qui luy doibt ayder a la cellebrer et ils adviseront de disposer le temps de leur messe en sorte qu'elles durent toute la matinée pour la commodité du public et qu'ils puissent tous assister à la grande messe, aultrement ils seront tenus pour absens, sils n'estoient retenus par ledict seigneur fondateur ou par quelque estranger passant.

De l'hebdomadaire.

L'hebdomadaire commencera l'office aux vespres du samedy et le finira de mesme après la grande messe du samedy suivant et sera tenu d'assister en tous les offices pour les commencer et finir selon les rubriques du Concile. Et affin qu'il n'y aye poinct de confusion seront escriptz dans la sacristie sur une table tous les noms de tous les chanoynes que le maistre du chœur marquera chacun en son ordre et les deux derniers receus faulte de chappelains ou d'enffans de chœur seront

---

(1) Aux statuts de 1610. — « Item seront tenus lesdicts chanoines de chanter tous les jours à la fin de la grand messe tant que le fondateur vivra un *Veni Creator* avec l'oraison *Deus qui corda fidelium* et après sa mort au lieu de *Veni Creator* viendront tous les vendredys chanter sur sa tombe dans sadicte chappelle Nostre-Dame de Lorette, *Languentibus in purgatorio* avec l'oraison *Deus venia largitor*. »

tenus de faire les offices de clercs sur peine d'estre privez de leur distribution.

Pour les cérémonies de l'eglise le Chappitre les déterminera suivant les rubriques du Concile de Trente et le maistre du chœur sera chargé de l'observation d'icelles. Aux jours solempnels ils chanteront avec plus de gravité qu'aux jours ordinaires et se gouverneront en tout tant pour cella que pour les aultres ceremonies par l'advis dudict maistre du chœur auquel ils seront tenus d'obeir quand a ce poinct. Seront tenus touttefois de chanter en tout temps intelligiblement sans se trop haster affin que le peuple soyt plus édiffié de leur dévotion.

De l'habit des Chanoynes et des révérences.

Nul chanoyne ne sera veu par la ville sans soutane ou robbe longue et ne pourra entrer dans l'eglise sans bonnet carré au temps des offices ny entrer dans le chœur sans surplis, lequel ils ne pourront quicter l'office estant finy, qu'ils ne soyent sortis du chœur, et ne passeront jamais devant le grand Autel ou repose le Sainct Sacrement sans mettre le genouil à terre et lorsque le Sainct Sacrement sera en evidence, comme en ung Jubillé, au Jeudy Sainct, à la Feste Dieu, tous les chanoynes et chappelains auront la teste nue tout le long des offices s'ils n'ont excuses legitimes et encenseront le Sainct Sacrement les deux genouils en terre. Ne pourront pareillement lesdictz chanoynes et chappelains entrer dans le chœur depuis que l'office sera commencé ny en sortir qu'il ne soyt finy sur peine d'estre privez des emolumens de tout ung jour. Ne pourront pendant le service dire leurs heures particullierement, ains seront tous obligez de chanter sur la mesme peyne que dessus, comme aussy ceulx qui se trouveront dans l'eglise hors du chœur durant l'office, lequel on entend estre commencé scavoir : à matines depuis que le *Gloria Patri* du *Venite* est dict ; à la messe au *Gloria Patri* qui est chanté à l'*Introït* et à vespres à la fin du premier pseaume, lequel estant dict ne sera nullement permis a aulcun chanoyne d'entrer en l'église.

De l'absence des Chanoynes.

Sy quelqu'un des hebdomadaires manque ung office il sera privé du revenu de trois jours. Et s'il manque encore trois jours, il sera privé du revenu de quinze jours et ne laira on pourtant de faire l'office et appliquer les emolumens de l'absent a celluy qui prendra sa place qui sera député par le doyen. Sy aussy il arrive que quelqu'un des chanoynes soyt absent pour les affaires du Chappitre, il ne laira de participper aux emolumens comme s'il y estoit.

Aux offices et grande messe de tous les jours le sacristain tiendra deux cierges allumez sur l'autel, aux dimanches et festes quatre et aux principalles festes specifiées cy dessus six, et autant sur l'autel desdictes sainctes Reliques lors et pendant que l'on dira les litanies. Et pour le regard des aultres ceremonies et reiglemens concernans l'eglise qui se trouveront obmis cy dessus, lesdictz sieurs doyen et chanoynes les resoudront et determineront en Chappitre et prendront l'habit et marque de chanoyne selon qu'il plaira a mondict seigneur l'Eminentissime Cardinal Archevesque de Lyon leur donner. Et au regard des processions generalles et prieres publiques d'aultant que en toutte la province la coustume est que touttes les paroisses s'assemblent dedans les eglises collegialles, aux lieux ou il y en a, mondict seigneur sera supplié suivant ceste coustume d'ordonner qu'en telles occurrences tous les curez se rendront en ladicte eglise, pour de la marcher en procession, le Chappitre tenant le lieu le plus honnorable, et encores leur donner la presceance sur tous les curez de la ville et mandement dudict marquisat de Sainct-Chamond.

Et affin qu'a jamais la mémoyre de la presente fondation soyt conservée, et que les susdictz chanoynes, chappelains, enfans de chœur, secretaire et bastonnier puissent mieulx recongnoistre l'obligation qu'ils ont audict seigneur fondateur et aux siens, ledict Chappitre rellevera en fief dudict chasteau et maison seigneurialle dudict Sainct-Chamond pour recongnoissance duquel fief lesdictz sieurs doyen, chanoynes, chappelains, enfans de chœur, bastonnier et secretaire seront tenus a chaque mutation de seigneur de le venir trouver en corps en sondict chasteau, et pour hommage luy toucher a la main droicte, le recongnoissant pour seul et unique fondateur et premier chanoyne de leur dict Chappitre; en témoignage de quoy, lorsque les seigneurs se transporteront en ladicte eglise a leur nouvel avenement pour y jurer les privileges de la ville suivant ce qui est de bonne et louable coustume en conséquence des anciennes et nouvelles transactions sur ce faictes, lesdictz sieurs doyen, chanoynes, enfans de chœur et bastonnier seront tenus de venir en procession revestus de leurs chappes jusques à la porte de ladicte eglise recevoir ledict seigneur, auquel ledict sieur doyen présentera l'habit de chanoyne au nom dudict Chappitre, que ledict seigneur portera dans l'eglise jusques après le *Te Deum* chanté.

Et pour delliberer de leurs affaires tiendront Chappitre tous les vendredys a l'issue de l'office du matin, auquel Chappitre ils seront tenus se trouver. Et s'il survient quelque occasion d'assembler ledict Chappitre extraordinairement, seront lesdictz chanoynes tenus s'y trouver au mandement dudict doyen ou de l'ancien des chanoynes, sinon en cas de malladye ou d'absence. Et a faulte de ce, seront les deffaillans privez de la distribution d'un jour et les delliberations prises par les presens au nombre de cinq, en l'absence des aultres, tiendront comme s'ils avoient esté tous presens.

Il sera esleu en Chappitre tous les ans l'un du corps desdictz chanoynes pour estre tresorier et receveur des droictz du Chappitre pour faire les distributions ordinaires avec des mereaux marquez aux armes dudict seigneur fondateur, et ne pourront les baulx et fermes generalles estre faictes que quatre fois l'année aux Chappitres generaulx qui seront assemblez aux quatre principalles festes de l'année. Advenant vaccation des susdictes dignittez et canonicats, ledict seigneur fondateur seul et ses successeurs audict marquisat de Sainct-Chamond y pourvoiront de personnes capables a leur choix, sans que aulcune resignation puisse estre faicte desdictes dignittez et canonicats ny aussy aulcune impetration d'iceulx pour quelque cause que ce soyt, que du consentement dudict seigneur, comme aussy ledict seigneur pourvoira aux places des chappelains, des enfans de chœur et du bastonnier, ensemble au notaire et secrétaire dudict Chappitre.

Nul ne pourra estre enterré dans ladicte eglise que les seigneurs et dames de Sainct-Chamond, leurs enfans et successeurs audict marquisat, et ceulx a qui ils le vouldront permettre. Et pour les doyen, chanoynes, chappelains et aultres desserviteurs de l'eglise, ils pourront s'y faire enterrer sy bon leur semble, seullement dans la cave qui sera faicte en une chappelle qui sera destinée a cest effect.

Ne pourront aussy lesdictz sieurs doyen et chanoynes faire leur propre des meubles, argenterye et ornemens qui seront donnez a ladicte eglise, au benefice de laquelle le tout sera et demeurera acquis et en la charge dudict sacristain comme dessus.

Et ou cy apres aulcuns des successeurs dudict seigneur fondateur en ladicte seigneurye de Sainct-Chamond se departiroit de la religion catholicque, appostolicque et romayne, ce que Dieu ne veuille, en ce cas ledict seigneur l'a privé dès a present, comme pour lors, de tous les droictz, recongnoissances, auctoritez et préeminences qu'il s'est reservé par les presentes, notamment de la provision desdictes dignitez, canonicats, chappellenyes, places d'enfans de chœur, de secretaire et de bastonnier, qu'il veult audict cas appartenir audict Chappitre tant et si longuement que sesdictz successeurs demeureront en prévarication. Et ou ils viendroient en recipiscence, veult qu'ils rentrent en tous lesdictz droictz et auctoritez. Car ainsy touttes les choses susdictes ledict seigneur marquis de Sainct-Chamond l'a voulu et accordé. Promettant ledict seigneur de Sainct-Chamond avoir pour bien agréables, fermes et stables a tousjours sans y contrevenir, sur peine de rendre et payer tous coustz, frais, mises, despens, dommages et interestz qui faictz et encouruz seroient par deffault de l'entretenement et entier accomplissement du contenu en ces dictes presentes. Soubz l'obligation et ypothecque de tous et chacuns les biens meubles et immeubles presens et advenir qu'il en a soubzmis et soubzmect a la justice, jurisdiction et contraincte de ladicte prevosté de Paris et de touttes aultres justices et jurisdictions, ou siens (*sic*) et trouvez seront. Et renonce en ce faisant a touttes choses quelconques a ces presentes contraires et au droict disant generalle renontiation non valloir.

En tesmoing de ce nous, a la rellation desdictz notaires, avons faict mectre le scel de la dicte prevosté de Paris a ces dictes presentes qui furent faictes et passées en l'hostel dudict seigneur de Sainct-Chamond devant designé, l'an mil six cens trente quatre le neufviesme jour d'octobre avant midy. Et a ledict seigneur de Sainct-Chamond signé la minutte des presentes demeurée par devers et en la possession dudict Camuset lun desdictz notaires soubsignez. (1)

ROUSSEL. CAMUSET.

---

(1) A la page 267, ligne 33, il faut ajouter le mot « estre » qui a été omis et rétablir ainsi le texte : « *pour estre icelle dicte somme....* »

II

BULLE DE MONSEIGNEUR LE CARDINAL ARCHEVESQUE DE LYON

Alphonsus Ludovicus Duplessis de Richelieu miseratione divina Sœ Rœ Eœ cardinalis archiepiscopus et comes lugdunensis, Galliarum primas, magnus Franciæ eleemosynarius, universis præsentes litteras inspecturis, salutem in Domino. Cum inter plures et maximas sollicitudines nostro pastorali officio incumbentes divini cultus promotio et augmentum in nostra Lugdunensi diœcesi valde fuerint commendata ; hinc est quod viso per nos et diligenter inspecto contractu coram Jacobo Roussel et Dionisio Camuset notariis regiis in castellato parisiensi die nona mensis octobris anni millesimi sexcentesimi trigesimi quarti inito, quo inter cætera constat illustrissimum virum Dominum Melchiorem Mitte de Chevrieres, marchionem de Sainct-Chamond, de Myolans et Andegavi comitem etc..., ob sinceram ejus devotionem aliasque gravissimas causas eum ad id moventes et in dicto contractu expressas, Capitulum sive Ecclesiam Collegiatam ad Dei gloriam et honorem sub invocatione Sancti Joannis Baptistæ extra primum circuitum castri seu castelli urbis de Sainct-Chamond nostræ Lugdunensis diœcesis, et alia ædificia necessaria, construi, ædificari, atque erigi desiderare, dictamque Ecclesiam collegiatam sic erigendam ex nunc dotasse et dotare de summa trium millium quadragentarum viginti quinque librarum annui et perpetui reditus prout in dicto contractu fusius continetur. Nos tam piis et sanctis dicti domini marchionis de Sainct-Chamond fundatoris præfati propositis et desideriis pro posse favere cupientes, ad majorem Dei gloriam et honorem, eumdem contractum singulaque in eo contenta, laudavimus, confirmavimus, et approbavimus, laudamus, confirmamus, et approbamus, et ad hunc effectum eidem domino marchioni de Sainct-Chamond prædictam Ecclesiam Collegiatam, aliaque ædificia necessaria, construi et ædificari curare permisimus, et permittimus, ac facultatem impertimur per præsentes, sub ea tamen lege et conditione ut dicta Ecclesia, Decanus, Canonici, et Capellani in ea instituendi, sub nostra et successorum nostrorum Archiepiscoporum Lugdunensium jurisdictione, visitatione, correctione, et reformatione erunt et remanebunt : utque idem Decanus, canonici et capellani vestes oblongas et sacerdotali dignitati convenientes, nec non amictum pelliceum vulgo aumusse et super pelliceum in præfata Ecclesia Collegiata, dum ibi Divina peragentur jugiter deferre tenebuntur. Atque insuper ut dicti Decanus et canonici commodius vivere et sustentare valeant, oblationes pecuniarias quæ in dicta Ecclesia Collegiata offerentur et erogabuntur in duas distribuentur partes quarum una pro oneribus et negotiis capituli dictæ Ecclesiæ sustinendis impendetur, et ad eum finem in manibus thesaurarii seu receptoris capituli prædicti deponetur : alia vero medietas in novem partes dividetur quarum quilibet canonicus unam percipiet, sacrista autem ratione sui muneris sacristæ duas, jure nostro et quolibet alieno in omnibus semper salvo. Datum Parisiis sub signo et sigillo nostris, secretarii nostri chirographo, anno Domini millesimo sexcentesimo trigesimo quarto, die vero decima mensis octobris. ALPHONSUS Cardinalis Archiepiscopus Lugdunensis. Per Eminentissimum et reverendissimum Dominum meum D. Cardinalem archiepiscopum lugdunensem præfatum.

DE L'ETOILLE, secretarius.

III

CONTRACT CONTENANT LE DON DE SEPT MILLE HUICT CENS LIVRES DE RENTE, FAICT PAR MESSIRE MELCHIOR MITTE, FONDATEUR, A MESS^{rs} LES DOYEN, CHANOINES, CHAPPELAINS, PRÉBENDIERS ET CHAPITRE DE LA SAINCTE CHAPPELLE ET ÉGLISE COLLÉGIALE DE SAINCT-CHAMOND (1).

Comme ainsy soit que par contract du neufviesme d'octobre mil six cens trente quatre, reçu et signé par Mes Roussel et Camuset, notaires au Chastelet de Paris, haut et puissant seigneur Messire Melchior Mitte de Chevrières, marquis de Sainct-Chamond et de Montpezat, comte de Myolans, d'Anjou et dudict Chevrières, premier baron de Lyonnois et de Savoye, chevallier des ordres du Roy, conseiller en ses conseilz et ministre de son estat, meu de dévotion, et pour les causes et considérations à plain déduictes audict contract, aye fondé un Chapitre en sadicte ville de Sainct-Chamond, et se soit chargé à cet effect de faire bastir, docter et meubler de tous les ornemens, linges et ustenciles nécessaires pour la célébration du divin service, une Esglise collégialle à l'honneur de Dieu soubz le vocable de Sainct Jean-Baptiste, et ce dans la seconde enceinte du chasteau dudict Sainct-Chamond, lequel contract auroit despuis esté confirmé et approuvé par Monseigneur l'Eminentissime Cardinal de Richelieu, Archevesque et comte de Lyon, primat des Gaules et grand aumosnier de France, comme appert par sa bulle du dixiesme desdicts moys et an; despuis lequel temps le dict seigneur, pour satisfaire audict contract, avec un soin non pareil et despence extraordinaire, auroit fait bastir et ediffier ladicte esglise collégialle et icelle mise en estat d'y pouvoir faire dire et cellebrer la messe et faire les autres fonctions ecclésiasti-

---

(1) Copié sur le msst de M. C. Gillier et collationné sur deux copies appartenant l'une à M. V. Finaz et l'autre à M. I. Brun : l'orthographe de ces copies authentiques a été respectée. Expédiées à Lyon par Denuzières-Ponthus, notaire, elles sont datées du 21 février 1687.

ques, sy qu'il ne restoit qu'à docter les sieurs doyen, chanoines, chappelains et autres officiers dudict Chapitre, que ledict seigneur a voulu estre au nombre cy après mentionné, au lieu de celluy designé audict contract, affin que le divin service soit plus solennellement faict : premier, d'un doyen, d'un précenteur, d'un sacristain, quatre aumosniers, un théologal et quatre autres prestres chanoines, faisant en tout le nombre de douze chanoines, oultre huict prebendiers dont les quatre premiers seront chappelains dudict seigneur dans sondict chasteau, quatre enfans de chœur, un secrétaire et un bastonnier, ainsy qu'il est plus particulièrement contenu aux statuts cejourd'huy signés tant par ledict seigneur que autres parties cy après nommées; tellement que voulant ledict seigneur satisfaire à son obligation, voir icelle augmenter en donnant plus qu'il n'a promis par ledict contract pour l'entretien dudict Chapitre, il est ainsy que par-devant Claude Ravachol, notaire et tabellion royal et juré résidant audict Sainct-Chamond soubsigné et en présence des tesmoings apres nommés, s'est personnellement establi icelluy seigneur marquis de Sainct-Chamond, lequel de gré et vollonté pour luy et les siens, hoirs et successeurs à l'advenir quelconques.

A donné et donne par ces presentes par donation pure, simple et irrévocable dez a present et à jamais vallable, soubz neantmoins les charges et réserves suivans, ausdicts sieurs doyen, chanoines et Chapitre par luy fondés en ladicte esglise collégialle soubz le vocable de Sainct Jean-Baptiste audict Sainct-Chamond, venerables personnes M^{res} Antoine Bonnard, prestre, docteur en théologie, sacristain, Melchior Fulconis, prestre, bachelier en droit canon, précenteur, Mathias Le Clerc, Gabriel Pigeon, Jean Furet, Antoine Hollier, Pierre Portes, tous docteurs en théologie, chanoines, Claude Acharion, prestre, et Estienne Colin, diacre, deux des prebendiers presens et acceptans pour la communauté dudict Chapitre et leurs successeurs à l'advenir quelconques, à sçavoir les revenus, droits et emolumens des prebendes qui s'ensuivent, desquelles ledict seigneur est patron et collateur : Premièrement de celle des Ravachols fondée en l'esglise de Sainct-Martin Acoallieu, vacante par le décès de feu Mre Claude Condamine, du revenu de cent livres ou environ; Item, de celle appelée des Parest à présent tenue par Mre Jean Crapponne, du revenu d'autres cent livres ou environ ; Item, de celle fondée à Serrières, tenue par ledict Mre Bonnard, du revenu de cent quarante cinq livres; Item, de celle remise audict seigneur par Horace Forest, aussy tenue par ledict Mre Bonnard, du revenu environ de cinquante livres; Item, de la prébende de la Freterive près de Myolans en Savoye, du revenu d'environ cent livres; Item, de celle du Sauzy, tenue par Mre Mayoud, prestre à Lyon, du revenu d'autre cent livres; Item, des deux prébendes de Chevrières, l'une vacante et l'autre tenue par le s^r curé dudict lieu, du revenu d'environ cinquante livres; Item, de celle remise audict seigneur par un nommé Boyron, tenue par Mre Claude Bruyas, du revenu de soixante livres; Item, de celle de Sainct-Denis en Chastelus, tenue par Mre Jean Chambeyron, du revenu de soixante livres tournois; Item, de celle fondée en l'esglise de la Salle en Masconnois, tenue par le sieur curé dudict lieu, du revenu de cent vingt livres; Item, de deux autres prébendes, tenues par M^res Degraix et Faury, dont le patronnage a été remis audict seigneur par sieur Gaspard Aymond par contract receu Perrellon les an et jour y contenus, d'environ cent cinquante livres de revenu. Plus leur remet ledict seigneur les fondz à luy appartenans comme vacans dependans cy-devant de la Maladière de Sainct-Julien-en-Jarestz, du revenu d'environ quinze livres tournois, se montans tous lesdicts revenus de prébendes ou fondz à la somme de mille cinquante livres tournois, et oultre ce, se charge ledict seigneur de faire annexer audict Chapitre les revenus de la cure de Sainct-Clair en Vivarets, de laquelle il a la collation, et qui peut valoir deüement de servis et les charges acquittées annuellement environ quatre cens livres, et lequel seigneur descharge tous les fondz des dictes prebendes de tous laodz et mylaodz qui luy pourroient estre deubz sur iceulx, et encores de bailler homme vivant et mourant tant et sy longuement que les dicts fondz demeureront audict Chapitre : bien entendu néantmoins que au cas que les dicts fondz ou aulcuns d'ilceux seroient alliénés par vente, eschange ou autrement en quelques autres manières que ce soit, ledict seigneur rentrera en ses droitz de laodz et mylaodz, et tous autres, comme il les a ce jourd'huy pour les dicts fondz alliénés tant seulement. Item, ledict seigneur en mesme façon, faveur et consideration que dessus, donne auxdicts sieurs doyen, chanoines et Chapitre les maisons, rentes nobles, prés, terres, boys, vignes, pentions et autres fondz qui s'ensuivent, pour d'iceulx jouir perpétuellement et à tout temps par eulx et leurs successeurs comme de chose propre et appartenant audict Chapitre en toute proprietté et fruictz, à sçavoir : la terre et seigneurie de l'Horme et la Barge size en Vivarest, consistant en justice, maison forte, grange, estables, prés, terres, vignes, boys et pasquerages, rente noble, et autres appartenances et dependances, garny de bestail et semences tout ainsy qu'en jouit de present le sr Berjon, moderne fermier, à condition de faire planter dans les terres incultes dudict domaine par chacun desdicts chanoines dans six ans prochains venans six hommées de vignes dont ilz jouyront leur vie durant, et après eulx appartiendront audict Chapitre, ladicte terre et rente du revenu d'environ douze cens livres tournois ; Item, une pention de douze sestiers bled seigle düe audict seigneur sur ladicte cure de Sainct-Clair pour la valeur en revenu de quarante livres tournois ; Item, remet comme dessus ledict seigneur un sien domaine situé au lieu de Montagny en Lyonnois, consistant aussy en maison, grange, estable, prés, terres, vignes, et meubles y estant, ainsy que tous lesdicts fondz seront cy après particulièrement confinés ensuite des presentes, pour la rente de deux cens livres tournois ; Item, tous les fondz, tenemens et possessions, comme aussy les pentions dües audict seigneur dependans des biens de la Merlenchoncry situées en la parroisse de Sainct-Paul en Jarestz acquis par ledict seigneur de Messieurs du Chapitre de Notre-Dame de Montbrison, selon qu'ilz seront aussy cy après confinés, du revenu de quatre cens livres tournois ou environ ; Item, un autre domaine appelé Vigilon scitué dans la même parroisse de Sainct-Paul en Jarestz, acquis par ledict seigneur avec autres fondz des RR. Pères de l'Oratoire de Lyon, par contract du notaire royal soubzsigné receu, aussy confiné ensuite des presentes et garny de bestail et semence, et ce pour trois cens livres de revenu ; Item, remet comme dessus une petite rente noble et les vignes et maisons appartenant audict seigneur scituées à Sainct-Galmier en Forestz ou ladicte rente s'exige, de valleur en tout de cens trente livres ou environ ; Item et finallement remet en proprietté comme dessus un autre domaine appellé de Maxencieu, scitué sur la parroisse dudict Chevrières par ledict seigneur acquis de Me Jean Chorel, par contract du notaire royal soubzsigné receu le le vingtiesme octobre dernier selon et ainsy qu'il est contenu par ledict contract et qu'il sera cy après confiné avec le bestail et semences dont il est garny au revenu de trois cens livres tournois, tous les dicts fondz montans en revenu à la somme de deux mil cinq cens soixante dix livres tournois outre les dictes prebendes.

Et finallement icelluy seigneur remet et baille comme dessus auxdicts sieurs doyen, chanoines et Chapitre, par engagement a faculté de reachapt perpetuel pour luy et les siens, les autres fondz et tenemens suivans et pour le revenu mentionné ensuite de chacun article qu'il pourra et les siens à perpétuité reavoir et retirer en général ou en particulier en donnant semblable rente ou autres fondz, pentions ou benefices à sa commodité et à leur bienseance sans que aulcune prescription arrive, à sçavoir : un sien domaine situé au lieu de Luzernod en la parroisse de la Valla garny de bestail et semences par luy acquis de Mr François Seytre selon qu'il est confiné et désigné, et ce pour la rente de trois cens livres tournois ; Item, un autre domaine appellé de la Paccalonne garny comme dessus scitué en la parroisse d'Izieu aussy acquis avec d'autres fondz desdicts RR. Pères de l'Oratoire, ainsy que les fondz en dependans sont confinés ensuite des presentes sans en pouvoir prétendre d'autres et ce pour la rente d'autres trois cens livres tournois ; Item, remet aussy a faculté dudict reachapt le greffe civil et criminel dudict Sainct-Chamond pour la rente de cinq cens livres tournois et le disme de Sainct-Martin Acoaillieu a la reserve des dismes cessaux, pour la rente de sept cens livres tournois; Item, les moulins Barcel et Paparel scitués en la parroisse de Chevrières, pour la rente de quatre cens cinquante livres tournois ; le disme de Serre en ladicte parroisse pour la somme de quatre vingt livres de rente; la grange de Relave et le pré de la Palla aussy scitués en ladicte parroisse de Chevrières, et cy après confinés, pour quatre cens dix livres tournois de rente ; Item, les moulins de sa terre et seigneurie de Greyzieu et fondz en dépendans aussy cy après confinés pour la rente de cent soixante livres tournois; Item, la grange de Viricelle, selon sa contenue cy après confinée et garnye comme les susdictes pour la rente de quatre cens livres tournois ; Item, un autre domaine appellé du Cluzel dépendant de la seigneurie de Chastelus, ainsy qu'il sera cy après confiné pour la rente de cent cinquante livres tournois ; Item, les moulins et fondz dependans d'icelluy appellé du Cluzel pour autre cent cinquante livres ; le moulin de Sainct-Denis pour cent vingt livres tournois et celluy du Part pour autres cent vingt livres tournois, revenans tous les susdicts revenus, pour lesdicts biens remis à faculté de reachapt, à la somme de trois mil huict cens quarante livres tournois, laquelle jointe avec la somme de quatorze cens cinquante livres pour le revenu desdictes prebendes et cure susdicte, ensemble à celle de deux mil cinq cens soixante dix livres à laquelle monte le revenu desdicts fondz et autres choses relachés en proprietté, faict en tout la somme de sept mil huict cens soixante livres, desquelz revenus lesdicts sieurs doyen, chanoines et Chapitre commenceront à jouir des le premier janvier prochain venant pour les fruicts de l'année prochaine mil six cens quarante trois ;

moyennant quoy iceulx sieurs doyen, chanoines et Chapitre seront tenus, comme les sus-nommés promettent tant pour eux que pour leurs successeurs à l'advenir, observer et exécutter ponctuellement et de point en point, tant ledict contract de fondation que lesdicts statuts et reiglemens cejourd'huy faictz et signés desdictes partyes et du notaire royal soubzsigné secretaire dudict Chapitre dont chacun d'eulx a gardé une coppie; et en cas de contravention et non observation par ledict Chapitre, ou aulcuns d'eulx authorisés en cela par ledict Chapitre, après avoir été advertys par escript et acte public par deux diverses fois de leurs manquemens sy aulcuns ils en faisoient, ledict seigneur se reserve par exprès pour luy et lesdicts siens à perpetuitté le pouvoir et liberté de retirer lesdicts revenus et l'employer en autres œuvres pies à son choix comme bon luy semblera.

Et d'aultant qu'il est nécessaire de sçavoir ce que desdictes rentes et revenus en advient à chacun desdicts sieurs doyen, chanoines et Chapitre, ledict seigneur a déclaré qu'il veult et entend, que le chacun desdicts chanoines faisant son debvoir aye la somme de trois cens livres tournois, ledict sieur doyen prenant pour trois et les deux autres dignités le chacun pour deux, quatre autres desdicts chanoines qui seront aumosniers pour un chanoine et demy, les huict prebendiers chacun pour un demy chanoine qui est cent cinquante livres tournois, qui revient à douze cens livres tournois ; et parce que desdicts huict prébendiers il y en aura quatre qui seront chappelains dudict seigneur, ils auront le chacun de plus le tiers d'une prébende qui est cinquante livres tournois qui revient pour les quatre à deux cens livres tournois; Item, pour la nourriture et entretenement de quatre enfans de chœur à raison de septante cinq livres chacun, monte trois cens livres tournois ; pour le secretaire dudict Chapitre outre ses émolumens cinquante livres tournois ; pour le bastonnier aussy outre ses émolumens cent livres tournois. Pour le luminaire de ladicte esglise ledict seigneur a joint deux cens livres tournois. Et pour les réparations de ladicte esglise ou embellissement d'icelle outre les ordinaires, trois cens livres tournois qui seront receues et employées par l'ordre et advis dudict seigneur et de sesdicts successeurs, qu'est en tout la somme de sept mil sept cens cinquante livres tournois, et lesdicts revenus montent sept mil huict cens soixante livres tournois, de sorte qu'il y auroit cent dix livres de plus sy tout estoit en estat d'estre payé.

Mais parce qu'il y a encore aulcune desdictes prébendes dont on ne peut encore jouir non plus que de ladicte cure de Sainct-Clair, lesdicts sieurs doyen, chanoines et Chapitre supporteront par esgalle portion et au prorata de ce qui leur advient cy dessus, ce qu'il s'en manquera jusqu'à ce que le tout se puisse recevoir, auquel temps ledict seigneur disposera desdicts cent dix livres de surplus au proffit et benefice de ceulx dudict Chapitre ou autrement comme bon luy semblera.

Finallement ledict seigneur se réserve par expres, du consentement desdicts sieurs doyen, chanoines et Chapitre, tous les cens et servis à luy deubz sur lesdicts fondz dépendans desdictes prébendes et autres donnés ou engagés, pour en estre payé conformément à ses tiltres et terriers, et pour lesquels cens et servis, ledict sieur doyen et Chapitre, passeront toutes recognoissances nouvelles quand requis et besoin sera, deschargeant néantmoins iceulx s^{rs} doyen, chanoines et Chapitre de tous les laodz mylaodz qu'ils luy pourroient debvoir pour iceulx fondz tant qu'ilz seront et demeureront propres audict Chapitre comme aussy de donner homme vivant et mourant, et sans estre tenus par ledict seigneur d'aulcune garantie envers aulcuns autres seigneurs directz sy aulcuns y en a, avec acte et condition accordé que ou lesdicts fondz ou aulcuns d'iceulx viendroient à estre vendus, changés ou autrement alliénés hors la main dudict Chapitre, ledict seigneur et les siens rentreront, comme dict est, aux mesmes droictz à eulx deubz avant ces dictes presentes ; car ainsy que dessus lesdictes partyes l'ont voulu et accordé par mutuelles stipulations et acceptations de part et d'autre intervenues, promettans par leur foy et serment avoir icelles presentes agréables, les observer et entretenir inviolablement sans y contrevenir directement ou indirectement, à peine de tous domages, despens et interestz, soubz les obligations, soubmissions, renonciations et clauses en tel cas requises et nécessaires; et a esté intimé aux dictes parties de faire sceller les presentes dans le temps et aux peines des edictz. Faict et stipulé audict Sainct-Chamond dans la sacristie de ladicte Esglise Collégialle le vingt-quatriesme jour de Decembre mil six cens quarante deux, après midy. En présence d'Antoine Duchol de la Chance escuyer, sieur dudict lieu et de Torrepana, Jean Dugout, escuyer, sieur du Creupet, Me Gaspard Sibert docteur en médecine dudict Sainct-Chamond, honorables hommes Mes Pierre Colin, notaire royal ; Pierre Texandier, Jérôme Dujast, Pierre Masson, Jacques Thomas. marchands et habitants consuls dudict Sainct-Chamond, sieur Jean Feully, Gabriel Philibert, Jérôme Court, tous notables habitants de ladicte ville tesmoings requis et soubzsignés avec lesdictes partyes à la cède des presentes suivant l'ordonnance, ainsy signé à la minutte.

SAINCT-CHAMOND.

A. Bonnard, M. Fulconis, Le Clerc, Pigeon, Furet, Hollier, Portes, Acharion, Colin, la Chance Torrepana, Creupet, Colin présent, Pierre Texandier, Dujast, P. Masson, G. Sibert, Jacques Thomas, Feully, Court, G. Philibert, et Ravachol notaire royal susdict ainsy signé.

IV

STATUTS DU VÉNÉRABLE CHAPITRE DE LA SAINCTE CHAPELLE ET ÉGLISE COLLÉGIALE DE SAINCT-JEAN-BAPTISTE DE SAINCT-CHAMOND.

Nous Melchior Mitte de Chevrières, marquis de Sainct-Chamond, désirans recognoistre de tout nostre cœur les singulieres benedictions que le ciel a abondamment respandu et respand tous les jours en diverses rencontres, non seulement sur nostre personne mais encor sur toute nostre famille, et en oultre ayant experimanté que despuis nostre dernière fondation du neufviesme d'octobre mil six cens trente quatre comme pour tesmoignage qu'elle estoit bien accüeillie dans le Ciel, noz biens temporels ont receu un si notable accroissement qu'il surmonte et l'opinion des hommes et nos propres esperances. Considérant d'ailleurs que le temps mesme qui nous a donné des hyvers très-doux ressemblans à des printemps, y a voulu contribuer pour favoriser l'advancement de la fabrique et que les choses insensibles favorisoient noz desseings en ce que des rochers tres-aspres et très-rudes, semblent avoir imperceptiblement ceddé à la nécessité que nous avions du lieu pour faire le bastiment de nostre Eglise dont noz desseings ont très-heureusement reussy contre l'opinion de tous ceux qui ayants veu la mauvaise disposition du lieu jugeoient la chose impossible aux forces humaines, et d'abondant prévoyant que le divin office ne pouvoit estre assès dignement faict selon nostre susdicte fondation qui ne consistoit qu'en treize prestres, sçavoir : un doyen, un maistre du chœur, un sacristain, cinq chanoines et cinq chappelains, pour estre le nombre trop petit. A ces causes, avons de nouveau fondé et fondons quatre nouvelles places de prébendes canonicales et trois de chappelains ou prébendiers, desquelles quatre places canonicales, voulons estre pourveu cy-après de quatre prestres qui tiendront rang dans nostre dicte Eglise immédiatement après les dignités et nous serviront d'aumosniers chascun à son tour, ou par quartier ou par sepmaine, à nostre choix. Et affin que le public tire quelque esmolument de nostre présente fondation pour le salut de leurs ames, voulons que la huictiesme place canonicale soit occupée par un autre prestre qui sera Théologal et tiendra rang dans le chœur et ailleurs immédiatement après nos susdicts aumosniers ; et d'autant que le bon ordre est l'affermissement et la gloire de toutes les communautés, affin qu'un chascun puisse plus facilement faire ce qui est de sa charge, l'office de tous, tant dignités, chanoines que prébendiers et autres, sera tel.

De l'office du Doyen.

Premièrement, le Doyen servira d'exemple à tous les autres non seulement en ce qui regarde l'assiduité des offices, mais encor en sa bonne vie et mœurs. Nous le dispensons néanmoins de l'assistance desdicts offices, et voulons qu'il puisse porter ledict doyenné n'estant que soubdiacre en perdant le tiers de ses distributions ordinaires, en cas qu'il soit des enfans ou parens de nostre maison, n'entendant aucunement que ceux qui n'en seront pas jouissent de ce privilége, lequel nous réservons à ceux de nostre sang tant seulement.

Nous voulons que ledict doyen dise ou face dire la grande messe le jour de la Nativité de Nostre Seigneur, de la Résurrection, de la Pentecoste et de Toussaincts, les jours des Roys, du Jeudy sainct, de la Feste-Dieu, de Sainct Jean-Baptiste et de l'Assomption de Nostre Dame, et fera l'office auxdicts jours, tant aux premières qu'aux secondes vespres, et aussy à matines nonobstant que nous l'en ayons deschargé par nostre précédente fondation et sera deschargé de faire l'office aux autres festes mentionnées dans nostre dicte fondation et de sa sepmaine à laquelle il ne sera point tenu.

Item, voulons que lorsque ledict doyen fera l'office aux festes solemnelles cy dessus spécifiées à la grande messe, deux chanoines luy assistent, l'un en qualité de diacre, et l'autre en qualité de soubdiacre, et autres deux chanoines et deux prébendiers avec leurs chappes et les bastons d'argent ; le mesme feront à vespres et matines, lorsque la solemnité le requerra.

Voulons de plus que ledict doyen, en nostre absence et de noz successeurs, marquis de Sainct-Chamond, préside en toutes les assemblées capitulaires et y tienne le premier rang, aussy bien que dans le chœur, et par conséquent qu'il opine le premier, et qu'en cas il y auroit partage de voix, que la sienne en valle deux et non aultrement.

Item, qu'aux deux chapitres generaux de correction, auxquels tous les habitués du chœur seront appellés pour y assister, soubs peine d'estre privés du revenu de huict jours, qui se tiendront l'un à Noël, et l'autre à la Sainct Jean-Baptiste, il faira un'harangue sur la corruption des mœurs et sur les deffauts qu'il jugera avoir esté faicts en la célébration des offices tout le long de l'année, exhortant un chascun à vivre exemplairement et s'acquitter deubement de leur charge ou autrement comme il jugera estre expédient.

De plus, ledict doyen portera le Sainct Sacrement de l'Autel à la procession le jour de la Feste-Dieu et sera tenu de fournir tous les ans à ses propres despans un cierge de cire blanche pesant deux livres, sur lequel sera empreinct, d'un costé un Sainct Jean-Baptiste, et de l'autre noz armes, et nous le présentera, et à noz successeurs, marquis de Sainct-Chamond à jamais à l'entrée de l'eglise, avant la procession, accompagné du Chapitre, estans tous revestus des chappes, où il nous faira un'harangue en laquelle il nous recognoistra pour unique seigneur et fondateur de ladicte eglise et Chapitre.

Voulons en dernier lieu que ledict doyen marche seul après l'officiant en toutes les cérémonies, si ce n'est lorsque l'Archevesque ou nous y serons, auquel cas il aura sa place devant ledict officiant.

De l'office du Maistre du chœur ou Précenteur.

L'office du maistre du chœur, que nous voulons estre appellé deshormais Precenteur, sera de procurer que tous noz reiglemens et statuts soient observés ponctuellement, de faire célébrer le divin office et les messes avec les cérémonies requises et ordonnées selon la diversité des jours et festes de l'année, consentant qu'il punisse et corrige ceux qui ne fairont deüement leurs charges selon qu'il jugera expedient, et notemment ceux qui mépriseront nos statuts. Et s'il arrivoit par malheur (ce que Dieu ne veuille) qu'un chanoine, chappelain ou autre habitué de nostre dicte église, fist quelque faute ou indécence notable dans le chœur ou ailleurs, ledict précenteur l'en advertira, et s'il persiste dans la mesme faute, il le pourra priver en seul de la distribution d'un jour au plus ; et si la faute estoit si scandaleuse, et qu'après ledict chastiment il y retombast, voulons que le Chapitre légitimement assemblé, en prenne la cognoissance et le punisse plus griesvement, selon qu'il jugera et trouvera raisonnable. Voulons, en oultre, que ledict précenteur tienne les mereaux, et qu'un des huict prébendiers esleu par le Chapitre en face la distribution tous les jours.

Item, voulons que tous, tant dignités que chappelains et autres de nostre dicte église nouvellement pourveux par nous et par noz successeurs, marquis de Sainct-Chamond, ne puissent être receux ni participer aux fruicts avant qu'avoir presté le serment cy après transcript entre noz mains, et au cas nous serions absens en avoir dispence de nous. Ils presteront semblablement le serment cy-dessoubs transcript au Chapitre, et après, au premier office qui se faira, lesdicts nouveaux pourveux, conduicts par le bastonnier, se viendront présenter devant ledict précenteur qui les faira installer en leurs places par le maistre de cérémonies, hors du doyen qu'il conduira luy-mesme dans son siége.

Tous, tant dignités que chanoines et autres habitués, rendront toute sorte d'honneur et de respect audict précenteur, et luy obéiront en tout ce qui concerne le divin service et la gloire de Dieu, luy commettant entierement la charge et la discipline du chœur, duquel le rendons maistre, remettant entre ses mains entierement les interests de Dieu et de nostre dicte église, chargeant sa seule conscience de tous les desordres et manquemens qui pourroient estre faicts dans icelle ; et au cas il negligeroit sa charge, en cela voulons que tout le Chapitre en corps en prenne cognoissance et y mette tel ordre qu'il jugera selon Dieu, faisant exécuter ce qui est de noz intentions sur ce subject.

Voulons de plus, que ledict précenteur escripve tous les samedys dans une table ceux qui entreront en sepmaine, spécifiant à un chascun les charges et fonctions qu'ils debvront faire tout le long de la sepmaine, et puis mettra ladicte table dans la sacristie, à la veüe de tous. Ledict précenteur ne pourra excuser personne de son auctorité sans qu'il soit malade ou qu'il soit occupé pour les affaires du Chapitre, et en cas luy seroient apportées d'autres excuses, voulons qu'il les tienne pour frivolles et illégitimes.

Item, voulons que lorsque le doyen faira l'office aux festes solemnelles, le maistre de cérémonies prenne advis dudict précenteur quel chanoine il debvra avertir pour faire le diacre et soubdiacre, et qui debvra prendre les chappes pour servir à telles solemnités, et en cas quelqu'un refuseroit de faire telles charges sans cause légitime, voulons que edict précenteur les puisse priver de la distribution de tout le jour.

Ledict précenteur aura un soing particulier à prendre garde que les enfans de chœur, non-seulement soient bien nourris et honnestement habillés et tenus blancs et nets, surtout de leurs aubes, à ce qu'ils puissent faire honneur à l'église et au Chapitre, mais aussy procurera charitablement qu'ils soient bien instruicts et enseignés, tant à la piété qu'au latin et à la musique. Et parce que, dans nostre précédente fondation, nous avions obligé le susdict précenteur de nourrir, habiller et enseigner les enfans de chœur, et que despuis nous entendons charger le maistre de musique de leur instruction, et le Chapitre de leur nourriture, habillemens et despance, voulons par le présent statut qu'il en soit deschargé, et par conséquent lui retranchons le revenu que luy avions affecté pour cela pour le bailler au Chapitre, affin qu'il l'employe à la nourriture et entretien des susdicts enfans de chœur. Il occupera la première chaire après le doyen dans le chœur, et opinera en toutes les assemblées capitulaires aussy immédiatement après ledict doyen.

De l'office du Sacristain.

Quand à l'office du Sacristain, comme très-nécessaire et très-important, exhortons en tant que nous pouvons noz successeurs, marquis de Sainct-Chamond, d'eslire une personne propre à ceste charge, zélée au service de Dieu, et qui soit d'une vie fort exemplaire, laquelle aura soing de conserver les ornemens de l'église, l'argentairie, les livres, la lingerie et tous les autres meubles nécessaires pour l'usage de l'église, desquels il se chargera par inventaire, qu'il tiendra nets et en bon ordre; s'il s'y romp quelque chose, les faira accomoder aux despans du Chapitre. Et surtout, voulons et entendons qu'il ayt un soing particulier de tenir net et bien orné le tabernacle et lieu où reposera le Sainct Sacrement, duquel il gardera la clef, tenant devant iceluy une lampe toujours ardente.

Item, voulons qu'il aye soing de faire renouveller toutes les sepmaines l'eau béniste et face balier et bien nettoyer l'église et les chappelles et le chœur, et qu'il procure de bien orner les autels suivant la diversité du temps, mais surtout le grand autel et la petite crédence qu'il garnira de tout ce qui est nécessaire pour la célébration de la saincte messe avant l'office, affin de n'interrompre et troubler ledict office ou faire attendre le célébrant, ce qui seroit grandement indécent.

Voulons, en oultre, que ledict sacristain aye soing de faire sonner les cloches aux heures deües à tous les offices, par le bastonnier ou ses commis, et comme il en est ordonné dans nostre précédente fondation, ou comme le Chapitre en ordonnera, et qu'il face en sorte que dans la sacristie on n'y entende aucun discours profane, moins des disputes et querelles, notemment pendant les divins offices, l'exhortant de faire en sorte que les prestres qui voudront dire messe aux chappelles sortent de la sacristie tous revestus avec leurs ornemens sacerdotaux, avec bon ordre, l'un après l'autre.

Et, s'il arrive qu'on face dire des messes de dévotion, nul chanoine ny autre habitué pourra prendre de l'argent des dictes messes, ains le faira recepvoir par le susdict sacristain qui tiendra un livre blanc pour escripre les personnes qui fairont dire lesdictes messes, et mettra l'argent qu'il recepvra dans le tronc à ce destiné qui sera fermé à deux clefs dont le sacristain en tiendra une et le thrésorier l'autre, et l'argent qui proviendra desdictes messes sera partagé esgalement entre tous les chanoines et prestres du chœur, lesquels, chascun à son rang, diront lesdictes messes suivant l'ordre que ledict sacristain leur prescripra, et en cas il y auroit quelqu'un qui refusast, ne participera aucunement auxdicts esmolumens. Et à ces fins, on ouvrira tous les samedys, ou tous les moys (comme le Chapitre voudra), ledict tronc pour partager ledict argent duquel le sacristain, oultre sa portion, prendra deux liards pour chasque messe pour la peine qu'il aura de tenir contrerolle desdictes messes de dévotion ; que s'il arrivoit que quelqu'un de ladicte église print de l'argent desdictes messes sans le mettre dans ledict tronc, voulons qu'il soit privé desdicts esmolumens provenans desdictes messes pour un an.

Sera tenu le Chapitre, à la diligence du sacristain, de fournir tout le long de l'année, pendant tous les offices et la grande messe sur le grand autel, des cierges du poids au moins d'un quarteron chascun et en mettra, pour les jours simples et fériaux, un sur le marchepied de l'autel ; aux semidoubles, deux sur ledict autel ; aux festes doubles et jours de dimanche, quattre, et toutes les festes qui seront *primæ classis*, six, oultre les deux qu'il conviendra de bailler tous les jours aux enfans de chœur qui porteront les chandeliers. De plus, sera tenu ledict Chapitre de fournir tous les jours deux flambeaux du poids de deux livres chascun pour l'eslévation du Sainct Sacrement, comme aussy pour le Jeudy sainct, la Feste Dieu, et autres jours auxquels on exposera le Sainct Sacrement, auquel temps il tiendra six luminaires perpetuellement ardans sur ledict autel. Fournira aussy ledict Chapitre les cierges pour les jours des Ténebres et ceux du jour de la Purification, l'encens, le pain et le vin et toutes les choses nécessaires pour l'office divin tout le long de l'année.

Et parce que ladicte charge de sacristain est grandement onéreuse, et que par nostre précédente fondation, l'avions chargé de dire plusieurs messes hors la sepmaine, affin qu'il puisse mieux vacquer à sa charge voulons qu'il soit deschargé de toutes les susdictes messes, lesquelles seront dictes à l'advenir par les chanoines qui se trouveront en sepmaine ; sera tenu néanmoins faire sa sepmaine comme les autres chanoines. Il sera assis après le précenteur et tiendra rang après luy en tous lieux.

De l'office des quattre chanoines aumosniers.

Quand aux chanoines qui nous serviront d'aumosniers chascun à son tour, ou par quartier ou par semestre, ou tousjours à nostre choix, voulons qu'ils soient assis dans le chœur immédiatement après les dignités, hors celuy qui sera en quartier qui sera debout auprès de nous, lorsque nous serons dans le chœur pour assister aux offices, et par conséquent qu'ils opinent immédiatement après les dignités, et qu'ils soient tenus pour presens tant qu'ils demeureront auprès de nous et de noz successeurs, marquis de Sainct-Chamond, faisans ladicte fonction d'aumosnier pour le regard des distributions ordinaires : en telle sorte qu'ils ne seront subjects à aucune poincte et néanmoins ne participeront aucunement aux pertes des absens.

Voulons de plus, au cas nous et noz successeurs, marquis de Sainct-Chamond, aurions besoing, oultre nostre dict aumosnier, d'un autre chanoine ou chappelain, à nostre choix, pour noz affaires particulières, qu'il nous soit permis et loisible de pouvoir prendre et employer tel qu'il nous plairra du corps du Chapitre, l'espace de six mois s'il estoit nécessaire, lequel voulons estre tenu pour présent pour les distributions ordinaires. Et affin que soubs ce prétexte, on ne quitte les divins offices et qu'on puisse tousjours faire les cérémonies avec la solemnité requise, voulons qu'il n'y puisse avoir plus de deux absens à la foys pour le mesme subject que dessus, sçavoir l'aumosnier et un des autres seulement, tel qu'il nous plairra.

De l'office du Théologal.

Le Théologal sera le huictiesme chanoine et sera obligé de prescher, enseigner et faire toutes les fonctions qui sont prescriptes à tel office par le concile de Trente.

De l'office du Maistre de Musique.

Un des autres chanoines, à nostre choix, sera maistre de musique, lequel aura soing de faire chanter la musique tous les dimanches et festes doubles de l'année, tant à vespres et matines qu'à la grande messe suivant qu'il en sera ordonné par le Chapitre ou précenteur, hors des dimanches et festes doubles de l'Advent et du Caresme *nisi sint ex majoribus*, suivant l'ordre du cérémonial des Evesques.

Ledict maistre de musique sera tenu d'instruire les enfans de chœur qui seront vestus chascun d'une robbe et bonnet carré rouge, sur laquelle robbe ils porteront leur aube blanche pour aller à l'église faire leurs fonctions.

Les susdicts enfans de chœur ne pourront jamais sortir de la maistrise pour aller chanter ailleurs pour quelle occasion que ce soit, sans l'exprès congé du précenteur ou du Chapitre, si ce n'est au chasteau quand nous et noz successeurs, marquis de Sainct-Chamond, les manderions. N'entendons néanmoins empescher qu'ils n'aillent avec leurs maistres et autres musiciens chanter aux messes de morts, aux baptesmes et autres cérémonies ecclésiastiques, pourveu qu'ils en prennent advis du précenteur et qu'ils y puissent assister sans manquer aux offices du chœur, lorsqu'ils y seront appellés.

De l'office de tous les chanoines en général, les dignités y estans comprises en ceste qualité.

Aucun chanoine ne sera receu dans le chœur qu'il ne soit versé au plain-chant, affin qu'il soit utile à la psalmodie et offices, et qu'il n'entende le latin; et au cas, au temps de leur réception, n'auroient ces qualités, voulons qu'il leur soit accordé un an pour s'instruire, et, à faute de ce faire, ne jouiront que de la moitié de leurs fruicts.

Aucun des chappelains et prébendiers ne pourra estre receu chanoine, ny les chanoines parvenir aux places de noz aumosniers, ny aux dignités quoyqu'ils ayent les provisions de nous et de noz successeurs, marquis de Sainct-Chamond, qu'ils n'ayent auparavant melioré le revenu du Chapitre au moins de trois livres de rente au prix principal de soixante livres.

Tous, tant dignités que chanoines, hors le doyen, feront chascun à son tour leur sepmaine, commençans l'office tant à matines et vespres qu'aux autres heures, et diront tous les jours pendant leur sepmaine la grande messe; et pour ceux qui ne seront promeus à l'ordre de prestrise pourvoiront au despans de leur revenu à faire dire les messes de leur sepmaine et faire le reste des offices.

Seront tenus d'assister tous (hors le doyen en cas qu'il soit des enfans ou parens de nostre maison), à toutes les heures de tous les offices tout le long de l'année, et néanmoins affin que tant les dicts chanoines que dignités puissent subvenir à leurs affaires particulières, leur octroyons un mois de présence par an, pendant lequel temps ne pourront prétendre aucune part sur les pertes des absens, lesquelles seront desparties aux seuls présens. Voulons néanmoins que les malades et ceux qui seront occupés aux affaires du Chapitre soient tenus pour présens.

Et affin que ceux qui ne seront promeus aux ordres sacrés taschent de s'y faire promovoir au plustost, voulons qu'au cas à l'advenir il y auroit certains revenus pour des obits ou anniversaires, nul ne puisse jouir des dicts revenus, qu'il ne soit promeu à tout le moins au premier ordre sacré, ny entrer au Chapitre pour délibérer des affaires. Le Chapitre néanmoins de nostre consentement et de noz successeurs, marquis de Sainct-Chamond, en pourra dispencer au cas y il auroit quelque personne d'un grand esprit et mérite sans ceste qualité.

Tous, tant chanoines que autres, seront habillés uniformément en habit ecclésiastique, avec le plus de décence qu'il leur sera possible, portant tousjours pour le moins leur soutane ou robbe longue. Ils porteront le poil de la barbe le plus court qu'ils pourront et que l'honnesteté le requerra, *ita ut nemo nutriat barbam aut comam*, comme il est ordonné, et, au cas quelqu'un se dispenceroit là-dessus excédant sur ce subject, sera permis au Chapitre de l'en corriger et effectivement priver de ses revenus suivant qu'il jugera, jusqu'à ce qu'il y trouvera de l'amendement. C'est pourquoy voulons que nul soit receu *nisi sit in habitu et tonsura clericalibus.*

Toutes les foys que nous et noz successeurs, marquis de Sainct-Chamond, voudrons assister dans le chœur aux offices, le Chapitre nous envoyera une dignité et un chanoine portans le surpelis et l'aumusse pour nous advertir de l'heure, et nous accompagner jusques à nostre place, et seront tenus les dicts chanoines et chappelains de retarder au moins d'une heure le commencement des dicts offices pour attendre que nous y puissions aller, toutes les foys qu'il nous arrivera des affaires pressantes qui nous empescheront de nous rendre à l'église aux heures ordinaires.

Voulons en oultre que, lorsque nous et nostre femme et noz successeurs marquis et marquises de Sainct-Chamond communierons dans nostre dicte église, les deux premiers chanoines après le doyen, accompagnés du maistre de cérémonies et du bastonnier, nous viennent quérir en noz places pour nous conduire à l'autel, où estans ils tiendront les deux bouts de la nappe pendant nostre communion, après laquelle ils nous reconduiront en noz places avec la mesme cérémonie que dessus.

De l'office des chappelains ou prébendiers.

Aucun des prébendiers ne pourra être receu qu'il ne soit versé et asseuré au plain-chant, et voulons que quattre d'entre eux pour le moins sçachent la musique, et si par cas fortuit quelqu'un d'iceux n'estoit versé au plain-chant, luy sera accordé six mois pour l'apprendre, et si pendant le dict temps il ne s'asseure au dict plain-chant, ne jouira que de la troisiesme partie de son revenu, jusqu'à ce qu'il se sera rendu capable. Ils assisteront à toutes les heures de tous les offices tout le long de l'année, jouiront néanmoins de la présence de quinze jours par an pour les mesmes raisons que dessus.

Deux d'iceux chaque sepmaine entonneront tous les pseaulmes de tous les offices alternativement et aussy la grande messe lesquels seront appellés cantoraux. Et autres deux diront l'invitatoire et serviront de diacre et soubdiacre aux grandes messes, auxquelles chargés serviront tous huict, chascun à son tour, faisans les mesmes fonctions de cantoraux aux processions auxquelles faudra chanter les himnes, antiennes ou les litanies.

Les quatre premiers prébendiers auront la qualité de noz chappelains et serviront par quartier la saincte chappelle du chasteau, celuy qui sera en quartier y disant tous les jours la messe, à l'heure que nous et noz successeurs, marquis de Sainct-Chamond, ou celuy qui commandera dans le chasteau en noz absences, luy prescripra, sans qu'il se puisse dispencer, non plus que les autres, d'assister à tous les offices, si ce n'est pour le temps qu'il employera à dire la messe, et seront obligés chascun durant leur quartier de tenir nette la saincte chappelle et d'orner l'autel d'icelle, selon que les festes et solemnités le requerront.

Voulons de plus que tant les dicts prébendiers que chanoines (hors le doyen estant de nostre sang), soient prestres dans l'an après leur réception, à faute de quoy ne jouiront que de la moytié de leur revenu, jusqu'à ce qu'ils soient effectivement prestres, pendant lequel temps et dez le jour de leur réception fairont dire leurs messes au despans de l'autre moitié du revenu.

Les quatre derniers prébendiers diront chascun sa sepmaine une messe basse tous les matins à perpétuité immédiatement après matines, à l'autel où reposent les sainctes Reliques du costé de l'église et prendront la seconde oraison *Deus veniæ largitor etc.*, tant que nous vivrons, prians Dieu pour noz parens et bienfaicteurs trespassés, et, après nostre décez, au lieu de celle-là diront *Inclina Domine aurem tuam ad preces nostras ut animam famuli tui Melchioris fundatoris nostri etc.*, prians Dieu à perpétuité pour le repos de nostre âme.

Tous les susdicts prébendiers seront appellés en Chapitre le lendemain de Sainct Jean-Baptiste et de Noël, pour renouveler le serment qu'ils auront faict, le jour de leur réception entre les mains du doyen, de bien servir le Chapitre et d'estre plus assidus, donnant pouvoir au doyen et au précenteur de leur représenter en particulier ou en Chapitre leurs fautes passées, non-seulement en ce qui concerne le divin office, mais encor leurs vies et mœurs, affin qu'ils s'en corrigent, et s'il y avoit en leurs vies des fautes et manquemens notables, voulons que ledict doyen avec ledict Chapitre les puisse corriger et punir selon que la nécessité et la griesveté de leurs fautes et crimes le requerra. Un d'iceux sera esleu par le Chapitre pour estre maistre de cérémonies et un autre pour être soubsmaistre de musique.

De l'office du secrétaire.

Pour la charge du secrétaire, estant assès au long exprimée dans nostre précédente fondation, n'avons à y rien adjouster, sinon qu'il sera tenu, moyennant les gages que nous luy avons attribués, de faire gratis toutes les expéditions qui seront nécessaires pour les affaires du Chapitre ; l'exhortant au surplus d'exercer sa charge avec toute sorte de probité et diligence, d'estre secret et soigneux, de bien garder et conserver les papiers du Chapitre et donner advis au plus tost de tout ce qu'il sçaura lui estre important.

De l'office du bastonnier.

Quand à l'office du bastonnier oultre ce à quoy nous l'avons obligé dans nostre précédente fondation, voulons qu'il assiste à toutes les heures de tous les offices, revestu d'une robbe longue noire pour faire sa charge avec plus de décence. Il se tiendra à l'entrée du chœur pour empescher que toute sorte de gens n'entrent dans iceluy, et lorsque le chanoine celebrant sortira de la sacristie revestu pour faire quelque office que ce soit à matines, vespres, à la grande messe ou à quelque procession ou autre solemnité, il marchera tousjours devant la croix pour faire faire place, portant son baston d'argent à la main, qu'il lairra tousjours après lesdicts offices dans la sacristie entre les mains du sacristain pour le pouvoir reprendre toutes les foys qu'il en aura besoing pour faire sa charge. Comme aussy devant l'offrande, bénédiction des cendres, des cierges et des rameaux, il accompagnera le maistre de cérémonies qui nous viendra inviter et messieurs les chanoines, et aussy accompagnera le soubdiacre lorsqu'il portera la paix, et le diacre à l'Evangile et lorsqu'il donra l'encens.

Il aura soing de sonner ou faire sonner les cloches par l'ordre du sacristain, moyennant quoy le profit qui proviendra de la sonnerie luy appartiendra.

Ordre du divin office.

Aux jours les plus solemnels garderont l'ordre qui leur est prescript par le cérémonial des Evesques au Chap. 3me du second livre *De vesperis in ecclesiis collegiatis solemniter celebrandis*, auxquelles après que l'officiant aura esté encensé par un chapier à ce destiné, qui sera tousjours le dernier receu des prébendiers, si nous ou noz successeurs, marquis de Sainct-Chamond, sommes présens le maistre de cérémonies, accompagné du bastonnier, prendra l'encensoir de la main dudict chapier et le portera au doyen, et en son absence au premier du chœur pour nous venir encenser suivant l'ordre du cérémonial, et après le maistre de cérémonies encensera les chapiers, et après lesquels, il encensera tous noz enfans, puis les deux premiers chanoines qui se trouveront de chasque costé du chœur, ayant encensé au préalable le doyen, ce qu'estant faict baillera l'encensoir à un acolithe qui encensera tout le chœur.

Pour l'office de matines auxdicts jours solemnels, voulons aussy qu'on suive ponctuellement l'ordre dudict cérémonial, *De matutinis in ecclesiis collegiatis solemniter celebrandis*, auxquels les quatre qui seront destinés pour estre chapiers à laudes, deux desquels seront chanoines et les autres prébendiers, chanteront l'invitatoire, et le *Venite exultemus* alternativement, après lequel le premier d'entre eux, accompagné du maistre de cérémonies, ira préintonner l'himne à l'officiant, lequel finy luy ira encor préintonner la premiere antienne du premier pseaulme et ainsy consécutivement on portera les autres antiennes aux autres chanoines.

Les pseaulmes du premier nocturne achepvés avec l'antienne, deux enfans de chœur chanteront le verset au milieu du chœur, devant le grand autel, pendant lequel temps, le plus jeune ou dernier receu des chanoines sera invité par un des susdicts chapiers ou par le maistre de cérémonies à venir dire la première leçon, et ainsi fera-t-on consécutivement de toutes les autres leçons du 2me et 3me nocturne.

Et en cas, il n'y auroit assès de chanoines pour les dire toutes, on prendra des plus anciens prébendiers pour dire les premieres, suivant la nécessité, ce qui sera aussy observé pour les leçons des autres jours doubles et semidoubles de toute l'année. Que si quelqu'un refusoit de chanter ou dire quelques leçons ou antiennes sans cause légitime, estant commandé par le précenteur ou autre qui auroit le pouvoir, voulons que tel soit poincté et ne gaigne rien à cest'heure-là.

Voulons de plus, qu'aux dicts jours solemnels et festes doubles de l'année, le premier et second respons soient chantés par deux enfans de chœur, et aux semidoubles par un seul, le 3me, par les deux prébendiers cantoraux, le 4me et le 5me par les autres prébendiers, et les autres trois suivants par les chanoines, réservant néanmoins le 8me et dernier, tousjours pour les chapiers, lorsque la solemnité requerra qu'on porte chappes.

Item, qu'aux jours fériaux et semi doubles, les enfans de chœur chantent toutes les antiennes, tant à matines et vespres qu'à toutes les heures des susdicts offices : et qu'aux festes doubles les prébendiers chantent les antiennes de Prime, Tierce, Sexte, None et Complies, leur estans portées par ceux qui devront entonner les pseaulmes des susdictes heures. Voulons de plus, que le prébendier qui sera en sepmaine pour dire la messe tous les jours à l'autel des Reliques soit obligé de faire l'office aux petites heures lesdicts jours fériaux, simples et semidoubles : et aux festes doubles et dimanches, que le chanoine sepmanier ou son respondant, qui sera sorty de sepmaine le face, au cas ledict chanoine sepmanier seroit occupé ailleurs pour le service de l'Eglise.

Quand à l'office de la grande messe, voulons qu'on observe les cérémonies ordonnées par le concile de Trente, prescriptes dans le cérémonial des Evesques et missels réformés, autant que commodément se pourra faire, et que toutes les festes qui seront *primæ classis*, tous les chanoines, hors les chapiers, aillent dire l'*introït* avec le célébrant devant le grand autel à la grande messe, demeurans debout d'un costé et d'autre avec leurs surpelis, portans l'aumusse sur le bras, et qu'aux quatre festes principales, sçavoir, à Noël, à Pasques, Pentecoste et Toussaincts, et aussy le jour de Sainct Jean-Baptiste et le jour de la Dédicace, portent tous leurs chappes, depuis le commencement de la grande messe jusques à la fin, comme aussy aux premières et secondes vespres des susdicts jours, sortans de la sacristie ainsi revestus avec ordre tous ensemble, dans laquelle ils s'en retourneront, après lesdicts offices, avec mesme ordre que dessus pour quitter lesdictes chappes.

Avant commencer la messe et vespres nous salueront tous ensemble, et aussy le chœur, immédiatement après avoir fait la révérence à l'autel et comme le célébrant montera à l'autel, les susdicts chanoines s'en retourneront chascun à sa place avec ordre et le plus modestement qu'ils pourront, où estans arrivés, tous diront, deux à deux, à basse voix, alternativement le *Kyrie Eleyson*, la mesme chose feront du *Gloria in excelsis*, etc., du *Credo*, du *Sanctus*, avant l'eslévation du Sainct-Sacrement, et de l'*Agnus Dei*, après que le célébrant l'aura commencé de prononcer et que les musiciens chanteront ou l'orgue jouera. Pendant qu'on chantera le *Kyrie Eleyson* en musique aux festes *primæ classis* seulement, les deux chanoines chapiers, portans en main leurs bastons d'argent, s'en iront préintonner le *Gloria in excelsis* au célébrant, et immédiatement après l'Evangile le *Credo*, et lorsque le doyen officiera, les quatre chapiers luy iront préintonner les antiennes, le *Gloria*, le *Credo*. Après l'Evangile, le soubdiacre, ayant faict baiser le commencement de l'Evangile au célébrant, quittera le missel dans lequel l'Evangile aura esté chanté, et prendra un autre missel à ce destiné, et le portera tout fermé pour nous le faire baiser ainsy fermé.

Aux quatre principales festes de l'année, le jour de Sainct Jean-Baptiste, le Vendredy sainct, le jour de la Purification de Nostre-Dame, le jour des Cendres et des Rameaux, le maistre de cérémonies, accompagné du bastonnier, ira advertir les chanoines pour aller à l'offrande, lesquels en mesme temps descendront tous de leurs chaires et se rangeront en haye devant icelles de chasque costé du chœur, où estans le maistre de céremonies tousjours accompagné du bastonnier, nous viendra inviter pour aller à l'offrande le premier, mais nous le renverrons aux chanoines pour qu'ils y aillent les premiers pour le respect que nous debvons à l'Eglise, et ensuite tous les habitués de l'église y iront jusques aux enfans de chœur; d'où estans de retour, lesdicts chanoines se rangeront en haye, comme dessus, devant leurs siéges, et pour lors le maistre de cérémonies, avec le bastonnier, nous viendront quérir pour nous conduire à l'offrande, puis nous ramesneront à noz places, pendant lequel temps lesdicts chanoines et autres habitués demeureront ainsy en haye et ne remonteront en leurs places que nous ne soyons revenus à la nostre. Pour ce qui est des encensemens après l'offertoire, on gardera le mesme ordre que dessus aux vespres.

Quand à la paix, après que le soubdiacre l'aura receue du diacre, il la portera au plus ancien des chapiers qui la baillera à l'autre chanoine chapier, lesquels la porteront tous deux ensemble aux autres chanoines, l'un d'un costé et l'autre de l'autre, qui se la bailleront l'un l'autre, et pour lors, ledict soubdiacre sera accompagné du maistre de cérémonies et du bastonnier qui le reconduiront à l'autel pour prendre l'instrument de paix et nous l'apporter à baiser, et à nostre espouse et à noz enfans, ce qu'ayant faict, remettra ledict instrument de paix entre les mains d'un acolithe qu'il aura couvert d'un voile pour l'apporter à baiser, premièrement aux deux prébendiers chapiers, et puis aux autres prébendiers et habitués du chœur et aux enfants, et après à noz officiers de la justice et aux consuls, à tous lesquels nous réservons de donner place, quand bon nous semblera, dans les basses chaires du chœur.

Personne ne pourra dire messe au grand autel que les cardinaux, archevesques, evesques et abbés, et les chanoines de nostre dicte église. Nous réservant neanmoins, et à noz successeurs, marquis de Sainct-Chamond, de pouvoir permettre, par privilége spécial, à ceux qu'il nous plaira, d'y dire messe, donnant le mesme pouvoir en nostre absence et de noz successeurs, à nostre dict Chapitre.

Et affin que le chœur ne demeure vuide pendant le sainct sacrifice de la grande messe, nul ne pourra dire messe basse pendant icelle, ny entendre les confessions, et à ces fins, le sacristain ne leur administrera chose quelconque nécessaire pour la célébration d'icelle, si ce n'est en cas que nous et noz successeurs, marquis de Sainct-Chamond, ou le Chapitre en baillerions la dispence. Et au cas quelqu'un de l'église diroit messe pendant ledict temps sans dispence, voulons qu'il soit tenu pour absent, et le sacristain, s'il leur fournit les ornemens et autres choses nécessaires à la célébration de la messe, privé du revenu de la grande messe.

Tous les samedys de l'année après complies, ou bien sur le soir comme le Chapitre le jugera à propos, deux choristes ou enfans de chœur, au choix du Chapitre, chanteront à perpétuité les litanies des saincts dont nous avons les reliques, après lesquelles le chanoine qui entrera en sepmaine dira les oraisons qui sont en suitte dans la table, auxquelles ceux qui n'assisteront seront privés du revenu d'un jour, si ce n'est qu'ils fussent absens pour causes légitimes, et pour augmenter davantage la dévotion, le Chapitre fera ouvrir les fenestres qui regardent dans le cabinet des sainctes Reliques, pendant ledict salut, tous les samedys de l'Advent et du Caresme seulement.

Tous les chanoines et habitués se tiendront dans le chœur duquel ne pourront sortir sans cause légitime prenans congé du précenteur qui jugera de leurs excuses et leur permettra selon que sa conscience et la raison luy dicteront, deffendans par exprès à tous, tant chanoines que autres, de ne se promener dans l'église ny devant la porte d'icelle pendant les divins offices, pendant lesquels tous chanteront les louanges de Dieu à haulte voix, gravement, distinctement, et le plus dévotement qu'il leur sera possible, faisant ce qui sera porté par la charge d'un chascun et selon l'ordre du précenteur qui aura soing de corriger et punir ceux qui parleront et riront ensemble, et ne seront attentifs à ce qui sera de leur charge.

Item, voulons qu'aux jours simples et fériaux, on récite le petit office de Nostre Dame, et chasque premier jour de chasque mois l'office des Morts, suivant la rubrique du bréviaire, parlans plustost à demy voix que chantans, pourveu toutefoys que ce soit intelligiblement et distinctement, s'arrestans au milieu de chasque verset de tous les pseaulmes. Ceux qui n'assisteront aux processions génneralles sans cause légitime seront privés du revenu de tout le jour.

Tous les habitués du chœur et autres officiers porteront honneur et respect à tous les chanoines, auxquels ils obéiront en tout ce qui concerne le service divin et de l'église; les chanoines aussy les traiteront en frères et les aymeront en ceste qualité. Voulons de plus qu'à toutes les assemblées que l'on faira pour les affaires du Chapitre, pour le moins cinq chanoines s'y trouvent présens pour signer les actes de deliberations, et au cas le nombre seroit moindre, que toutes leurs délibérations soient nulles et non advenues, si ce n'est qu'elles fussent auctorisées par nous et noz successeurs, marquis de Sainct-Chamond.

Permettons à nostre dict Chapitre de prendre pour ses armes un Sainct Jean-Baptiste et les pures armes de Sainct-Chamond que sainct Jean portera en ses deux mains au devant de soy. Le sceau dudict Chapitre, les tiltres et papiers seront gardés dans un coffre ou cabinet commun fermé à deux clefs différentes, une desquelles le doyen gardera, et l'autre celuy des chanoines qui sera esleu par le Chapitre à cest effect, lesquels seront tenus de donner les dictes clefs pour ouvrir lorsqu'ils en seront requis par le Chapitre à peine d'estre privés par ledict Chapitre de la distribution d'un mois.

Tous les chanoines se trouveront en personne aux Chapitres génneraux auxquels nous réservons d'entrer pour nous et noz successeurs, marquis de Sainct-Chamond, comme aussy d'assister à toutes les assemblées capitulaires avec voix délibérative et la présceance et présidence dans icelles sur le doyen et tous les autres chanoines, avant lesquelles on dira le *Veni Creator* avec l'oraison du Sainct-Esprit, *Deus qui corda*, etc., et avant les dicts Chapitres génneraux, on dira la messe du Sainct-Esprit à laquelle tous les chanoines assisteront; et au cas ou quelque chanoine sans cause légitime n'assisteroit pas auxdicts Chapitres génneraux, voulons qu'il soit privé de ses distributions quotidiennes pour quinze jours.

Le Chapitre ne pourra jamais changer le grand autel ny aucune cérémonie au présent statut ni mesme mettre de poulpitre au milieu du chœur, sinon bas et amobile, sans nostre consentement et de noz successeurs, marquis de Sainct-Chamond. Aucun des chanoines et prébendiers ne pourra résigner ni permuter les bénéfices qu'ils tiendront de nous sans nostre exprès consentement et de noz successeurs, marquis de Sainct-Chamond.

Item, voulons que le Chapitre tienne en bon estat le couvert de l'église sans y pouvoir faire mettre des tuiles, qu'il face accommoder les vitres lorsqu'elles seront rompues et qu'il achepte tous les ornemens et autres choses qui seront nécessaires à l'advenir, tant pour le grand autel que pour toutes les chapelles de ladicte église, et qu'il soit chargé à jamais de tout l'entretenement et reparations d'icelle, nous réservant néanmoins la platteforme sur ladicte eglise pour nous et noz successeurs à jamais.

Le Chapitre pourra aller aux enterremens quand il en sera requis, et usera dans les parroisses et couvents de la ville et mandement de nostre présent marquisat de la mesme façon que celuy de Montbrison. De mesme le Chapitre ne pourra visiter en corps que par nostre ordre et permission, excepté Messieurs les Archevesques de Lion et les Gouverneurs.

Item, voulons que le lieu ou seront les sainctes Reliques soit fermé à quatre clefs dont nous en aurons une, laquelle nous lairrons, faisant voyage, à tel qu'il nous plairra et en advertirons le Chapitre, indiquant celuy qui aura ladicte clef en nostre absence, la mesme chose feront noz successeurs. Le doyen aura la seconde, le sacristain la troisiesme et l'un des officiers de la justice de nostre marquisat aura la quattriesme à nostre choix. Tous les dépositaires desdictes clefs ne pourront jamais les prester l'un à l'autre, mais assisteront tous en personne a l'ouverture desdictes sainctes Reliques et, en cas de maladie ou d'absence, ils y commettront une personne qualifiée, de la fidélité de laquelle ils demeureront responsables, de quoy ils presteront serment entre noz mains et de noz successeurs, marquis de Sainct-Chamond, prenant les dictes clefs, en la forme que s'ensuit.

Forme du serment de ceux qui garderont les clefs des sainctes Reliques.

« Je N. jure à Dieu et vous promets, Monseigneur, d'assister en personne à l'ouverture des sainctes Reliques toutes les foys que vous me l'ordonnerez ou le Chapitre en vostre absence, et de ne prester la clef que vous m'avez confiée pour garder en qualité de dépositaire à qui que ce soit, si ce n'est en cas de maladie ou d'absence que je la bailleray entre les mains d'une personne de la fidélité de laquelle je me rends responsable et de m'employer autant qu'il me sera possible à la conservation d'icelles. »

On ouvrira le lieu desdictes sainctes Reliques quatre foys l'an seulement sçavoir, le Vendredy sainct immédiatement après none pour en sortir le prétieux bois de la Saincte Croix tout seul pour estre adoré : le jour de l'Invention de Saincte Croix de may pour en sortir la Saincte Epine seule aussy à la première messe : le jour de sainct Jean-Baptiste pour sortir la maschoire dudict sainct Jean : le jour de l'Assomption de Nostre-Dame aussy à la première messe pour en sortir le reliquaire où sont les cheveux et habillemens de la Saincte Vierge. Auxquels jours le Chapitre en corps ira quérir processionnellement les susdicts reliquaires au lieu où ils reposent ordinairement, accompagné de tous ceux qui auront les susdictes clefs, nous et les officiers de la justice et les consuls de la ville présens ou deuement appelés à la diligence du sacristain par le bastonnier, et les apporteront sur l'autel des dictes Reliques où reposera le Très-Sainct Sacrement, hors la Saincte Croix le jour du vendredy sainct qui sera portée sur le grand autel et y demeurera pendant l'office du matin, lequel estant finy, ledict Chapitre la rapportera en mesme ordre que dessus sur l'autel des dictes sainctes Reliques où elles demeureront jusques au soir après le salut qu'on les rapportera en leur lieu ordinaire, en la mesme forme et cérémonie qu'on les aura sorties, ledit cabinet des Reliques demeurant fermé à ces quatre clefs tout le long de ce jour-là comme aux autres de l'année.

Aucune personne laïque ne pourra entrer dans le lieu où reposent ordinairement les sainctes Reliques que nous et noz successeurs, marquis de Sainct-Chamond, et ceux à qui nous le voudrions permettre.

Pendant que les sainctes Reliques seront exposées sur ledict autel seront gardées tousjours par le sacristain ou quelque autre prestre de l'église que ledict sacristain pourra commettre en sa place, estans revestus de leurs surpelis, donnans à baiser les dictes sainctes Reliques au peuple pour contenter sa dévotion. Pendant ces quatre jours le sacristain fera ouvrir les fenestres du cabinet des sainctes Reliques affin qu'un chascun les puisse voir et vénérer à travers les grilles, le mesme pourra faire le jour de la Décollation de Sainct Jean.

Le Chapitre fournira pour aller quérir les susdictes sainctes Reliques et pour les rapporter en leur lieu ordinaire au moins quatre flambeaux de cire blanche et tiendra quatre cierges allumés tant qu'elles y seront, d'un quarteron chascun pour le moins. Que s'il arrive que quelque grand seigneur ou dame ou aultre personne considérable estrangère désire voir les susdictes sainctes Reliques hors les dicts quatre jours, nous et noz successeurs, marquis de Sainct-Chamond, assistés de quelques chanoines ou prestres de nostre dicte église les leur pourront faire voir sur l'autel de nostre saincte chappelle qui est joignant nostre dicte église de Sainct-Jean-Baptiste et partant voulons qu'elle soit appelée l'église de Sainct-Jean. Et en nostre absence et de noz successeurs, marquis de Sainct-Chamond, le Chapitre aura le mesme pouvoir, les officiers de la justice et les consuls présens ou appelés, à la charge et condition qu'on les faira voir en particulier et le matin seulement avant midy et à la forme que s'ensuit :

De l'ordre qu'on gardera pour monstrer les sainctes Reliques.

Un prestre revestu de son surpelis, accompagné de deux acolithes avec deux cierges allumés, portera les susdicts reliquaires sur l'autel de la saincte chappelle et incontinent après on dira une messe basse devant lesdictes sainctes Reliques, laquelle estant finie, le prestre qui aura célébré ou autre du Chapitre, estant à genoux au milieu de l'autel, dira les litanies des Saincts dont nous avons le bonheur d'avoir les reliques, avec les oraisons qui y sont en suitte, après lesquelles nostre aumosnier ou le chappelain qui sera en quartier pour la messe de nostre saincte chappelle ouvrira les reliquaires pour les faire voir à découvert et incontinent après les renfermeront en leur reposoir ordinaire chascun reprenant sa clef.

Et parce que la bulle de Monsieur le cardinal archevesque de Lion distribue les dictes offrandes des dictes sainctes Reliques moytié pour les nécessités et réparations de l'église et qu'il ordonne que de l'autre moytié en soit faict huict parts, parce que par nostre précédente fondation n'établissions que huict chanoines et que maintenant nous augmentons le nombre des susdicts chanoines jusques à douze et celuy des prébendiers ou chappelains à huict, la dicte moytié sera partagée entre tous, les chappelains ayant la moytié moins que les chanoines.

Item, voulons qu'à chasque nouvelle mutation de seigneur, ledict seigneur marquis de Sainct-Chamond preste le serment aux chanoines de mesme qu'à la ville devant le grand autel de nostre dicte église et que le doyen avec tous les chanoines et autres habitués du Chapitre revestus de leurs chappes, aillent processionnellement le recevoir à la porte de l'église devant laquelle on dressera un oratoire garny d'un tapis et de deux carreaux puis ledict doyen luy donnera de l'eau béniste, luy présentera la croix à baiser, ledict seigneur s'estant mis au préalable à genoux et après il se lèvera pour estre encensé de la main dudict doyen, ce qu'estant faict le doyen luy faira un'harangue après laquelle luy présentera l'habit de chanoine, le recognoissant pour le premier chanoine seigneur et unique fondateur de ladicte église de Sainct-Jean et Chapitre, à laquelle harangue ledict seigneur ayant respondu entreront dans l'église et iront dans le chœur chantans le *Te Deum*, à la fin duquel ledict seigneur prestera le serment à Messieurs du Chapitre, estant à genoux devant le grand autel, tenant les mains sur les Saincts Evangiles qui luy seront présentés par le doyen et puis à Messieurs les consuls de la ville et mandement, suivant l'antienne coustume et transaction et en mesme temps les susdicts consuls presteront leur serment audict seigneur suivant les formes accoustumées.

Forme du serment du seigneur au Chapitre.

« Nous Melchior Mitte de Chevrières marquis de Sainct-Chamond, fondateur de cest'église et Chapitre jurons et promettons à Dieu, à la bienheureuse Vierge Marie, au glorieux sainct Jean Baptiste, patron de cest'église, de vivre et mourir en la religion catholique, apostolique et romaine, et de procurer que ce mien marquisat de Sainct-Chamond ne tombe jamais ez mains et puissance d'aucun hérétique ny infidèle, et de maintenir la fondation que j'ay faicte de ce Chapitre et le protéger et conserver en ses droicts et revenus sans y rien entreprendre au contraire, de ne pourvoir aux places qui vacqueront que des personnes capables de bien servir Dieu et l'Eglise et de vous aymer et chérir tous en général et en particulier de tout mon cœur. »

Et après nostre décès, voulons que noz successeurs, marquis de Sainct-Chamond, prestent le mesme serment au Chapitre auquel ils promettront et jureront de maintenir la fondation que nous avons faicte, se servans de la mesme forme que dessus.

Voulons, en oultre, que tous les chanoines et autres habitués de nostre dicte église, à leur réception, nous prestent le serment et à noz successeurs, marquis de Sainct-Chamond, en la forme que s'ensuit, sçavoir : à la fin du premier Evangile de la grande messe, ils prendront le missel de la main du soubdiacre au dernier degré de l'autel, et nous le porteront à baiser, accompagnés du maistre de cérémonies et du bastonnier, nous et noz successeurs, marquis de Sainct-Chamond, estant à genoux, et le chanoine et prébendier aussy, lequel mettra les mains sur ledict missel et dira ce qui s'ensuit :

Forme du serment du doyen, des chanoines et autres habitués au seigneur.

« Je N. jure à Dieu, à la bienheureuse Vierge Marie, à sainct Jean-Baptiste, patron de cest' église, et vous promets, Monseigneur, de bien servir le canonicat ou prébende qu'il vous a pleu me conférer, d'assister soigneusement aux offices auxquels vostre fondation m'oblige, d'observer tous les reiglemens et statuts d'icelle sans y manquer, et de conserver les Sainctes Reliques qui sont dans vostre saincte Chappelle, et d'accroistre de tout mon pouvoir les biens, droicts et revenus du Chapitre duquel je vous recognois le seul et unique fondateur et mon unique bienfaicteur, et vous promets toute fidélité et obéissance envers tous et contre tous, excepté le Roy mon souverain prince, pour la prospérité duquel et pour la vostre, je prieray Dieu toute ma vie. »

Cela faict, il recepvra l'aumusse de noz mains et de noz successeurs, marquis de Sainct-Chamond, après nostre décès, et après nous l'embrasserons, et puis ira embrasser tous les chanoines et autres habitués du chœur en leurs places, l'un après l'autre, conduict tousjours par le maistre de cérémonies qui après le mènera à la place qu'il doibt prendre. Aucun ne pourra entrer en Chapitre ny s'asseoir aux haultes chaires ny jouir de son revenu qu'il n'aye presté ledict serment ou obtenu de nous ou de noz successeurs des lettres de dispence ou remise de serment jusques à la première commodité.

Les nouveaux chanoines et habitués presteront aussy le serment au Chapitre à leur première entrée avant qu'aller au chœur, et ce à genoux et teste nue devant celuy qui présidera, et en la forme qui s'ensuit :

Forme du serment du doyen, chanoines et autres habitués de nostre Eglise au Chapitre.

« Je N. jure à Dieu, à la bienheureuse Vierge Marie, à sainct Jean-Baptiste, patron de cest' église, et vous promets, Monsieur, de bien servir le canonicat ou prébende qu'il a pleu à Mgr nostre fondateur me conférer, d'assister soigneusement à tous les offices auxquels la fondation m'oblige, d'en observer tous les reiglemens et statuts sans y manquer, de conserver les Sainctes Reliques et de maintenir et accroistre de tout mon pouvoir les biens, droicts et revenus du Chapitre, de découvrir le plus tost qu'il me sera possible, tout ce que je sçauray luy estre important, et vous promets tenir secrettes les délibérations qui se feront et de vivre en bonne paix et union avec vous tous. »

Le Chapitre ne pourra jamais donner la qualité de fondateur ny con-fondateur à qui que ce soit qu'à nous et à noz successeurs, marquis de Sainct-Chamond, ny permettre qu'on mette aucunes armes dans l'église autres que les nostres ; bien pourra-t-il recepvoir tous les legats et fondations qu'on lui voudra faire sans ces qualités-là, et, cas advenant, que les revenus de l'église augmentassent en telle sorte que noz successeurs, marquis de Sainct-Chamond, jugeassent à propos d'augmenter le nombre des chanoines, prébendiers, enfans de chœur et autres officiers ou en créer des nouveaux, ils despendront tous de nostre nomination et provision et de noz successeurs, marquis de Sainct-Chamond, de mesme que ceux de la présente fondation.

Que si les chanoines ou chappelains demeuroient absens, sçavoir, les chanoines, l'espace de deux ans, et les prébendiers l'espace d'un an, après trois monitions qu'il suffira de faire publier à la porte de l'église, sçavoir, la première, après un an d'absence, la seconde, après trois mois, et la troisième, autres trois mois après, qui faira en tout dix-huict mois d'absence; après la susdicte monition on l'attendra encore six mois pour faire les deux années entières, passé lesquelles le bénéfice sera vacquant et conférable par nous et noz successeurs, marquis de Sainct-Chamond. Quand aux prébendiers et autres habitués du chœur, l'année de leur absence finie, on faira la première monition à la porte de l'église comme dessus, la seconde, un mois après, et la troisième, un autre mois après, lequel temps estant passé, leur bénéfice sera vacquant et conférable aussy par nous et noz successeurs, marquis de Sainct-Chamond.

Toutes les foys qu'on donnera la bénédiction avec le Sainct Sacrement on chantera le *Pange lingua*, soit despuis le commencement ou bien despuis *Tantum ergo* ou bien un motet à l'honneur du Sainct Sacrement, à la fin duquel on dira le verset avec le respons, et puis l'oraison *Deus qui nobis* etc., avec l'oraison *Pietate tua*, etc., en laquelle on nommera le Pape, l'Archevesque, le Roy et le nom du fondateur et la ville, et si la nécessité du temps le requiert, on adjoustera d'autres oraisons à la disposition et prudence du précenteur ou du Chapitre sans qu'on puisse jamais obmettre celles cy dessus spécifiées et puis on donnera la bénédiction sans mot dire conformément au cérémonial, on chantera néanmoins quelque motet ou l'orgue jouera.

Voulons que lorsque nous, nostre chère espouse et noz successeurs seigneurs et dames de Sainct-Chamond et noz enfans de tous qui auront atteint l'âge de dix ans viendront à mourir, tous les chanoines et autres habitués du chœur disent chascun une messe basse, priant Dieu pour le repos de noz ames et oultre ce, qu'ils disent pendant quarante jours une grande messe, et despuis la dicte quarantaine une messe basse tous les jours jusqu'au bout de l'an pour chascun de nous et pour le salut de noz âmes, sans en prétendre aucun salaire que la présente fondation et au bout de l'an diront l'anniversaire à haulte voix, auquel jour aussy bien qu'au jour de nostre enterrement, le doyen ou un autre chanoine en son absence dira la grande messe *Pro defuncto, sive defuncta*, à laquelle tous assisteront, et s'il y avoit quelqu'un d'absent sans cause légitime, voulons qu'il soit privé de la distribution d'un jour, lesquels offices ils commenceront pour l'ame de feu nostre très-cher fils ayné Louis Mitte dez le jour que son corps sera porté dans leur église.

Et au cas il y auroit dans nostre dict Chapitre quelque personne addonnée au vice d'incontinence, à l'yvrognerie, ou à quelque autre vice scandaleux et dommageable à la réputation de tout le corps, voulons que telle personne soit advertie en particulier par le précenteur, et si elle ne se corrige, qu'elle soit advertie en Chapitre jusques à trois foys, affin qu'elle en retire du proffict. Que si apres les trois monitions on n'y cognoist aucun amendement, voulons que le Chapitre la puisse priver de tous les gros fruicts de sa prébende ou canonicat l'espace d'un an entier et qu'iceux soient distribués au proffict de tous les autres. Que si un mois après ladicte année, on void qu'il continue sa mauvaise vie, voulons qu'on le prive encor des distributions quotidiennes, et enfin de sa prébende ou canonicat auquel nous et noz successeurs, marquis de Sainct-Chamond, serons obligés de pourvoir après qu'il nous sera apparu du crime, après la première réquisition du Chapitre. Et, affin d'éviter toute sorte de soubçon et de ne donner subject au monde de mal penser, aucun de nostre dict Chapitre, chanoine ou autre, ne pourra appeller ny tenir dans sa maison pour son service aucune femme de quel aage et condition qu'elle soit, hors que ce fust sa mère; moins fréquenteront les tavernes et cabarets et autres lieux publics défendus et prohibés par l'Eglise, ains vivront conformément aux saincts décrets d'icelle.

Si quelqu'un s'excusoit d'estre malade, et qu'il constat au Chapitre qu'il ne l'estoit pas, et qu'il fust trouvé dans la ville ou ailleurs, voulons qu'il soit privé de la distribution de quinze jours, et s'il retomboit en mesme faute, le Chapitre le pourra punir plus griesvement, selon qu'il jugera pour le bien de l'Eglise et de sa conscience.

Tous les lundys de chasque sepmaine on s'assemblera pour traicter des reiglemens et ordre du divin office, et à ces fins, tous les chanoines fairont une estude particulière à remarquer les fautes qui se commettront tout le long de la sepmaine pour les corriger, affin que l'office divin soit faict le plus dignement qu'il sera possible. Tous les vendredys s'assembleront aussy, pour traicter des affaires temporelles concernant le bien de l'église et du Chapitre.

Tous lesdicts doyen, dignités et chanoines porteront l'aumusse de petit gris doublé d'une fourreure à guise d'hermine et auront leur séance dans les haultes chaires du chœur, chascun selon le rang de sa dignité et de sa charge d'aumosnier et de théologal, et les autres selon leur ancienneté et réception, en façon que les places les plus honorables soient les plus proches de nostre banc. Les chappelains et prébendiers porteront aussy l'aumusse, mais de simple fourreure noire à la distinction des chanoines, et auront leur séance dans les haultes chaires après les chanoines, sçavoir nos quatre chappelains les premiers et les autres en suitte selon leur réception.

Nous nous réservons le pouvoir de donner l'aumusse grise et noire quand bon nous semblera aux curés et autres prestres de nostre ville et marquisat de Sainct-Chamond, ou à aucuns d'eux à nostre choix avec séance dans les haultes chaires du chœur après le théologal, ou le dernier chanoine selon que nous le jugerons le plus à propos, comme aussy de leur pouvoir donner l'entrée dans le Chapitre de correction une ou deux fois de l'année.

Les deux chaires haultes les plus proches du grand autel de chasque costé du chœur seront réservées pour l'officiant. Quand aux chaires basses dudict chœur, nous nous réservons le pouvoir d'y donner place à noz officiers, aux consuls de nostre ville, et à tous ceux qu'il nous plairra et à noz successeurs.

Et comme nous sommes en possession immémoriale de nommer les prédicateurs pour l'Advent, le Caresme, l'octave du Sainct-Sacrement et autres principales festes de l'année, pourveu qu'ils soient approuvés de l'ordinaire, nous nous réservons le mesme droict à l'advenir sans que le Chapitre ny autre nous y puisse controverser.

Et parce que les choses spirituelles ne peuvent subsister sans les temporelles, voulons que tous les ans au Chapitre général qu'on tiendra après la feste de Sainct Jean-Baptiste auquel nous et noz successeurs, marquis de Sainct-Chamond, pourrons assister si voulons et y avoir voix délibérative comme aussy aux autres assemblées particulières, on crée deux scindics du corps des chanoines, lesquels après leur eslection jureront de fidellement gouverner, régir et administrer les biens de nostre dict Chapitre, lesquels auront soing de retirer les revenus d'iceluy, et poursuivront en cas de besoing par toutes voies de justice deües et raisonnables ceux qui refuseront de payer, à la charge toutesfoys qu'au préalable ils en prendront advis du Chapitre légitimement assemblé qui ordonnera et prescripra l'ordre qu'ils devront tenir, et leur année estant finie, sans qu'ils en soient requis, remettront leur charge entre les mains dudict Chapitre, qui les pourra continuer ou en créer d'autres, suivant et comme il jugera estre expédient, qui rendront compte de leur administration tous les ans devant le doyen, le précenteur et un autre chanoine et encor un prébendier, affin de mettre en distribution ce qui leur restera entre les mains ; et les susdicts comptes estans rendus, on les communiquera à tout le Chapitre légitimement assemblé affin qu'il en ayt cognoissance.

Le Chapitre pourra faire de nouveaux reiglemens et statuts selon que la nécessité et le temps le requerront, pourvu qu'ils soient auctorisés par nous et noz successeurs, marquis de Sainct-Chamond. Et au cas qu'il arrivast en quelque temps que ce soit, que le Chapitre changeast quelqu'un des articles et cérémonies cy-dessus spécifiées, ou qu'il en voulust establir d'autres sans nostre consentement et permission et de noz successeurs, marquis de Sainct-Chamond, ou que lesdicts chanoines et prébendiers cessassent de dire l'office comme ils sont obligés, voulons que nous et noz successeurs marquis de Sainct-Chamond en puissions mettre d'autres en leurs places ou donner nostre présente fondation à d'autres ecclésiastiques, en façon que Dieu soit tousjours bien servy dans nostre dicte église, et que les sainctes Reliques soient vénérées suivant nostre intention, sans que jamais le bien que nous luy ordonnons puisse estre remis en temporel pour quelque prétexte que ce soit si ce n'est par vente ou eschange à l'advantage du Chapitre.

Voulons en dernier lieu que tous les reiglemens et statuts qui sont dans nostre précédente fondation, auxquels n'a esté desrogé par le présent statut, ayent la mesme force et valeur qu'ils avoient cy-devant et pour ceux qui sont contraires soient tenus pour nuls et comme non advenus.

Et affin que personne n'ignore ce à quoy il sera obligé, les présens statuts seront leus aux Chapitres généraux deux foys tous les ans par le secrétaire, en présence de tous les chanoines et prébendiers.

Faict et passé au Chapitre tenu dans la sacristie de ladicte église de Sainct-Jean-Baptiste, Monseigneur le fondateur y estant, le vingt et quatriesme décembre, mil six cens quarante deux.

> Ainsy signé : Sainct-Chamond, fondateur; — François de Sainct-Chamond, doyen; — Melchior Fulconis, précenteur; — Antoine Bonnard, sacristain; — Pierre Lestang, premier aumosnier; — Mathias le Clerc, second aumosnier; — Gabriel Pigeon, troisiesme aumosnier; — Jean Furet, quatriesme aumosnier; — Antoine Hollier; — Pierre Portes; — Baubens; — Raynach.

> Contresigné : Ravachol, secrétaire du Chapitre.

V

COPIE DES LETTRES PATENTES DU CHAPITRE DE SAINT-JEAN-BAPTISTE DE SAINT-CHAMOND

Louis par la grâce de Dieu, Roy de France et de Navarre, à tous présents et a venir, salut.

Notre très-cher et bien aimé le Sr de Saint-Chamond, conseiller en nos conseils d'Etat et chevalier de nos ordres nous a très-humblement fait exposer que reconnoissant les grâces et faveurs qu'il a reçues de la main toute puissante de Dieu, il auroit sous notre bon plaisir, et avec permission de notre très-cher et très-aimé cousin le cardinal archevêque de Lyon, dans le diocèse duquel ledit lieu de Saint-Chamond est situé, fait édifier une église sous le nom de Saint-Jean-Baptiste dans ledit lieu, et en icelle fondé un collége composé d'un doyen, douze chanoines, huit chapelains ou prébendiers, quatre enfants de chœur, un secrétaire et un bâtonnier, pour y faire et célébrer journellement le service divin, prier Dieu et la bienheureuse Vierge Marie tant pour nous et notre Etat que pour luy et les siens et le repos des âmes de ses ancêtres ; nous requérant très-humblement qu'il nous plaise approuver laditte fondation, et d'accorder les mêmes priviléges, immunités, rangs et prérogatives auxdits chanoines et Chapitres dont jouissent les autres Chapitres fondés en notre Royaume, en outre de les exempter de tous droits de décimes et autres impositions mises et à mettre sur le clergé, et de toutes charges tant ordinaires qu'extraordinaires, même de tous amortissements, francfiefs et autres droits qui peuvent être levés à présent et à l'avenir sur les ecclésiastiques de France, attendu qu'il a fondé, bâti, meublé et renté laditte eglise et ledit Chapitre de son propre bien et fond mouvant et dépendant immédiatement de luy, comme aussy qu'il nous plût faire don audit Chapitre de la finance qui nous seroit deüe à cause dudit amortissement.

Sçavoir faisons qu'après avoir fait voir à notre conseil, où étoit la Reine Régente notre très-honorée dame et mère le contenu de laditte fondation ensemble la permission de notre dit cousin le cardinal archevêque de Lyon, dont copie est cy attachée sous le contrescel de notre chancellerie, de l'avis de notre conseil et de notre grâce spéciale, pleine puissance et authorité royale, nous avons icelle fondation, loué, agréé, approuvé, ratifié et confirmé, louons, agréons, approuvons, ratifions et confirmons par ces présentes signées de notre main, voulons et nous plaît qu'elle sorte son plein et entier effet selon la forme et teneur dudit contrat et que lesdits doyen, chanoines et autres officiers dudit Chapitre qui seront nommés par ledit Sr de Saint-Chamond et ses successeurs présents et a venir jouissent de toutes les immunités, franchises, libertés, exemptions, priviléges, prééminences et prérogatives et qu'ils tiennent rang et séance dans les assemblées du clergé de notre Royaume, tout ainsy que le font les autres doyens, chanoines et Chapitres de tous les colléges des chanoines en notre Royaume selon le rang de leur érection. Et pour faire davantage connoitre le zèle que nous avons de l'augmentation du culte divin et le contentement que nous recevons de voir fleurir et accroître la Sainte Eglise catholique, apostolique et romaine dans nos Etats pendant notre règne, nous avons pour ces causes amorti et amortissons tous et chacuns les biens, héritages et revenus donnés à ceux dudit Chapitre par ledit sieur de Saint-Chamond comme à Dieu dédiés sans que pour ce ils soient obligés de nous payer aucunes finances leur en ayant fait et faisant don par ces présentes et en outre nous les avons déchargés, exemptés, déchargeons et exemptons de toutes les impositions et décimes tant ordinaires qu'extraordinaires même des droits de francfiefs et généralement de toutes charges telles qu'elles puissent être auxquelles les ecclésiastiques de notre Royaume peuvent être sujets, pourveu que de tous les biens dont ils ont été fondés par ledit sieur de Saint-Chamond relèvent de luy et ne soient taillables et sujets à payer aucunes charges, ny devoirs envers nous ou autres ; si donnons et mandons à nos amés et féaux les gens tenant notre cour du parlement et chambre de nos comptes, à Paris, présidents et trésoriers généraux de France à Lyon, sénéchal dudit Lyon ou son lieutenant et autres nos justiciers et officiers qu'il appartiendra, que les présentes ils aient à faire lire et enregistrer et du contenu en icelles faire jouir et user pleinement et paisiblement et perpétuellement ledit sieur de Saint-Chamond, et ses successeurs en ladite terre de Saint-Chamond, chanoines et Chapitre, cessant et faisant cesser tous troubles et empêchements à ce contraires, car tel est notre plaisir. Et afin que ce soit ferme et stable à toujours, nous avons fait mettre notre scel auxdites présentes sauf en autres choses notre droit et d'autruy en tout. Donné à Paris, au mois de juillet 1643 et de notre règne le premier, signé : LOUIS ; et sur le replis, par le Roy la Reine Régente sa mère présente, le Tellier à côté visa, et scellé du grand sceau de cire verte en lacs de soye rouge et verte. Registré, ouy le procureur général du Roy pour jouir par l'impétrant de l'effet et contenu en icelles aux charges et conditions portées par les permissions des archevêques de Lyon et de Vienne, évêques de Grenoble et Mâcon à Paris en parlement, ce 30e mai 1644.

Extrait des ordonnances Royaux registrés en parlement, collationné, signé : Jacquet.

VI

LISTE PAR ORDRE ALPHABÉTIQUE DES CHANOINES ET CHAPELAINS; LISTES DES DIGNITAIRES, SECRÉTAIRES ET BATONNIERS DU CHAPITRE ET DES CHANOINES HONORAIRES.

Claude Acharion de la Voûte de Polignac en Velay, prêtre, chapelain et prébendier, le 24 décembre 1642.

Pierre de Saint-Agnin, chanoine et aumônier, le 8 juin 1679. Receveur et sacristain le 20 mai 1692; décédé en septembre 1693.

Jean d'Allard, chanoine le 20 novembre 1650; aumônier en septembre 1651; trésorier du Chapitre pendant les années 1655, 1656, 1658, 1664, 1665, 1666; sacristain en 1675; précenteur le 13 octobre de la même année; décédé le 1er mai 1696.

Jean-François d'Alicieu, prêtre du diocèse de Vienne, chapelain et prébendier le 23 décembre 1642.

Antoine Balieu, prébendier en 1662 et 1663.

Baubens, chanoine et maître de musique, le 23 décembre 1642.

Jean-Blaise Bavière, diacre le 22 janvier 1728, chanoine le 28 mai 1735; aumônier en 1745; décédé vers 1755.

Lambert Bayard, chanoine le 4 septembre 1696; décédé le 4 juillet 1718.

François Bergier, docteur en théologie, chanoine le 6 novembre 1662; théologal le 21 juin 1678; décédé vers le 13 décembre 1689.

Hugues Berles, chanoine le 13 août 1718.

Pierre Beyssac, chanoine et prébendier le 19 février 1674; syndic en 1676 et 1679; démissionnaire en janvier 1693; décédé le 23 mars 1715.

Jean-François Boiron, chanoine le 12 avril 1764; décédé vers le 10 avril 1778.

Antoine Bonnard, docteur en théologie, chanoine et sacristain le 23 décembre 1642; précenteur le 17 avril 1655; décédé vers le 27 avril 1672.

Bertrand Bonne, chanoine et doyen le 27 mars 1721; décédé vers le 22 septembre 1749.

Jacques Borme, prêtre, chapelain le 2 novembre 1649 et le 6 mai 1650.

Matthieu Boyron, chapelain et prébendier le 2 novembre 1649 ; reçu chanoine le 17 avril 1655 ; décédé vers le 16 octobre 1684.

Julien Brossy, prêtre, chapelain le 2 novembre 1649 et le 6 mai 1650.

Sébastien Brun, docteur en droit civil et canon de la Faculté de Paris, chanoine et sacristain en 1778, démissionnaire en 1785.

Camille Burlat, chanoine du 5 avril 1783 à 1789.

Jean-Baptiste-Benoît Buyet, chanoine le 26 mai 1731 ; syndic en 1736 et 1749 ; aumônier en 1745 ; sacristain le 10 avril 1754 ; précenteur le 3 décembre 1759 ; décédé en 1761.

Matthieu Chadel, chapelain le 5 janvier 1682 ; chanoine en 1687 ; receveur en 1705 ; décédé le 25 mars 1718.

Antoine Chaland, chanoine le 12 avril 1764 ; démissionnaire en 1775.

Simon Clapeyron, chanoine le 23 janvier 1726 ; aumônier le 6 février 1727 ; décédé vers décembre 1736.

Etienne Colin, diacre, prébendier et sous-maître de musique, le 24 décembre 1642.

Benoît Corréard, chanoine le 8 janvier 1755 ; aumônier le 4 mars 1758 ; démissionnaire en 1773.

Antoine Courvoisier, chanoine le 17 septembre 1665 ; décédé vers avril 1672.

Marc-Antoine Delaval, chanoine de 1767 et 1789.

Marc-Antoine Descotes, conseiller et aumônier du Roi, chanoine le 6 novembre 1662 ; trésorier en 1667 ; sacristain le 13 octobre 1675 ; décédé en 1678.

Simon Desgrand, chanoine le 10 janvier 1693 ; reçu sacristain le 24 septembre 1693 (acte reçu Tardy) ; précenteur le 4 septembre 1696 ; décédé le 6 février 1733.

Gabriel Dugas, chanoine en 1668, syndic en 1670 ; trésorier en 1673 ; démissionnaire en 1674.

Claude Durand, chanoine le 10 avril 1754 ; aumônier en 1763 ; décédé en 1768.

Failly, chanoine le 28 novembre 1705 ; décédé vers le 18 octobre 1710.

Grégoire Favre, chanoine le 2 décembre 1745 ; aumônier le 13 mars 1749 ; syndic et receveur en 1756 ; précenteur en 1763 ; décédé vers 1785.

Jean-Baptiste Favre, docteur en théologie, chanoine le 16 avril 1695; aumônier le 31 mars 1696; receveur du Chapitre en 1711 et 1713; décédé le 6 mars 1726.

Michel Faujat (ou Faugeat), chanoine le 9 novembre 1775; aumônier le 5 avril 1783, décédé en 1787.

Jean-François Feuly (ou Feuilly), chanoine le 30 avril 1701; décédé le 22 juin 1718.

Jean-Marie Fleurdelix, docteur en théologie, chanoine en 1781; sacristain de 1786 à 1789.

Antoine Franc, chanoine le 28 août 1653; décédé vers 1663.

Jean-Louis Fulchiron, docteur en droit civil et canon de la Faculté de Paris, chanoine le 22 septembre 1745; aumônier et doyen le 19 mars 1750 jusqu'en 1789.

Melchior Fulconis, prêtre du diocèse de Nice en Provence, docteur en théologie et bachelier en droit canon; nommé précenteur le 23 décembre 1642; décédé le 17 avril 1655.

Jean Furet, docteur en théologie, chanoine et aumônier le 23 décembre 1642.

Gaillard, chanoine en 1789.

Noble Antoine Gaufridy, clerc du diocèse d'Aix (1), chanoine le 23 décembre 1642.

Claude-Joseph Gayot, chanoine le 13 août 1718; décédé le 29 juillet 1722.

Jean Gayot, chanoine et aumônier le 13 octobre 1675; décédé vers le mois de juin 1679.

Philibert Gayot, chanoine le 8 janvier 1755; aumônier le 3 janvier 1768; précenteur de 1786 à 1789.

Simon Gayot, chanoine le 17 août 1706; décédé le 20 mai 1746.

Jean-Baptiste Gimel, prêtre, prébendier en 1668; chanoine de 1669 à juillet 1679.

Jacques Hervier, chanoine le 6 décembre 1748; aumônier le 19 février 1756; syndic en 1755, 1757 et 1768; décédé en 1779.

Joseph Hervier, chanoine le 2 décembre 1745; aumônier en 1754; décédé le 21 novembre 1782.

---

(1) Fils de M. Gaufridy, conseiller du Roi et premier président aux requêtes du Parlement de Provence.

Antoine Hollier, docteur en théologie, chanoine le 23 décembre 1642; décédé en 1651.

Balthazar Jacquier, chanoine le 27 mars 1721 ; aumônier le 24 avril 1727; syndic en 1738; sacristain en 1763; décédé vers le 10 avril 1778.

Jacquin, aumônier en 1760.

Jean de la Janye, chanoine en 1663 ; aumônier en 1692 ; décédé vers le 18 avril 1693.

André Jarey, prébendier en 1664.

Matthieu (ou Matthias) Le Clerc, prêtre du diocèse de Beauvais en Picardie, maître ès-arts, chanoine et aumônier le 23 décembre 1642; receveur du Chapitre en 1650; démissionnaire le 17 avril 1655.

Pierre Lestang, docteur en théologie et professeur de philosophie au collége de Lesquille, à Toulouse, chanoine et aumônier le 23 décembre 1642 ; décédé vers le mois de novembre 1650.

Bertrand Martin, du diocèse de Paris, diacre et prébendier le 23 décembre 1642 ; chanoine le 10 septembre 1646 ; décédé le 22 avril 1673.

Jean Masson, prêtre, chanoine le 28 mai 1648 ; syndic en 1649 et 1665 ; sacristain le 17 avril 1655; décédé le 17 janvier 1675.

Mathé, chanoine en 1787.

Pierre Merle, chanoine le 22 janvier 1728 ; décédé vers 1737.

Jacques Milliet, prébendier le 20 août 1670 ; chanoine le 19 février 1674 ; décédé le 10 février 1711.

Joseph Mongirod, chanoine le 4 juin 1776; aumônier en 1786 jusqu'en 1789.

Julien Mongirod, chanoine le 27 mars 1721 ; syndic en 1727, 1728, 1731, 1744, 1746, 1747; aumônier en 1735 ; décédé vers la fin de 1747.

Pierre-Marius Mottin, chanoine le 13 septembre 1756 jusqu'en 1789.

Charles Oulaignon (ou Olaignon), chanoine le 20 mars 1649 ; syndic en 1650 ; décédé vers 1663.

Jean-Marie Palerne, chanoine le 23 mai 1711, aumônier le 22 janvier 1718; précenteur le 28 mai 1735 ; décédé le 17 septembre 1751.

Pasquier, chanoine de 1786 à 1789.

Claude Perceval, prêtre, chapelain ou prébendier en 1649, chanoine le 16 juillet 1654; aumônier le 6 février 1665 ; sacristain le 22 novembre 1678; décédé le 14 février 1692.

Antoine Pernon, chanoine le 27 mars 1721 ; aumônier le 22 janvier 1728 ; décédé en 1745.

Gabriel Pigeon, prêtre du diocèse de Carpentras, chanoine et aumônier le 23 décembre 1642.

Piney, chanoine de 1787 à 1789.

Pleney, chanoine en 1787.

Pierre Portes, prêtre et maître ès-arts, chanoine le 23 décembre 1642 ; théologal, démissionnaire en 1650.

Antoine Ravachol, chanoine le 10 avril 1754 ; décédé en 1763.

Raynach, prêtre du diocèse de Toulouse, chanoine le 23 décembre 1642.

Jean-Pierre Regnault, chanoine le 20 août 1768 ; aumônier de 1773 à 1789.

Jean-François Reyrolles (ou de Reyrolles), chanoine et doyen depuis 1673 jusqu'à sa mort, le 24 mai 1718.

Louis-Joseph de Ricquier de Rochefort, chanoine le 2 décembre 1745 ; démissionnaire le 19 mars 1750.

Jean-Joseph de la Rochette, chanoine le 6 juin 1698 (acte reçu Tardy) ; décédé en 1717.

Romain, chanoine en 1769.

Pierre-Augustin Royer, nommé chanoine et aumônier le 9 décembre 1717 ; syndic en 1726 ; sacristain le 1er décembre 1727 ; précenteur le 10 avril 1754 ; décédé vers le 4 mars 1758.

André Saignimorte (ou Sagnimorte), prébendier en 1693 ; chanoine en 1694 ; aumônier le 30 avril 1701 ; sacristain en 1711 ; décédé le 28 avril 1727.

Pierre Saignimorte, chanoine le 13 octobre 1675 ; aumônier le 30 décembre 1678 ; syndic en 1692 ; receveur du Chapitre en 1694, 1695, 1696 ; sacristain le 4 septembre 1796 ; décédé vers le 18 octobre 1710.

François de Saint-Chamond, nommé doyen le 23 décembre 1642 ; décédé en 1643.

Guillaume Séré, chanoine en 1662.

Dominique Terrasson, chanoine en 1763 ; aumônier le 5 avril 1783 jusqu'en 1789.

Esprit Tourre, chanoine le 19 octobre 1676 ; aumônier le 26 septembre 1684 ; syndic en 1694 et 1695 ; décédé vers 1699.

Hiérôme Vachier (ou Vacher), chanoine le 1er février 1668 ; syndic en 1673 ; décédé en 1705.

Jean Vachier, prébendier le 11 janvier 1670 ; chanoine le 17 avril 1676 ; aumônier le 30 décembre 1678 ; syndic en 1684, 1689, 1696 ; receveur en 1697 ; décédé le 23 juin 1720.

Louis Vacquier, prébendier de 1668 à 1682.

Doyens.

François de Saint-Chamond de 1642 à 1643.
  (Vacance de 1643 à 1673).
Jean-François Reyrolles de 1673 à 1718.
Bertrand Bonne de 1721 à 1749.
Jean-Louis Fulchiron de 1750 à 1789.

Précenteurs.

Melchior Fulconis de 1642 à 1655.
Antoine Bonnard de 1655 à 1672.
Jean d'Allard du 13 octobre 1675 à 1696.
Simon Desgrand du 4 septembre 1696 au 6 février 1733.
Jean-Marie Palerne du 28 mai 1735 au 17 septembre 1751.
Pierre-Augustin Royer de 1754 à 1758.
Jean-Baptiste-Benoît Buyet de 1759 à 1761.
Grégoire Favre de 1763 à 1785.
Philibert Gayot de 1786 à 1789.

Sacristains.

Antoine Bonnard de 1642 à 1655.
Jean Masson de 1655 à 1675.
Jean d'Allard de janvier 1675 au 13 octobre 1675.
Marc-Antoine Descotes de 1675 à 1678.
Claude Perceval de 1678 à 1692.
Pierre de Saint-Agnin de 1692 à 1693.
Simon Desgrand de 1693 à 1696.
Pierre Saignimorte de 1696 à 1710.
André Saignimorte de 1711 à 1727.
P.-A. Royer de 1727 à 1754.

J.-B.-B. Buyet de 1754 à 1759.
Balthazar Jacquier de 1763 à 1778.
Sébastien Brun de 1778 à 1785.
Jean-Marie Fleurdelix de 1786 à 1789.

Secrétaires.

Les notaires qui se sont succédés en la place de secrétaires du Chapitre sont les suivants :

Ravachol 1642 à 1643.
Vachon 1645.
Dugas 1664 à 1676.
Colin nommé le 17 avril 1676.
Antoine Dugas 1692.
Relave 1711.
Royer 1727.
Perrussel 1736.
Boteille 1748-1779.

Bâtonniers.

Jérôme Joyant de 1642 à 1672.
Fleury Pizey 1672 à 1691.
Gabriel Bourchanin de 1691 à 1727.
François Morel 1789.

Chanoines honoraires.

Barbier.
Lambert Bayard vers 1695.
Chavignol, prêtre sociétaire des églises de N.-D. de Pontcharrat et de Saint-André d'Izieu, prébendier de la prébende de Saint-Nicolas dans l'église d'Izieu ; décédé en 1708.
Grangier.
Faton.
Jareys.
B. de Lahors.

Philibert.

Ronchard.

André Saignimorte, vers 1692.

Gros, curé de Saint-Clair de 1770 à 1785.

L.-J. de Ricquier de Rochefort, curé de Saint-Martin Acoalieu de 1750 à 1773.

Flachat, curé de N.-D. de Saint-Chamond de 1770 à 1789.

B. Corréard, chanoine de Saint-Nizier à Lyon de 1773 à 1789.

A. Chaland, curé de Saint-Pierre à Saint-Chamond de 1775 à 1789.

S. Brun, chanoine de Saint-Paul à Lyon de 1785 à 1789 (1).

(1) Ces listes, que nous avons dressées d'après des notes recueillies çà et là, contiennent, croyons-nous, tous les noms des chanoines; quant aux noms des chapelains et des chanoines honoraires, qui ne signaient jamais les actes capitulaires, plusieurs, sans doute, auront été omis.

VII

PIÈCES RELATIVES AUX SAINTES ÉPINES DE SAINT-PIERRE D'ALBIGNY ET DE SAINT-CHAMOND

1º Bref du Pape, du 2 septembre 1625.
2º Lettre du duc de Savoie du 8 mai 1627.
3º Commission de Mgr l'évêque de Grenoble, du 8 may 1617.
4º Procès-verbal de l'official de Grenoble, du 13 may 1627.
5º Transaction du 9 juillet 1634.

I.

BREF DU PAPE URBAIN VIII

Urbanus PP. VIII

Venerabilis frater salutem et apostolicam Benedictionem, singularis ardensque Catholicæ religionis zelus, necnon egregia virtutum dona quibus dilectum filium modernum Marchionem de Saint-Chamond a Domino multipliciter insignitum esse accepimus, promerentur, ut ejus votis, quæ ex devotionis fervore prodire dignoscuntur quantum cum Domino possumus, favorabiliter annuamus. Exponi siquidem nobis nuper fecit dictus Marchio, quod Majores illius e Civitate Jerusalem, sive aliis terræ sanctæ locis ad quæ devotionis causa accesserant, tres spinas ex Corona a perfida hebræorum gente sacratissimo Capiti Salvatoris et Domini Nostri Jesu Christi suæ passionis tempore imposita in regnum Franciæ transportarunt illasque in Ecclesia sive Capella arcis de Miolans temporalis ejusdem Marchionis, ut asserit, jurisdictionis Grationopolitanæ diœcesis collocarunt; successu vero temporis tres spinæ prædictæ ut debitis cum honore et reverentia securius asserverantur, e prædicta Ecclesia seu Capella ad Ecclesiam Sancti Petri Domus fratrum ordinis Eremitarum Sancti Augustini loci de Albigny dictæ diœcesis translatæ fuerunt. Cum autem sicut eadem expositio subjungebat, dictus Marchio aliam ecclesiam sive Capellam in arce sive castro de Saint-Chamond ejusdem Marchionis, ut pariter asserit, temporalis jurisdictionis Lugdunensis diœcesis construxerit, ad eamque unam ex tribus spinis prædictis transferri posse summopere desideret, Nos dictum Marchionem specialibus favoribus et gratiis prosequi volentes et a quibusvis excommunicationis suspensionis et interdicti, aliisque ecclesiasticis sententiis, censuris et pœnis a jure vel ab homine quavis occasione vel causa latis si quibusquam innodatus existit ad effectum præsentium dumtaxat consequendarum serio absolventes et absolutum fore censentes, supplicationibus ejus nomine nobis super hoc humiliter porrectis inclinati, fraternitati tuæ per præsentes committimus, quatenus petita, licet non obtenta a superioribus dictæ domus licentia, unam ex tribus spinis tibi benevisam ex Ecclesia dictæ domus extrahas, illamque venerabili fratri Archiepiscopo Lugdunensi, sive dilecto filio ejus officiali, vel personæ in dignitate ecclesiastica constitutæ ab altero eorum ad id specialiter deputandæ ad effectum illam in Ecclesia, sive Capella per dictum Marchionem noviter ut præfatur constructa in ea debitis etiam cum honore et reverentia asservanda, collocandi, tradas et consignes, super quibus plenam tibi per præsentes facultatem concedimus et impertimur. Mandantes propterea in virtute sanctæ obedientiæ ac sub indignationis et aliis arbitrii nostri pœnis superioribus et fratribus dictæ domus ne te super extractione spinæ in vim præsentium facienda, molestari audeant seu præsumant, sed omnem in hoc tibi favorem et auxilium præstent, non obstantibus constitutionibus et ordinationibus apostolicis, ac dictæ domus etiam juramento, confirmatione apostolica vel quavis firmitate alia roboratis statutis et consuetudinibus, cæterisque contrariis quibuscumque, quibus omnibus et singulis eorum tenores præsentibus pro plene et sufficienter expressis habentes, illis alias in suo robore permansuris, ac vice dumtaxat specialiter et expresse derogamus. Datum Romæ apud Sanctam Mariam Majorem sub annulo Piscatoris die II septembris M. D. CXXV Pontificatus Nostri anno tertio. V. Beatin.

Et au dos est écrit : Venerabili fratri episcopo Grationopolitano.

2.

LETTRE DE S. A. R. LE PRINCE DE PIÉMONT

Révérend et dévot orateur, Monsieur de Saint-Chamond ambassadeur extraordinaire pour S. M. en Italie, après nous avoir fait sçavoir que les trois Saintes Epines qui sont en votre Eglise y avaient été laissées par ses prédecesseurs, il nous aurait très-instamment prié d'agréer le passionné désir qu'il avait d'en avoir une pour la dédier au lieu que sa dévotion l'obligeait, cette demande nous a semblé si raisonnable que nous ne la luy avons sçu refuser pourveu que Sa Sainteté s'en contenta. Cette lettre ne sera donc pour autre que pour vous dire que lorsqu'il fera aparoir du consentement du Pape pour la retirer, vous ne fassiés aucune difficulté de la donner et m'assurant qu'ainsy sera sans qu'ayés besoin d'autre réplique, nous prions Dieu vous avoir en sa sainte garde.

De Thurin, le 8 may 1627. C. Emanuel. (Et plus bas) D. Meynier.

Au prieur des Pères Augustins de Saint-Pierre-d'Albigny, et au dos est écrit à *N*^{re} *Rev*^d *Père et dévot orateur le prieur de l'Eglise Saint-Augustin de Saint-Pierre-d'Albigny.*

3.

COMMISSION DE MONSEIGNEUR L'ÉVÊQUE DE GRENOBLE POUR RETIRER UNE DES SAINTES ÉPINES DE SAINT-PIERRE-D'ALBINI.

Petrus Scarron Dei et Sanctæ sedis apostolicæ gratia Episcopus et princeps Grationop. Abbas sancti Martini decanus decanatus Sabaudiæ sancti patris notarius perpetuus regis consilii consiliarius ac statuum Delphinatus præses perpetuus dilecto nobis in Christo Domino Izaaco Dufaure presbytero, jurium baccalaureo, precentori ac canonico nostræ cathedralis Ecclesiæ nec non totius nostri Episcopatus officiali generali salutem, cum ob multiplices quibus nos angimur curas præsertim in tenendo et celebrando generali statuum consessu in quo more prædecessorum nostrorum præsidere solemus et debemus nobis non liceat executioni demandare Breve Apostolicum nobis donatum parte petentis et sollicitantis Domini Marchionis de Saint-Chamond a sanctissimo domino nostro Urbano papa octavo obtentum subdatum Romæ apud Sanctam Mariam Majorem secunda mensis septembris anni millesimi sexcentesimi vigesimi quinti, per quod nobis invigilat adire Ecclesiam Sancti Petri Albinaci R. R. patrum Eremitarum Sancti Augustini, illaque petita licet non obtenta licentia a priore et religiosis dictæ Ecclesiæ, unam ex tribus Sanctis Spinis quæ quondam Capiti Salvatoris Domini Nostri Jesu Christi a perfida hebræorum gente impositæ fuerunt extrahere, illamque juxta dicti Brevis tenorem reverendissimo fratri Lugdunensi Archiepiscopo seu ejus officiali tradere ut tandem in Ecclesia seu capella noviter constructa in castro seu opido de Saint-Chamond honorifice et decenter deponatur, nos igitur hoc in jure te committimus et mandamus ut nomine nostro dictam Ecclesiam fratrum præfatorum Eremitarum adeas, præfatam sanctissimam spinam extrahas tradendam et præsentandam dicto Reverendissimo antistiti seu ejus officiali et alia peragas quæ ageremus si nobis perotium liceret prædictum Breve Apostolicum executioni demandare et juxta illius tenorem et formam idque peragendi tibi facultatem ad effectum hujusmodi impertientes! Datum Gratianop. die octava mensis Maii, anno millesimo sexcentesimo vigesimo septimo. Petrus episcopus Gratianopolitanus. De mandato præfati Reverendissimi domini Episcopi et principis. Beraud, secrétaire.

4.

PROCÈS-VERBAL FAIT PAR L'OFFICIAL DE GRENOBLE DE LA SAINTE ÉPINE PRISE AU COUVENT DES PÈRES AUGUSTINS DE SAINT-PIERRE-D'ALBINI.

L'an mil six cent vingt sept et le treizième jour du mois de may, jour et fête de l'Ascension de Notre Seigneur, je Izaac Dufaure précenteur et chanoine de Grenoble et official général en l'évêché dudit Grenoble me suis transporté dudit Grenoble en la ville de Saint-Pierre-d'Albigny en Savoye dépendant de la Baronie de Myolans, diocèse dudit Grenoble et étant en l'Eglise des Révérends Pères Augustins et parlant à Révérend Père Claude Gallent, prieur au couvent desdits pères Augustins, icelui assisté de ses religieux, je leur ay fais voir le Bref de Sa Sainteté cy attaché donné à Sainte-Marie-Majeure sous l'anneau du Pescheur le deuxieme septembre l'an mil six cent vingt cinq duement signé et scellé en cire rouge et ensuite la commission de Monseigneur le revérendissime Evêque et prince dudit Grenoble attachée audit Bref à moy adressée du huittieme de ce dit mois de may et encore une lettre de Son Altesse de Savoye adressante audit prieur des Augustins du huittième may mil six cent vingt sept, et en vertu desdits Bref et commission j'ay pris l'une des trois Saintes Epines qui sont gardées en ladite Eglise, en la présence de haut et puissant seigneur Messire Melchior Mitte de Chevrières, marquis de Saint-Chamond, comte de Myolans et Anjou, premier baron de Lyonnois et Savoye, Chevalier des ordres du Roy, conseiller en ses Conseils d'Etat et privé, capitaine de cent hommes d'armes de ses ordonnances, maréchal des camps et armées et son ambassadeur extraordinaire en Italie et des sieurs juge, châtelain et autres officiers dudit seigneur et après avoir enfermé laditte Sainte Epine dans une boëte d'ivoire, je l'ay à l'instant remise ès mains de Mre Jean Chambeyron, chanoine dudit Saint-Chamond, aumônier dudit seigneur et commis par messire Thomas de Meschatin Lafaye, comte et précenteur et grand vicaire de Lyon, laquelle ledit sieur Chambeyron a pris avec humilité et a promis la porter avec révérance suivant l'intention de saditte Sainteté dans la chapelle de Saint-Jean-Baptiste au château dudit Saint-Chamond, dans laquelle ledit seigneur de Saint-Chamond cy présent a promis de la faire honorablement renfermer et soigneusement conserver parmy les autres saintes reliques qui y sont et la faire enchâsser dans un reliquaire de cristal de roche garny d'argent doré qu'il a fait préparer à cet effet. Le tout ce que dessus a été fait en présence dudit seigneur Marquis et des sieurs La Fayette de Saint-Polgue, d'Authun, du Crozet, de Pigmerieu, de Rives, Julliany, Latour, Brolly maistre d'hôtel, Chambon secrétaire valet de chambre et autres officiers, lesquels seigneur marquis et susnommés ont signés le présent acte avec nous et le sieur Laurent Nitoud prêtre, et nous assistant en tout ce que dessus. Signé Saint-

Chamond, Dufaure official général de Grenoble, Saint-Polgue, Le Crozet, d'Ally J.-A. de Rives, Saint-Agnat d'Autun, de Pigmerieu, Julliany, Latour, Brolly, Nitoud, Bally juge, Pigneu chatelain, Chambon et Chambeyron aumônier.

5.

ACCORD FAIT ENTRE LE SIEUR DE SAINT-CHAMOND ET LES AUGUSTINS DE SAINT-PIERRE D'ALBINI EN SAVOIE

Comme ainsy soit que nous frère François Truchet commissaire provincial et prieur de Saint-Pierre-d'Albigny de l'ordre Saint-Augustin en Savoye et des provinces de Narbonne et Bourgogne, nous nous serions transportés à Paris expressément en qualité de député par les religieux prêtres dudit Saint-Pierre ainsi qu'il apert par la procuration du 23 mars dernier signé Rana notaire ducal en vertu de laquelle je dit Prieur tant à notre nom comme au nom des prêtres dudit lieu et couvent, nous nous sommes présentés pardevant le seigneur marquis de Saint-Chamond, chevalier des ordres du Roy, comte de Miolans et Anjou, premier baron de Savoye et de Lyonnois, gouverneur de Sisteron et lieutenant-général pour le Roy en Provence, fondateur des Augustins de Saint-Pierre-d'Albigny, auquel après avoir représenté le pauvre état, misère, détérioration et ruine totale du susdit couvent, avons exibé notre commission et pouvoir de transiger, traiter et apointer avec ledit seigneur, occasion d'une Sainte Epine retirée dudit couvent par ledit seigneur dont il y a procès pardevant le souverain sénat de Savoye, nous avons jugé de là n'être à propos de voir à l'avenir des religieux cloistrés fréquenter les Barraux contre leurs seigneurs fondateurs et bienfaiteurs, assurant qu'il n'y a là aucun profit jusques a present et considérant qu'il vaut mieux traiter avec son prince seigneur bienfaiteur par supplique, humilité que par menace, *sermo mollis frangit iram;* et ayant appris que ledit seigneur fondateur était grandement irrité et justement contre les religieux de Saint-Pierre *in genere et in particulari* tant occasion d'un refus a luy fait d'une chose a luy düe légitimement comme aussy par le mauvais traitement en sa propre personne par certains religieux à cause de quoy le couvent et religieux ont beaucoup souffert et souffriront encore à l'avenir et ne peuvent s'en relever (quant à la chute urgente et ruine totale de l'église et des autres bâtiments dudit couvent) que par les faveur, clémence, benignité et charité dudit seigneur, sur quoy nous confians avons prié et exhorté ledit seigneur d'user de clémence et bonté ordinaire envers ces religieux et qu'à l'imitation de Notre Seigneur, leur veuille remettre les fautes quoyque grandes et connües de tous, semblablement se désister des plaintes et poursuites faittes et à faire contre ledit seigneur pour le sujet susdit et même avons prié et exhorté ledit seigneur, que par ses faveurs et benignités veuille laisser audit couvent et religieux les deux Saintes Epines qui y sont restées, en l'état qu'elles se voyent à présent dans ledit couvent et leur en faire propre don : de plus avons prié et exhorté ledit seigneur que par ses charités et bons plaisirs, veuille élargir, donner quelques aumônes et faire du bien auxdicts religieux et couvent pour la reconstruction de leur église et couvent ruinés.

A quoy nous Melchior de Chevrières marquis de Saint-Chamond faisant reflection, avons presentement fait voir nos pretentions en ce que nos prédécesseurs les seigneurs de Miolans étant employés au service des Roys de France et des Papes, aux terres saintes, Italie et ailleurs, leur furent données certaines Saintes Epines de Notre Seigneur et autres saintes reliques, lesquelles furent aportées en Savoye au chateau de Miolans, la réserve seulement (*sic*) par lesdits seigneurs jusques à l'aliénation du château de Miolans par la dame Claude de Miolans femme au sieur de Saint-Vallier, laquelle se retirant dans le couvent de Saint-Pierre à son logis ordinaire, elle fit transporter audit lieu ses meubles, joyaux et entr'autres lesdittes Saintes Epines contestées pour lors en laditte partie par le curé de Miolans comme apert par sentence, laquelle dame depuis occasion des troubles en toutte la France et lieux circonvoisins, en la Savoye, voulant assurer lesdittes Saintes Reliques, à la réquisition des religieux mit en dépôt dans l'église des Augustins de Saint-Pierre lesdittes Saintes Epines, lesquelles par le décès de laditte Dame ont été laissées là, concluant que lesdittes Saintes Epines étaient là seulement par entrepôt et partant qu'elles sont de la maison de Miolans comme apert par titres et que les religieux n'en ont eu que la jouissance pendant le tems du procès de la terre et seigneurie de Miolans : donc les religieux ont eu tort nous avoir refusé ce qui nous était deu justement suivant les demandes juridiques faittes sur titres connus du pays et consequament de son Altesse et ensuite de cela nous avoir offensé en notre propre personne.

Nonobstant ce, mûs de l'amour de Dieu, fondés sur les suppliques présentes desdits révèrends pères, remettons aux pieds du Crucifix les offenses à nous faittes par les susdits religieux et promettons n'en vouloir avoir aucun ressentiment à l'avenir et pour ce dez à présent ensuite du désistement desdits pères annullons et cassons touttes les poursuites faittes de notre part à l'encontre des susdits pères pardevant qui que ce soit et comme telles les déclarons. Semblablement nous nous désistons de la poursuite et recherche des deux autres Saintes Epines étant audit couvent dont il y en a une rompüe en deux pièces ainsy et comme elles se voyent dans ledit couvent et par une grace particulière et faveur pour mémoire perpétuelle de la maison de Miolans fondatrice, nous laissons lesdittes Saintes Reliques audit couvent et religieux de Saint-Pierre leur en faisant un propre don sans qu'il leur soit loisible en aucune façon les retirer ou aliéner dudit lieu; et pour la dévotion et reverance que nous portons auxdittes Saintes Epines, meus aussy d'une singuliere affection que nous avons de restaurer et conserver ce que nos predecesseurs pieusement avaient fait, meus aussy de la bonne vie et mœurs des pères prieur et religieux dudit couvent residents pour le présent, de quoy nous aurions été duement informés par nos sujets, voulant les obliger à continuer en telle bonne odeur, bonne vie et bonne édification du peuple, de plus à prier Dieu pour nous, nos successeurs, ordonnons que lesdits Pères de Saint-Pierre pourront choisir bois dans les forest dudit lieu et dans nos terres, les faire couper et emporter suffisamment pour la restauration, réparation de l'église, dortoir et maison autrement apellé le Logis de Dame Claude de Miolans servant de refectoir et chambres au-dessus; à ce apellés et présents nos officiers pour empecher le degat de nos bois : de plus voulons faire faire un grand tableau avec son cadre et ornement de bois noyer au maistre autel dudit couvent en l'eglise Saint-Pierre auquel sera représenté l'adoration des trois Roys avec nos armes et à nos dépens et fraix; et suivant les progrès que lesdits père prieur avec ses religieux feront à la restauration, conservation dudit couvent Saint-Pierre et bonne édification du peuple, promettons aussy d'augmenter nos charités et aumones et les assister pour les reparations de leur couvent.

Nous prieur en la qualité susdite agréons les charités, dons, aumônes et bonnes volontés du seigneur et les acceptons tant à notre nom comme aussy au nom des religieux dudit couvent. Fait le neuvième jour de juillet mil six cent trente quatre.

Saint-Chamond. F. Truchet.

Extraits pris et collationnés sur les originaux qui sont dans les archives du Chapitre de Saint-Chamond exibés et à l'instant retirés par Mre Jean Louis Fulchiron licencié en droit civil et canon doyen dudit Chapitre cejourd'huy douzième novembre mil sept cent soixante quatre par nous notaire royal soussigné avec ledit Mre Fulchiron. Signé à l'original : Fulchiron, doyen ; Perrussel, notaire Royal.

Con^{llé} à Saint-Chamond le 12e novembre 1764. — Reçu dix-neuf sois six deniers. Signé : Roslin Delémont.

Nous Gabriel Buyet avocat en Parlement capitaine chatelain de la ville et marquisat de Saint-Chamond, certifions et attestons à tous qu'il appartiendra que Me Perrussel qui a expedié les extraits cy dessus et des autres parts est notaire Royal et que foy est ajoutée aux actes qu'il reçoit et expédie en cette qualité tant en jugement que hors, en foy de quoy nous avons délivré les présentes que nous avons signées et auxquelles nous avons fait apposer le sceau de cette jurisdiction. A Saint-Chamond en Lyonnois ce treizième jour de novembre mille sept cent soixante quatre.

Place du sceau.   Signé à l'original : Buyet.

VIII

LITANIÆ SANCTORUM QUORUM ASSERVANTUR RELIQUIÆ IN ECCLESIA COLLEGIATA SANCTI JOANNIS BAPTISTÆ SANCHA-MUNDI SINGULIS SABBATIS POST COMPLETORIUM CAN-TANDÆ (1).

Kyrie eleison (bis).
Christe eleison (bis).
Christe audi nos.
Christe exaudi nos.
Pater de cœlis Deus, miserere nobis.
Fili Redemptor mundi Deus, miserere nobis.
Spiritus Sancte Deus, miserere nobis.
Sancta Trinitas unus Deus, miserere nobis.
Sancta Maria, ora pro nobis.
Sancte Joannes Baptista (bis),
Sancte Petre,
Sancte Paule,
S. Jacobe,
S. Philippe,
S. Bartholomæe,
S. Luca,
S. Stephane,
S. Vincenti,
S. Laurenti,
S. Christophore,
S. Thimothæe,
S. Irenæe,
S. Fortunate,
S. Macari,
S. Georgi,
S. Gregori,
S. Theodore,
S. Luci,
S. Maurici cum sociis tuis,
SS. Cosma et Damiane, orate pro nobis.
S. Fabiane,
S. Genesi,
S. Peregrine,
S. Hercules,
S. Balthazar (martyr),
S. Argentine,
S. Januari,
S. Isidori,
S. Anastasi (martyr),
S. Hilari (martyr),
S. Hiacinthi,

Ora pro nobis

---

(1) Nous avions annoncé (page 200, note) que nous ne reproduirions pas ces litanies. A la dernière heure, on nous a demandé avec instance de les insérer ici, et nous nous sommes rendu à ce désir.

— 335 —

Sancte Pastor,
S. Juli,
S. Juste (martyr),
S. Paphnuci,
S. Petre (martyr),
S. Paule (martyr),
S. Anselme,
S. Constantine (martyr),
S. Constanci (martyr),
S. Feliciane,
S. Celiane,
S. Laurentine,
S. Persæe,
S. Itæe,
S. Bone,
S. Line,
S. Apolloni,
S. Simeon,
S. Juste,
S. Sacerdos,
S. Eucheri,
S. Hilari,
S. Martine,
S. Patiens,
S. Blasi,
S. Arnulphe,
S. Leodegari,
S. Stephane (pontifex),
S. Barnarde,
S. Leonarde,
S. Sylvester,
S. Urbane,

Sancte Clemens,
S. Aureliane,
S. Gaudenci,
S. Celestine,
S. Joannes (eleemosynarie),
S. Viator,
S. Petre (confessor),
S. Bonaventura,
S. Adaucte,
S. Yvo,
S. Domitiane,
S. Saviane,
S. Antoni,
S. Benedicte,
S. Bernarde,
S. Bruno,
Sancta Magdalena,
S. Helena,
S. Ursula cum sociabus tuis,
S. Catharina,
S. Eulalia,
S. Bibiana,
S. Thecla,
S. Barbara,
S. Florida,
S. Beatrix,
S. Suzanna (martyr),
S. Faustina,
S. Hilaria,
S. Corona,
S. Martina,
S. Columba,

Ora pro nobis

Ora pro nobis

Omnes sancti et sanctæ Dei, intercedite pro nobis.
Propitius esto, parce nobis, Domine.
Propitius esto, exaudi nos, Domine.
Ab omni peccato, libera nos, Domine.
A grandine et tempestate, libera.....
Per tuam spinæam coronam, libera.....

Per spongiam quacum in siti tua potatus es, libera.....
Per Crucem tuam (*bis*), libera.....
Peccatores, Te rogamus, audi nos.
Ut nobis parcas, Te rogamus audi nos.
Ut Christianissimum regem nostrum Ludovicum ab omni periculo eripias, Te rogamus...
Ut fructus terræ dare et conservare digneris (*bis*), Te rogamus...
Agnus Dei qui tollis peccata mundi, parce nobis, Domine.
Agnus Dei qui tollis peccata mundi, exaudi nos, Domine.
Agnus Dei qui tollis peccata mundi, miserere nobis.
Christe audi nos, Christe exaudi nos. Kyrie eleison. Christe eleison.
Pater noster..... ℣. Et ne nos inducas in tentationem. ℟. Sed libera....
℣. Domine exaudi orationem meam. ℟. Et clamor meus ad te veniat.
℣. Dominus vobiscum. ℟. Et cum spiritu tuo.

OREMUS. Perpetua nos quæsumus, Domine, pace custodi; quos per lignum sanctæ crucis redimere dignatus es. — Præsta quæsumus, omnipotens Deus, ut familia tua per viam salutis incedat, et beati Joannis hortamenta sectando, ad eum quem prædixit secure perveniat, Dominum nostrum.

Omnipotens sempiterne Deus, qui nos tot sanctorum merita sub una tribuisti celebritate venerari, quæsumus, ut desideratam nobis tuæ propitiationis abundantiam, multiplicatis intercessoribus, largiaris. Per Christum Dominum nostrum. — Amen.

TABLE DES MATIÈRES

PREMIÈRE PARTIE. — LA COLLÉGIALE

Avant-propos. . . . . page v

Chapitre premier. — I. Melchior Mitte de Chevrières. Ses fondations pieuses : Eglises de Saint-Pierre, de Notre-Dame de Pontcharrat. Couvents des Capucins, des Ursulines, des Minimes. — II. Contrat de fondation de la Collégiale en 1634. Dotation du Chapitre. Autorisation de l'archevêque de Lyon. p. 1.

Chapitre deuxième. — I. Pose de la première pierre. Activité imprimée aux travaux. Difficultés de l'entreprise. Ambassade du marquis de Saint-Chamond en Allemagne. Retards dans les travaux. Retour de Melchior de Chevrières. Achèvement de la Collégiale. — II. Opposition de Mgr l'archevêque de Lyon. Luttes. p. 21.

Chapitre troisième. — I. Inauguration solennelle de 1642. Discours du marquis de Saint-Chamond. Installation des chanoines. Réception du marquis de Saint-Chamond comme premier chanoine. Hommage que lui prête le Chapitre. — II. Augmentation de la dotation du Chapitre. Nouveaux statuts. — III. Interdit de l'archevêque de Lyon. Autorisation royale. Ordre de la Reine. Reprise des offices. Translation des Saintes Reliques à la Collégiale. p. 27.

Chapitre quatrième. — I. Aspect général de la Collégiale. — II. Description de l'intérieur de l'église, des meubles, des tableaux, des sacristies, du clocher, des cloches. — III. Inventaires de l'argenterie, des ornements, du linge, des livres, de la vaisselle « non d'argent ». p. 52.

Chapitre cinquième. — I. Diverses fonctions et charges à la Collégiale. François de Saint-Chamond, premier doyen. Lettres de provision. — II. Des gardiens des clefs du cabinet des Saintes Reliques : leur serment. Ordre observé pour la vénération des Saintes Reliques. — III. Mort de François de Saint-Chamond. Assemblées capitulaires. Décisions sur la discipline. — IV. Le marquis de Saint-Chamond ambassadeur à Rome. Consécration de la Collégiale. Confrérie de la Croix. Confrérie de Saint-Jean-Baptiste. p. 73.

Chapitre sixième. — I. Terrible sécheresse dans le Lyonnais. Procession solennelle où les Saintes Reliques furent portées. Ordre qui y fut observé. — II. Administration intérieure. Des fonctions des syndics et receveurs. — III. Mort de Melchior de Chevrières. Son testament. p. 90.

Chapitre septième. — I. Just-Henry Mitte de Chevrières. Il est reçu comme premier chanoine et seigneur. Hommage que lui rend le Chapitre. — II. Nominations à la Collégiale. Mort de François-Léon de Saint-Chamond. Son testament. Délibérations du Chapitre. Mort de Just-Henry. Jean-Armand Mitte de Chevrières. Il prête serment comme premier chanoine et seigneur. — III. Prédicateurs pour l'Avent et le Carême. Changements et nominations au Chapitre. Jean-François Reyrolles, doyen. p. 105.

Chapitre huitième. — I. Conflits entre le Chapitre, les curés et les habitants de Saint-Chamond. Questions de préséance. Décision de l'officialité. Ordre suivi aux processions solennelles du Jubilé en 1682 et 1684. — II. Mort de Just-Henry, fils d'Armand Mitte de Chevrières. Mort de Gasparde de la Porte de Doissin. Legs qu'elle fait à la Collégiale. Jean-Armand Mitte meurt à Vienne. Son gendre Charles-Emmanuel de la Vieuville lui succède. — III. Nominations et fondations à la Collégiale. p. 126.

Chapitre neuvième. — I. Comptes de la Collégiale. Revenus et charges. — II. Le feu de « la Saint-Jean. » Processions de 1694 et 1695 pour « la solemnité des quarante heures. « Grandes fêtes de la Collégiale. Fondations des chanoines d'Allard et Milliet. — III. Le rit lyonnais adopté à la Collégiale. — IV. Mort de Marie-Anne de Chevrières. Son oraison funèbre. Bertrand Bonne, doyen. Changements dans le personnel du Chapitre. Mort de Charles-Louis-Joseph de la Vieuville. Charles-Louis-Auguste de la Vieuville, nouveau seigneur.　　　　　　　　　　　　　　　p. 139.

CHAPITRE DIXIÈME. — I. Jean-Louis Fulchiron, doyen. Son administration. Grandes réparations à la Collégiale. Améliorations. — II. Le marquis de Montdragon, acquéreur de la terre et seigneurie de Saint-Chamond. Nominations. — III. Décrets de suppression des Chapitres en France. Requête adressée par le marquis de Montdragon aux directoires du district du département de Rhône-et-Loire. Décisions contraires de ces directoires et du comité des affaires ecclésiastiques.　　　　　　　　　　　　　　　p. 166.

CHAPITRE ONZIÈME. — I. Etat général des biens du Chapitre. Domaines ; rentes ; pensions ; maisons. — II. Dépenses annuelles. Décrets de 1792. Dispersion des chanoines.　　　　　　　p. 181.

CHAPITRE DOUZIÈME. — I. Confiscation et pillage du château. Vains efforts de la municipalité et des directoires du district et du département pour arrêter ces désordres. Ordre de démolition du château, 3 frimaire an II. — II. L'église de Saint-Jean, pillée, vendue. Annulation de la vente. Fin.　　　　　　　　　　p. 192.

DEUXIÈME PARTIE. — LES RELIQUES

　　　　　　　　　　　　　　　　　　　　　　Pages

INTRODUCTION 299
Reliques de saint Jean-Baptiste 203
　　— de la Vraie Croix 208
　　— de la Sainte Epine 212
　　— de saint Just 221
　　— de saint Philippe 223
　　— de saint Arnoul et de saint Patient 225
　　— de sainte Hélène 226
　　— de la Légion Thébaine 227
　　— de saint Blaise 229
　　— de saint Théodore 230
　　— des compagnes de sainte Ursule 231
　　— de saint Luce, martyr 233
　　— diverses. Fin 234
Procès-verbaux de vérification en 1811 239

PIÈCES JUSTIFICATIVES

	Pages
Contrat de fondation en 1634	263
Autorisation de l'archevêque de Lyon	277
Dotation de 1642	279
Statuts	287
Lettres patentes du Roi	314
Liste par ordre alphabétique des chanoines et chapelains; listes des dignitaires, secrétaires et bâtonniers du Chapitre, et des chanoines honoraires.	317
Pièces relatives aux Saintes Epines de Saint-Pierre d'Albigny et de Saint-Chamond	325
Litanies des saints	334

www.ingramcontent.com/pod-product-compliance
Lightning Source LLC
Chambersburg PA
CBHW060329170426
43202CB00014B/2721